变革中国

市场经济的中国之路

(Ronald H.Coase) (Ning Wang)
[英] 罗纳德·哈里·科斯 王宁 著
徐尧 李哲民 译

中信出版社 · CHINACITICPRESS · 北京 ·

图书在版编目（CIP）数据

变革中国：市场经济的中国之路 /（英）科斯，王宁著；徐尧，李哲民译. —北京：中信出版社，2013.1（2025.9 重印）
ISBN 978-7-5086-3510-1
I. ①变… II. ①科… ②王… ③徐… ④李… III. ①中国经济—研究 IV. ①F
中国版本图书馆CIP数据核字（2012）第205160号

变革中国——市场经济的中国之路

著　　者：[英] 罗纳德·哈里·科斯　王　宁
译　　者：徐　尧　李哲民
策划推广：中信出版社（China CITIC Press）
出版发行：中信出版集团股份有限公司
（北京市朝阳区东三环北路27号嘉铭中心　邮编　100020）
（CITIC Publishing Group）
承 印 者：北京通州皇家印刷厂

开　　本：787mm×1092mm　1/16　　印　　张：19　　字　　数：294千字
版　　次：2013年1月第1版　　印　　次：2025年9月第52次印刷
书　　号：ISBN 978-7-5086-3510-1 / F · 2715
定　　价：58.00元

目录

序

在2008年7月召开的中国经济转型芝加哥研讨会上，张五常教授发言称，中国从社会主义计划经济体制到市场经济体制的转型，堪称“历史上最为伟大的经济改革计划”。[①]张五常的论断无疑是正确的。同样令人称奇的是，引领中国走向现代市场经济的一系列事件并非有目的的人为计划，其结果完全出人意料。或许更让人感到奇妙的是，这一切都发生在中国共产党领导下的中国。中国的这一经济转型是哈耶克“人类行为的意外后果”理论的一个极佳案例。[②]

1982年，伦敦经济事务研究所出版了张五常教授的一本小册子，其中，他对“中国是否会走向市场经济”这一问题做出了肯定的回答。然而，几乎每一个人都对他的这一回答表示彻底的怀疑。即便张五常本人在阐述自己的观点时也十分审慎，他认为“这个转型是个缓慢的过程”。这个想法合乎情理。经过极“左”教条多年的影响，中国人民对市场经济理应深恶痛绝。此外，正如张五常指出的，市场经济转型很可能会遭到官员的强烈反对，因为他们害怕自身的利益会受到威胁。4年之后，即1986年，张五常的小册子再版，在该版中

---

① 张五常（2008），第2页。目前中英两版均已出版（2009）。

② Hayek（1967），第六章。

他对之前的观点作了调整，他承认“低估了转型的速度”，同时推断“以后中国经济改革的步伐会明显低于前5年的速度”。然而，实际上转型的速度越发加快。极“左”教条对普通中国民众的影响并不那么明显，官员的反对也没有张五常所想的那么强烈。中国的确是在相对较短的时期内完成了向市场经济的转型。在本书中，我们将详细追述带来这一结果的一系列事件和其中的来龙去脉。

面对如此复杂的课题，我们的无知使我们无法穷尽这一惊心动魄的人间戏剧的全貌。关于中国的市场转型，还有很多故事不为人知。此外，中国改革的许多程式化描述实际上并不真实。随着新事实的出现，我们必然要在细节上对本书作修正。但书中呈现的中国经济市场化的大致脉络是清晰的，改变的可能性并不大。

在本书中，关于中国发生的一切及对此的解读是由王宁最先提供的。在对事件重要性及相关性的讨论、纠正错误及矫正论点的过程中，两位作者通力合作。本书是我们合作的成果。

我们所有的论据都是基于从各种采访及大量中外文献所获取的信息，在本书的脚注及参考文献中可找到对应的资料。我们对这些信息的解读可能与现有文献的记载和观点有所区别，在对许多重要事件的解析上我们自信做到了实事求是，坚持自己的观点。有关中国改革的中英文文献数量庞大并且还在持续增加，为了保证叙述直白，我们在行文中甚少直接牵涉有关文献。接下来为各位展现的，便是我们对现代市场经济中国之路的一己之见。

第一章

毛泽东时代的中国

1976年9月9日，中华人民共和国缔造者、中国共产党中央委员会主席毛泽东与世长辞。当时，中国仍在“文化大革命”之中煎熬。“文化大革命”[①]是毛泽东于1966年发起的一场无产阶级革命运动，旨在为社会主义重新注入活力，摆脱腐败，消除官僚资本主义。在毛泽东的眼里，这只是他所主张的“继续革命”的开篇。[②]为了实现社会主义的蓝图，毛泽东着手推行了一系列社会和政治运动，以推进中国的社会主义进程，“文化大革命”正是在这样的背景中开始的。毛泽东坚信，只要中国人民能将思想和行动

---

① “文化大革命”运动是毛泽东为塑造中国社会主义进行的最后一次，也是最为骇人的努力。与其他政策灾难一样，“文革”也是中国政治的敏感话题之一，相关的政府档案数据仍属机密，绝大多数学者都无法获得。相关文献可参见王年一（1989）、Esherick et al（eds，2006），MacFarquhar and Schoenhals（2006）及郭德宏等人编写的著作（2009，第三卷）。大多数历史资料都存在一个不足之处，即几乎都没有受害者本人的叙述。据保守估计，“文革”造成的伤亡人数达107万，参见陈永发（2001），第846页。对此，王友琴教授做出了勇敢的努力，她收集了659位受害者的悲惨故事，并结集成册，填补了这个空白。关于同一方面的早期尝试，参见冯骥才（1990）。Andrew Waldar（2009）亦对“文革”最为暴力和残酷的时期（1966~1968）提供了一个新鲜的观点。

② 毛泽东为何会在中国刚从“大跃进”的灾难中恢复过来的情况下又马上发动“文化大革命”，这是到目前都仍无定论的一个问题。显然，权力斗争是其中一个因素，尤其是刘少奇在1959年当选为国家主席之后，毛泽东对他的不满日益加剧。然而，“文化大革命”是在打着保卫社会主义的旗号下形成的一种独特的意识形态狂热，是一场在中国历史上前所未有的政治运动。此外，毛泽东在其生命的最后时刻，仍然念念不忘“文化大革命”。这强烈表明权力斗争并非他发动“文革”的主要原因。

结合起来，把智慧和热忱投入到集体建设中，中国必定能够摆脱贫困，在社会主义的“金光大道”上昂首前进。[①]中国人民将在无私和无产中获得重生。没有了历史包袱和封建制度的束缚，没有了物质利益和西方资本主义的诱惑，中国人民将义无反顾地投入社会主义建设。然而，事与愿违，毛泽东的经济政策和政治运动深受激进意识形态的影响，经不起推敲和检验。中国不但遭受了前所未有的大饥荒，它所继承的千年文化传统也被无情地切断，现代化进程陷入绝境。[②]原本朝气蓬勃、奋发向上的中国人民迅速沦为社会主义机器中了无生气的螺丝钉。

毛泽东带给中国人民的不幸令人扼腕，然而，他也为共和国的成立做出了不朽功绩。《经济学人》的一篇文章曾经写道：“归根结底，毛泽东毋庸置疑是历史上一位伟大的成功者：他敢于发展马克思主义理论，创造性地提出了以农民为中心的革命战略思想，建立农村革命根据地，使中国共产党成功地取得了政权；他引导了中国的社会变革，使中国从一个被战乱和贪腐蹂躏的社会转变成为一个统一的人人平等的、没有饥荒的国度；他让中国重新找回了民族骄傲感和自信心，用他本人的话说，‘中国人民站起来了’。”尽管这篇文章对中国饥荒的报道严重失误，[③]但相信没有多少人会否定毛泽东的革命运动给中国及世界其他国家带来的激励和影响。1972 年，美国前总统理查德 · 尼克松访华，中美邦交正常化的大门被重新开启，他赞誉毛泽东为“一代伟大革命领袖中独一无二的人”。巴基斯坦前总理佐勒菲卡尔 · 阿里 · 布托是毛泽东生前会

---

① “金光大道”原本是作家浩然一部小说的名字，后来被广泛使用。该小说共四部，内容是对中国农村社会主义转型的称颂。

② 关于该大饥荒的最新文献，参见杨继绳（2008）及 Dikötter(2010)。在“文化大革命”期间，中国反传统和反智政治运动达到顶峰；大学被关闭，大多数书籍被禁甚至被烧毁。关于中国近代反传统主义的早期根源，参见林毓生（1979）。

③ “毛泽东逝世”（Mao is Dead），《经济学人》（1976 年 9 月 11 日）。

见的最后一位外国政治家，[①]他评价毛泽东为“革命的儿子，代表了革命的精髓，无疑谱写了革命的旋律和传奇，他所建立的无与伦比的新秩序撼动了世界，他是至高无上的缔造者”。他还补充道：“像毛泽东这样的人物，一百年才出一个。”[②]

带着充满矛盾的历史遗产，中国开始了后毛泽东时代的漫漫征程，没有任何蓝图在手，也不知何处是目的地。谁也不会想到，30 年后，中华人民共和国会在耀眼的市场经济下庆祝它的 60 岁华诞。毛泽东的经济遗产是中国改革的出发点。除非我们对毛泽东时代的中国经济有一个整体把握，否则我们恐怕无法理解毛泽东之后中国经济让人难以置信的转变，无法理解在这 60 年中，中国究竟走过了一条什么样的道路。

更令人好奇的是，毛泽东之后的改革绝不是中国对社会主义经济制度的第一次调整。早在 1958 年，毛泽东便亲自发起过一场大胆的分权运动，期望让中国的经济和政治体制摆脱斯大林主义的束缚。[③]但这次尝试最终湮没在了“大跃进”（1958~1961）的灾难中。经过短暂的休养生息，毛泽东发起了“文化大革命”运动（1966~1976）。其中，毛泽东再一次试图调整中国的经济和政治体制。[④]然而，这两次尝试都以失败告终。

对于中国政府而言，毛泽东之后的改革是对毛泽东未竟事业的延续。1985 年 3 月 28 日，日本自由民主党代表团到访中国。邓小平在会见代表团时介绍了中国最近的经济改革情况，并首次将这次改革称为“第二次革命”。[⑤]在邓小平看来，毛泽东领导了中国第一次革命，由此建立了中华人民共和国。邓小平

① 《纽约时报》（1976 年 9 月 10 日）第一版，第 17 页。

② 《世界新闻文摘》（1976 年 9 月 11 日），可通过 LexisNexis 获取相关信息。

③ 吴敬琏（2005），第 46~49 页；胡鞍钢（2008），第 244~253 页。

④ 胡鞍钢（2008），第 512~515 页。

⑤ “改革是中国的第二次革命”，《邓小平文选》第三卷。Harry Harding（1987）也采用这一说法作为其书名。

被广泛赞誉为“中国改革开放的总设计师”，在此后的许多场合中他都重复提到了“第二次革命”，这个说法后来也成为叙述经济改革的一个标志性官方术语。第一次革命成功地重新统一了饱经战乱和动荡超过百年之久的中国。但如果说第二次革命是为了完成前次革命的未竟之业，那毛泽东究竟留下了什么遗志未完成呢？又是什么阻碍了毛泽东完成他的宏愿呢？第一次革命有什么缺点和局限是邓小平必须克服的呢？

一

1949 年 10 月 1 日，毛泽东在天安门城楼上用其独特的湖南口音庄严宣布中国人民从此站起来了。全国上下一时沉浸于一片喜悦和欢腾之中。著名的文学批评家和作家胡风当时正从香港回到内地不久，他专门写了一首长达 4 000 多行的抒情长诗《时间开始了！》来庆祝祖国这一历史性的时刻。[①]1911 年，清朝退出历史舞台，结束了一段冗长的屈辱史，但中国并没有因此得以喘息。随后长达数十年的军阀混战、八年艰苦卓绝的抗日战争以及三年血雨腥风的内战，已让中国大伤元气，体无完肤。在经历了这一切磨难之后，中国终于再次统一为一个主权独立的国家。饱受了将近一个世纪的战争和动荡，中国人民急切渴望着和平与美好生活的回归。

不幸的是，中国重建家园的路走得崎岖而坎坷。和许多其他在“二战”后获得独立的国家一样，中国选择了社会主义。毋庸置疑，早在 1921 年，中国共产党在莫斯科共产国际的支持下成立。从意识形态上而言，那时的中国共产

① 该诗第一部分“欢乐颂”刊载于 1949 年 11 月 20 日的《人民日报》。

党已经成为了共产主义的追随者。[①]

最初，莫斯科一直倾向于由孙中山于1919年建立的中国国民党——一个有丰富经验、组织庞大的革命政党，同时还敦促中国的共产党员加入其中。当时孙中山领导的中国国民党信奉联俄联共，毫无保留地接纳了年轻的中国共产党。1925年3月12日，孙中山逝世，蒋介石接替了他的位置。在联俄联共问题上，蒋介石的热情远不如他的前任。此前一年，蒋介石曾造访莫斯科，并用了三个月时间学习苏维埃制度，其间他还会见了里昂·托洛茨基及其他一些苏联领导人。这次莫斯科之行，蒋介石得出了一个结论——苏联模式并不适用于中国。[②]1927年，蒋介石在国民党的地位得到巩固，随后他便与共产党决裂。一年后，他在南京成立了国民政府，中国共产党被迫转入地下。在这时，莫斯科决定出面，指示中国共产党应当追随马克思主义及布尔什维克革命，组织城市起义。然而，此时中国的各大城市都由国民政府军重兵把守，共产党领导的城市暴动无异于飞蛾扑火。共产党的势力仅在少数几个苏维埃根据地中存活了下来。这些根据地由共产党的民兵组织控制着，零散地分布在国民党军队难以触及的偏远山区。1934年10月，共产党失去了一个规模最大、存活时间最长的农村革命根据地。该根据地位于江西，当时领导者为奥托·布劳恩。奥托·布劳恩有着一个更为中国人所熟知的名字——李德，是共产国际派驻中国

① 中国共产党早期依靠共产国际的资助，后者试图获取其行动指挥权，这让中国共产党感到不安。两者的关系由于国民党的存在而变得更为复杂。关于莫斯科、中国共产党及中国国民党三者间的关系，参见Garver（1988）、Heinzig（1998）、杨奎松（1999）及邢和明（2009）。

② 蒋介石于1923年对苏联进行了为期三个月的访问，虽然他未能获得莫斯科方面直接的军事支持，但此次出访对他在国民党内地位的提升起到了非常关键的作用。当时，蒋介石对苏维埃式的做法持矛盾的态度。但是，与孙中山相比，蒋介石显然并不看好与中国共产党及共产国际的合作。关于蒋介石此次出访的近期文献，参见王荣祖和李敖（2004），第92~94页；杨天石（2008），第94~145页；Pakula（2009），第122~124页；Taylor（2009），第41~45页；以及邢和明（2009），第12~25页。在回忆录中，蒋介石（1956）更加渲染和夸大了他对共产主义的批评。

的军事顾问，在中国共产党队伍中拥有指挥权。[①]根据地的失守迫使这群幸存下来的共产党人不得不转移。次年，他们开始踏上一段横跨中国南北、漫长而又艰险的征途。他们穿过了国民党军队的封锁线，穿过了被满怀敌意的少数民族及地方军阀控制的地区，甚至还穿过了许多人迹罕至的区域，包括大雪山和沼泽地。1935 年 10 月，他们到达陕西，结束了这段生存之旅，不久，毛泽东将这次转移称为“长征”。[②]一年后，另外两支共产党部队与毛泽东顺利会师。随后，他们在陕西北部一个破旧而干旱的古城——延安——建立起自己的政府。由此直到 1948 年，延安成为中国共产主义革命的中心，[③]也是当时许多中国进步学生青年及西方中国支持者心中的一盏明灯。长征伊始，中国共产党在 1935 年 1 月召开了遵义会议。李德因为错误的军事路线被撤职，而毛泽东在党的领导地位，尤其是对军队的指挥权，从此确立。虽然如此，毛泽东仍然不受莫斯科青睐。由于毛泽东常年在延安的窑洞中指挥中国革命，斯大林嘲讽他为“洞穴中的马克思主义者”。[④]

在长征中，中国共产党开始把自己塑造成一个本土化的独立于莫斯科的中国政党。[⑤]毛泽东极少正面挑战莫斯科，但随着他手中政权的壮大，共产国际方面再不能颐指气使地随意支配中国共产党的行动。长征消耗了中国共产党 90% 的军事力量，也为中国共产主义革命培养了一批矢志不渝的中坚战士。长

---

① Otto Braun(1982)。书中描述了他作为一名共产国际军事顾问在中国的一段不寻常的经历。

② 参见毛泽东于 1936 年 12 月 27 日发表的演讲《论反对日本帝国主义》,《毛泽东文选》第一卷，第 179 页。

③ Edgar Snow（1937）最为西方读者熟悉。该书多年来经过数次校订，增添了一些章节。

④ 斯大林与毛泽东之间的复杂关系，尤其是斯大林早期对毛泽东的诋毁在众多文献中都有记载。例如，Sergey Radchenko（2009），第 5 页；也可参见杨奎松（1999）。

⑤ 关于长征的近期资料，参见孙书云（2006）。

征的幸存者是一支品质坚毅、意志顽强、士气高涨的精华队伍。[①]此外，中国共产党在北方获得了更开阔广大的生存空间。与他们在长征前所奋战过的南方山区不同，中国的大西北为共产党提供了更宽广的平台来对抗蒋介石。驻扎延安之后，共产党立即招兵买马，扩大革命队伍。同时，由于临近北边的国界线，他们也能与莫斯科建立安全的通信及支援线路。而且北方军阀势力强大，限制了南京国民政府的军事行动。最重要的是，日寇入侵中国后，南京政府被迫全面抗战。但时不我与，国民党屡战屡败，国民政府不得不迁都重庆。这给常年在地下活动的中国共产党提供了一个千载难逢的机会，让其得以在军事和政治上迅速成长。1945 年日本投降后，蒋介石很快发现，他的老对手早已不能同日而语，而对方对内战的准备也比自己充分得多。三年后，蒋介石败退台湾岛，将中国大陆拱手让给了毛泽东。

直到 1949 年中华人民共和国成立，中国共产党和莫斯科之间的关系并没有根本上的改变。此后，斯大林却无法再忽视毛泽东，莫斯科也不能继续挑拨共产党和国民党而牟渔翁之利。1949 年 12 月中旬，共和国成立刚过两个月，毛泽东匆匆出访莫斯科。这也是毛泽东第一次踏出国门，会晤斯大林。[②]在此前的漫长革命岁月里，斯大林在毛泽东与蒋介石之间选择了蒋介石，并拒绝承认毛泽东在中国共产党内的领导地位。这是毛泽东与斯大林的第一次，也是最后一次会面。随着内战接近尾声，面对国内被战火蹂躏得残败不堪的经济状况以及冷漠无助的国际环境，毛泽东急切地需要找到一个政治和军事同盟。这是毛泽东此次出访的主要目的，但莫斯科似乎不为所动。尽管斯大林以歉意的姿

① 关于毛泽东在延安时期领导权的巩固的权威资料，参见高华（2000）。关于“延安道路”（Yan’an Way）的崛起及其对中国共产党革命性的影响，参见 Mark Selden（1971，1995）及陈永发（1990）。

② 关于毛泽东第一次到访莫斯科及与斯大林的会面，参见 Radchenko（2009），第 3~9 页。中文资料可参见逄先知和金冲及（2003），第 28~58 页。

态与毛泽东进行了面对面的会谈，毛泽东不得不在寒冷刺骨的莫斯科滞留了两个月，说服苏联与中国建立外交同盟关系。后来，斯大林最终松口。1950 年 2 月 14 日，双方签订了《中苏友好同盟互助条约》。踌躇满志的毛泽东立即凯旋归国。他不可能想到，这个来之不易的条约却会把中国捆绑在斯大林主义的樊篱之上。在斯大林主义的阴影下，毛泽东的建国之路一波三折。为了摆脱斯大林主义的困境，中国却一步步深陷计划经济和激进意识形态的泥沼而不能自拔。这些不可言喻的苦楚和无助的挣扎将伴随毛泽东的余生。

尽管如此，在中华人民共和国成立后，由于有着纪律严明而专注奉献的政风以及混合经济强有力的帮助，社会秩序在短短的三年时间（1949~1952）便迅速恢复。其间，中国进行了土地改革，在农村社会掀起了阶级斗争的狂潮。尽管此次土改运动猛烈而又充满血腥，但中国的经济仍然在稳健地复苏。随后，中国开始了第一个五年计划（1953~1957）。“一五”计划以苏联计划经济模式为原型，并得到莫斯科在资金和技术上的援助。[①]中央计划经济的模式虽然生硬，但能以行政手段调动大量资源，而推动经济高速增长。但是，集体化把农民绑在土地上，工人和单位也被捆到了一起。战后在农村和城市涌现的个人企业和自由经济戛然而止。不久，中央计划的缺陷暴露无遗。虽然社会主义高举人人平等的旗帜，中国社会却是金字塔结构。身处金字塔底部的百姓缺乏激励机制，积极性和主动性淡泊；而高居塔顶的领袖深受信息不对称之苦，而且几乎不受任何问责机制的约束。整个中国政府正在学习打造一个全新又包罗万象的“新社会”，错误不可避免。

然而，正如中国的一句俗话所说：瘦死的骆驼比马大。即便“大跃进”和“文化大革命”的灾难也没有完全抹平毛泽东时代所打下的经济烙印。以此为出发点，后毛泽东时代的经济改革拉开了序幕。

---

① 中国第一个五年计划的主要部分是所谓的“156 项工程”——156 个由苏联提供技术和资金支持的工业项目，被誉为中国工业发展史上的“奠基石”。例如，董志凯和吴江（2004）。

对许多学者而言，如何评价毛泽东时代的中国经济依然是一个富有争议的话题。[①]不少人认为中国的经济改革是全盘推翻毛泽东的遗产，而另起炉灶。例如，一位作者将毛泽东之后的改革称为“大逆转”。[②]值得称道的是，一些研究修正了这个观点，并揭示了毛泽东时代经济与后毛泽东时代改革之间隐藏的延续性，中国在毛泽东时代取得的经济成就得到了承认。[③]尽管如此，在毛泽东取得的经济成就和他对中国人民所做出的承诺之间，还存在着巨大的鸿沟。在毛泽东弥留之际，他还在思考权力交接及“文化大革命”的命运。此时的中国，人们曾经高昂的士气已经松懈，曾经坚信的社会主义蓝图也已经变得模糊，一个曾经生机勃勃的社会已经从内部枯萎了。尽管所有人看上去无动于衷地活在惰性和冷漠之中，但他们的内心早已坠入了失望的深渊。即使无法清晰地表达自己想要的改变，他们也一定期盼着能听到一个新的、不同的声音。与此同时，一些最有思想的人不禁自问：“如果这个新中国并不是我们和战友为之浴血奋斗的目标，中国该何去何从？”

---

① 研究毛泽东时代中国的文献汗牛充栋，并且仍在快速增加，一部分原因是人们逐渐意识到后毛泽东时代的中国与毛泽东时代的中国有着不可分割的联系。要想了解这一事实，可从由 Roderick MacFarquhar and John Fairbank（1987，1991）编著的《剑桥中国史》（*Cambridge History of China*）的最后两章入手。Maurice Meisner（1999）及 Jack Gray（1990，2006）也是历史学家们最为推崇的资料文献。关于 1949 年以来毛泽东时代与后毛泽东时代中国政治经济的资料，参见 Chris Bramall（2009）。Barry Naughton（2007）也提供了相当关于毛泽东时代中国的丰富资料，尽管其着墨点在于改革时期。更为早期的资料，参见 Karl Riskin（1987）。中文文献方面，林蕴晖、范守信与张弓（1989），丛进（1989）及王年一（1989）的三部系列著作也是很好的入手资料。更为综合性的资料，参见由香港中文大学出版的《中华人民共和国史（1949~1981)》，共 10 部。此外，四川人民出版社于 2004 年出版的《中国人民共和国专题史稿》的前三部（共五部）对毛泽东时代中国发生的重大事件进行了相对客观和集中的叙述。关于毛泽东时代经济的史实资料，参见孙健（1992）、武力（1999）、苏少之（2002）及胡鞍钢（2008）。最为综合全面的资料可参见赵德馨（1988~1999）主编的五部系列著作。也可参见王宁（2008）对毛泽东时代经济的评价。

② William Hinton（1990）。

③ 例如，Meiner（1999）、胡鞍钢（2008）、Bramall（2009）。

二

中国最大的社会群体是农民，在毛泽东时代占全国人口数量的80%以上。1953年，中国政府实行农产品统购统销政策，以补贴工业化。[①]1958年实行的户籍制度极大地限制了人口流动性，尤其是农村人口向城市的迁移。[②]这两个政策都严重地伤害了农民的切身利益。1947年到1952年，共产党从地主手中收回土地，并分发给穷苦的农民。[③]但是，几乎就在土地改革结束的同时，土地又逐渐被政府重新集体化。农民失去的土地，先是回收到农村合作社，后来归人民公社所有。1956年，"社会主义高潮"席卷中国农村，毛泽东对此欣喜不已。[④]随后的"大跃进"中，数千万人死于饥荒，而这场悲剧几乎完全发生在农村地区。如果说中国的农村在公社的管制下变得更有秩序，那么唯一不变的，则是无所不在的饥荒。正如新华社高级记者杨继绳所注意到的，在粮食统购统销政策实行之后，绝大多数中国农民便"再也没填饱过肚子"。[⑤]由于这样和那样的误农、伤农政策，到1978年，有三分之二的农民收入低于50年代的水平，有三分之一甚至还不及30年代的水平，比日本侵华之前还低。[⑥]

尽管人数众多，但由于缺乏政治力量，忍饥挨饿的八亿农民并没有让政府担忧。然而，另外一个群体却处在中国政治的中心。在毛泽东形形色色的政治运动中，一批又一批军队和党的革命元老被革职。许多人被囚禁，甚至失去了

---

① 关于该政策的起源，参见Walker（1984）；薄一波（1997），第180~199页；及林蕴晖（2009），第90~116页。

② 中国的户籍制度是极少数能在30年改革中留存下来的制度之一。参见Tiejun Cheng and Mark Seldan（1994），以及王飞凌（2005）。

③ 该政策曾一度，甚至到目前也被赞誉为一项成功的举措。

④ 关于对毛泽东农业政策的新近见解，参见Kueh（2006）。

⑤ 杨继绳（1998），第17页。

⑥ 杨继绳（2004），第40页。

生命。在这些蒙受羞辱的革命老战士中，有的是直接遭到了毛泽东权力斗争的牵累，有的则是受毛泽东身边“战友”们的迫害。一些人能够以毛泽东的名义追逐个人私利，铲除异己。有些人则铮铮铁骨，敢于表明与毛泽东立场不一样的观点，有少数人甚至敢于与毛泽东针锋相对。由于深受极“左”意识形态的影响，毛泽东的很多政策都背离常识，这的确难以让有独立见解和良知的人缄默其口而不表达异议。数百万人因此被打成了“右派”和“走资派”。

刘少奇是其中一员。在1949年新中国成立时，刘少奇在党内的地位仅次于毛泽东，并在“文化大革命”伊始担任国家主席。他毫无防备地被扣上了“头号走资派”的帽子。[①]时任中共中央总书记的邓小平是“第二号走资派”。然而，邓小平在毛泽东去世后成了中国领导核心，并欢迎市场经济重回中国。[②]在一次批斗会上，刘少奇高举一本共和国宪法，试图保护自己，但无济于事。在一群已经丧失理性和判断力，一心消灭社会主义任何敌人的“红卫兵”面前，刘少奇的反抗苍白无力。没有任何审判，刘少奇被撤销了所有职务，随后被剥夺自由，遭受不断的批斗，直到被秘密运离北京接受“监护”。反复的病痛折磨，但求医无门，刘少奇于1969年11月12日在河南孑身一人离开了人世。刘少奇的火化单上写着：姓名——刘卫黄，职业——无业，死因——病死。

而朱镕基，这位日后的国务院总理（任期1998~2003），在1958年也因批评“大跃进”而被扣上“右派”的帽子，他在国家计划委员会中的职务也被撤销。[③]1962年，朱镕基复职，到了1970年，在“文化大革命”期间又遭到“清理”，并被下放到农村长达5年之久。直到1978年，朱镕基才又得以复职。

有许多党内高层领导人在“文革”中失去了生命。中国十大元帅中有六位未能幸免，其中包括中国第一任国防部长彭德怀（任期1954~1959）。而那些

① 关于刘少奇的逝世，参见黄峥（2004），第155~176页。

② Vogel（2010）。该书对邓小平的生平，尤其是最后20年，进行了详细可查的叙述。

③ 关于朱镕基地位的迅速提升，参见周汉成（2003）。

幸存下来的官员不愿看到毛泽东的错误政策再继续下去。这些人曾经冒着生命危险加入了中国共产党，并希望能给中国人民带来和平与繁荣。但是，他们建立的中国却把20多年的时间浪费在永无休止的政治运动和阶级斗争上。随着毛泽东的去世，他们觉得现在是时候将注意力重新集中到经济建设上了。20世纪80年代初期，张五常曾多次到访中国，在其中的一次早期访问中，他在北京的中央党校会见了一组政府官员。令他感到惊讶的是，这些听众对他所提出的告诫竟表示了强烈的赞同。“你们把这个国家弄得一团糟，现在，你们必须把它搞好。”①

三

在毛泽东时代，知识分子忍受的羞辱和苦难恐怕无人能及。在中国历史上，知识阶层是统治阶级的主要组成部分；这些知识精英来自社会各个阶层，他们苦读圣贤书，通过科举考试跻身仕林。因为中国共产党信奉社会主义和激进的反传统主义，这意味着新政府与知识分子之间将会是狂风暴雨般的关系。而毛泽东的张扬个性更是推波助澜。②毛泽东嗜好读书，生性好学，自信而富有反抗精神，但对正规的学校教育没什么好感。在毛泽东十八九岁的时候，当时的学校已经不能满足他的求知欲。他曾在高中休学一年半，将大部分时间花在了

① 关于张五常早期对北京的访问及与80年代初与中国官员的会面，参见张五常（2009），第101页。

② 关于毛泽东的生平，包括他的掌权历程，参见Jonathan Spencer（1999）、Philip Short（1999）、金冲及（1996）和金冲及与逄先知（2003）共同编写的毛泽东官方传记。韦政通（1999）尝试从现代心理学角度去解读毛泽东的一生。毛泽东对中国共产党早期创始人之一的张申府（也是他在北京大学时的上司）的处理，深刻反映了他的性格。关于张申府的生平，参见Schwarcz（1992）。亦可参见李锐（1999）、高华（2000）及王若水（2001）。

省图书馆，阅读自己列出的一长串书单。[①]24岁那年，毛泽东第一次到北京，并在北京大学图书馆谋到了一份图书馆助理员的工作，负责在阅览室里为教授们办理报纸杂志的借阅手续。为了求知，毛泽东毫不言怯，他抓住一切可能的机会向教授们请教问题。然而，甚少人对这个连普通话都说不标准的年轻人表示什么兴趣，更谈不上尊重。这些令人灰心沮丧的经历使得毛泽东对中国知识分子或他们所代表的正规教育体制没留下什么好印象。[②]成年后的毛泽东与曾经留学苏联学习马克思主义的王明等人进行过权力斗争。这些经验进一步加深了他对学术及现代知识分子的怀疑和抵触情绪。

在共和国成立之时，许多受过良好教育的优秀人才都选择留在了大陆，因为他们对腐败的国民政府感到无比失望。[③]一些留学西方的中国科学家也回到了这个新的家园，其中包括加州理工学院喷气推进实验室创始人，后来被誉为中国火箭及航空之父的钱学森。[④]然而，即使在最初，共产党对中国知识界也感到不安。

历史上，中国受儒家思想影响很深。受过良好教育的精英在社会中享有

---

① 关于毛泽东早年在长沙富有冒险和造反色彩的学生生活，参见Spence（1999），第16~30页；Short（1999），第39~81页；金冲及（1996），第15~39页。

② 多年后，毛泽东在回忆这段北大经历时说："我的职位低微，大家都不理我。我的工作中有一项是登记来图书馆读报的人的姓名，可是对他们大多数人来说，我这个人是不存在的。在那些来阅览的人当中，我认出了一些有名的新文化运动头面人物……我对他们极有兴趣。我打算去和他们攀谈政治和文化问题，可是他们都是些大忙人，没有时间听一个图书馆助理员讲南方话。"这段文字引自Short（1999），第83页。在毛泽东提及的这些大忙人中，有一位叫傅斯年。在中国内战爆发前夕，他到延安拜访了毛泽东，随后到了台湾，创建了"国立"台湾大学。1949年之后，傅斯年被痛斥为战争罪犯，其祖先的坟墓遭到毁坏。关于傅斯年其人丰富多彩的个性及传奇的人生，参见王泛森（2000）。

③ 在1949年新中国成立之初，中国的知识分子根据他们对共产党政权的态度被分成了不同的派类（例如，傅国涌，2010）。有一部分知识分子离开内地去了香港或台湾，但有更多的人选择全身心地接纳一个新的中国，然而，他们很快便发现自己成为中国"思想革命"和政治运动的牺牲品。例如，巫宁坤（1993）及韦君宜（1998）。

④ 关于钱学森的生平事迹，参见张纯如（1995）。

特权，处在社会的中心。[①]作为儒家思想的解说人和传播者，知识分子在传统中国社会扮演着不可替代的重要角色。他们一方面为政治秩序提供合法化的解释，另一方面维护社会的道德规范。作为政府官员，他们在朝廷上直接行使政治权力，从而平衡皇权。此外，他们还是士绅阶层的核心组成部分。在“皇权不下县”的传统社会，士绅阶层在维持地方社会秩序和提供地方公共物品方面居功至伟。[②]

社会主义一向被其追随者接受为科学的学说，能够准确无误地预测和解释人类社会的演变和运作。在这种思想的武装下，毛泽东认为知识分子在社会主义的中国所能起到的作用非常有限。尽管如此，考虑到知识分子对经济重建的潜在贡献，新政府在最初的时候也试图尝试与他们建立工作关系。从知识分子的角度看，他们在欢庆战争结束、喜迎毛泽东及其军队进驻北京的同时，自身产生了一种自卑而羞愧的复杂心情。[③]面对他们的解放者，许多知识分子对自己没能参加解放祖国和投身革命战争而感到无能和内疚。抱着这样的愧疚心态，许多知识分子全身心地投入到了中国的战后重建中。这导致他们过于急切地接受或迁就新政府，而主动放弃了自己独立的判断力。大多数知识分子随波逐流，只有极少数仍然保持了知识分子的独立人格，拒绝人云亦云。梁漱溟就是其中一位。他在20世纪初曾经领导过乡村建设运动，深谙农民疾苦。在1953年就中国新经济政策的看法上，梁漱溟当众顶撞毛泽东。[④]陈寅恪，20世

---

① 例如，Etienne Balazs（1964，第6页）把中国“延续不断的士大夫统治阶级”称为“中国社会亘古不变的一大特征”。钱穆专门造了一个新词“士人政府”来指代中国的传统政治体系。参见钱穆（2001），第15页。亦可参见余英时（2004）。

② 共产党和儒家士大夫代表着两种截然不同的组织形式。前者代表的是一种由等级构成的组织，权力以自上而下的形式体现；而后者则更接近Michael Polanyi（1996）所说的“社会探索者”，他们认为权力应该是在追求知识的过程中脱颖而出的结果。

③ 对此，梁漱溟提供了一个很好的例子。参见梁漱溟（2004），第139页。

④ 关于梁漱溟与毛泽东的争论，参见梁漱溟（2004），第146~155页。亦可参见Guy Alitto（1979）、刘克敌（2005）及Liang and Alitto（2009）。

纪中国最有才华的历史学家之一，恪守知识分子的道统，他提出的“独立精神、自由思想”的理念至今仍传颂学林。陈寅恪拒绝了中国科学院请他回北京担任中科院历史研究所所长的邀请，而继续执教广州中山大学。[①]另外一位值得注意的铮铮铁骨学者是胡风，1955年初，他因主张将作家的自由独立性从政治意识形态中脱离出来而遭到攻击，被打成了“右派”。[②]然而，总体而言，倡导独立思想的声音还是太过羸弱，轻易地就被社会主义浪潮的呼啸所淹没。

知识分子和政府之间长久以来一触即发的矛盾随着“反右运动”的发起而爆发。[③]1956年底，社会主义公有制经济取代了曾经帮助中国战后重建的混合经济。随着私有企业的逐渐消除，政治权力的不断集中，官僚机构过度集权的种种缺点暴露无遗。1957年春，毛泽东决定在党内进行一次整风运动，希望借此解决这些问题。知识分子被邀请参与讨论，政府鼓励他们畅所欲言地批评或建言，帮助党和政府更好地展开工作。大多数发言都是善意的，其目的是为了改善党和政府的工作，也有一些批评直接挑战了共产党垄断政治权力的合法性，甚至质疑毛泽东的领导风格和才能。毛泽东很快雷厉风行，把这些人都打成“右派”。一场原本是为了改进共产党执政的整风运动很快变质成为一场针对知识分子的阶级斗争。就知识分子而言，“反右运动”正式将他们定性为共产党政权的阶级敌人。就这样，中国教育程度最高的群体，社会生产中最珍贵的人力资源被扫除殆尽，失去了为社会发展做贡献的机会。对党和政府而言，“右派”的棒子可以随意挥舞，打倒任何胆敢质疑党和政府的人。神州大地，

---

① 关于陈寅恪在其生命最后20年对独立思想的奋斗，参见陆键东（1995），亦可参见汪荣祖（2005）。

② 关于胡风的悲惨事迹，参见李辉（2003）。

③ 在“反右运动”的猛烈攻击下，脆弱的思想市场荡然无存，许多原本是响应毛泽东号召而对党和政府提出批评的有识之士被打进牢狱。关于这次运动的源头及所产生的后果，参见郭德宏、王海光和韩钢（2004）第二卷中的相关章节，以及朱正（1998）和沈志华（2008）。从个人角度看这次运动，参见邵燕祥（2007）。

因言获罪者以百万计。风声鹤唳过后，万马齐喑。多年以后，薄一波写道："从反右派开始，直到十一届三中全会以前，长达 20 年的时间里，毛泽东提倡的那种生动活泼的政治局面一直未能出现，党内民主生活很不正常，'百花齐放，百家争鸣'的方针也没有认真贯彻执行。"①

共产党在从革命党转变为执政党的同时，也开始着手重建被战火灰烬掩埋的中国。然而，在这个关键时刻，中国受教育程度最高的群体，包括知识分子和农村地主富农，悉数被打成阶级敌人。这一自我毁灭性的政治行为既摧毁了中国文化的传承，又破坏了现代科学技术的发展。这一时期，中国政府在农村和城市的渗透程度让以往任何时代的统治者都相形见绌。随着传统社会秩序的权威及儒家道德准则地位的丧失，外部社会力量及内部道德戒律基本上不复存在。与此同时，作为一个被胜利光芒笼罩而又年轻的政党，它还没有时间去制定一个互相制衡的党内监督制度。

四

虽然毛泽东摧毁了思想市场，并垄断了整个精神领域，但他一直诟病行政集权。在列宁和斯大林看来，政治与经济的集中化是社会主义不可或缺的过程，而与他们不同，毛泽东一生都在为消除中央集权而努力。数十年的游击战经验让他明白，不管由谁看管，把所有的鸡蛋放在一个篮子里无异于自杀。在中国共产党夺取政权之前，一直有多个分散的根据地，根据地之间独立为各自的生存而战，与中央委员会仅保持着间歇性的沟通，而互相之间的联系则更少。这种中央指挥和地方自治相结合的方式成效显著。

即便是在共和国成立后，毛泽东仍然时时担忧可能即将爆发的战争。在

① 薄一波（1997），第 438~439 页。

20 世纪 50 年代，威胁主要来自有美国做后盾的台湾，但是在 50 年代末 60 年代初中苏关系破裂后，威胁便被北边虎视眈眈的苏联所替代。中苏关系的瓦解始于 1956 年 3 月 5 日赫鲁晓夫在苏共二十大上所作的“秘密报告”，在这份报告中他披露了斯大林制造的红色恐怖，并公开谴责了对斯大林的个人崇拜。这份报告激怒了毛泽东，因为斯大林仍然被视为共产主义运动中备受尊重的领袖，他的肖像与马克思、恩格斯、列宁及毛泽东的肖像放在一起，遍布全中国。毛泽东将赫鲁晓夫对斯大林的批判视为对社会主义一次蓄谋已久的攻击。随后，北京与莫斯科对社会主义和资本主义关系的理解渐行渐远，再加上中苏间的领土争端，最终导致了北京与莫斯科关系的破裂。①随着紧张局势及敌意的不断加剧，矛盾上升，导致双方在 1969 年于中国东北部边境地区爆发了军事冲突。

毛泽东时代的中国对边界几乎从来都没有安全感，这对国内经济政策造成了深远的影响。对于毛泽东来说，备战的压力使他在战时形成的思维方式得以延续，这种思想让毛泽东对行政极权始终不热心。如果说列宁所想象的社会主义经济是一家单独的庞大企业，那么毛泽东的理想经济则是由很多结构相似、自给自足的子单元汇聚成的海洋。在毛泽东心目中，公社便是其理想社会中近乎完美的基础社会单元。每一个公社在经济和社会功能上无所不包：农业由生产队负责，工业交给社队企业，医疗诊所雇用“赤脚医生”，公社还有托儿所和学校，甚至还可以组建自己的民兵组织。而各个公社之间相互独立，彼此间几乎没有横向经济往来。因此，一个完整的社会经济在毛泽东时代的中国并不存在。 各经济单元独自为战，谋求自给自足，不需要时时刻刻依赖中央计划，更不需要市场调节。

事实上，中央集权化的经济在毛泽东时代的中国也确实出现过，但仅仅昙

① 关于毛泽东与赫鲁晓夫之间的对抗，参见 Luthi（2008）及 Radchenko（2009）。

花一现。中国在完成社会主义改造（1952~1956）之后建立的政治与经济制度，要比中国历史上其他所有时期都更为集权。但是，毛泽东很快就觉察到了中央集权产生的严重问题。1956 年 4 月，毛泽东在《论十大关系》报告中指出，国家和生产单位（城市中的工厂及农村的生产队）与工人和农民之间的平衡，以及中央与地方的平衡是“至关重要”的。[①]对于前者，毛泽东作了如下评论：[②]

把什么东西统统都集中在中央或省市，不给工厂一点权力，一点机动的余地，一点利益，恐怕不妥。中央、省市和工厂的权益究竟应当各有多大才适当，我们经验不多，还要研究。从原则上说，统一性和独立性是对立的统一，要有统一性，也要有独立性。

在该节的最后，毛泽东写道：[③]

总之，国家和工厂，国家和工人，工厂和工人，国家和合作社，国家和农民，合作社和农民，都必须兼顾，不能只顾一头。无论只顾哪一头，都是不利于社会主义，不利于无产阶级专政的。

而在中央和地方政府关系上，毛泽东告诫说：[④]

我们的国家这样大，人口这样多，情况这样复杂，有中央和地方两个积极性，比只有一个积极性好得多。我们不能像苏联那样，把什么都集中到中央，把地方卡得死死的，一点机动权也没有。

他继续说道：[⑤]

---

① 毛泽东（1977），《论十大关系》，第 284~307 页。

② 同上，第 290 页。

③ 同上，第 291 页。

④ 同上，第 292 页。

⑤ 同上，第 294 页。

> 为了建设一个强大的社会主义国家，必须有中央的强有力的统一领导，必须有全国的统一计划和统一纪律，破坏这种必要的统一，是不允许的。同时，又必须充分发挥地方的积极性，各地都要有适合当地情况的特殊。

在末尾，毛泽东还认识到中央集权的问题涉及整个行政结构，而不只限于中央政府：①

> 中央要注意发挥省市的积极性，省市也要注意发挥地、县、区、乡的积极性，都不能够框得太死。当然，也要告诉下面的同志哪些事必须统一，不能乱来。总之，可以和应当统一的，必须统一，不可以和不应当统一的，不能强求统一。正当的独立性，正当的权利，省、市、地、县、区、乡都应当有，都应当争。这种从全国整体利益出发的争权，不是从本位利益出发的争权，不能叫做地方主义，不能叫做闹独立性。

毛泽东对中央集权的极度不信任促使其对经济制度改革做出了第一次尝试，希望将中国从正统斯大林模式的社会主义中解放出来。1957 年，中共八届三中全会通过了一项改革议案，并于 1958 年开始实施。②这项改革议案的核心在于加强地方政府的权力。因此，地方政府在经济规划、资源分配、财政和税收政策以及人事管理上都获得了更多的自主权。另外，绝大多数国营企业都被移交给了地方政府。约 88% 原属中央政府各部委的国营企业被地方政府接管。③

地方分权产生的一个意外结果，是毛泽东可以无须经由中央各部级传达而

① 毛泽东（1977）《论十大关系》，第 294 页。

② 吴敬琏（2005），第 43~57 页；薄一波（1997），第 548~565 页。

③ 胡鞍钢（2008），第 250 页。

直接与省级政府接触。上海、四川及湖北更是积极接受毛泽东的思想和推行其政策。然而，地方政府虽然在经济上有了更多的自主权，但对于决策成败所要承担的责任却仍然少得可怜。在毛泽东“多快好省地建设社会主义”的号召下，地方政府作好了充分准备，迎接“大跃进”。

五

回过头看，“大跃进”完全是一场人为的悲剧。①它的发生绝非偶然。除了少数人持异议（例如陈云）外，绝大多数领导人对“大跃进”的热衷程度并不亚于毛泽东，尤其是在早期阶段。②“大跃进”运动得到广泛的支持，同时，不久前实施建立的分权管理机制也意外地促进了“大跃进”的发展。

共和国成立后，中国领导人都为他们在经济上的表现激动不已。让他们感到分外惊喜的是，尽管受到朝鲜战争的影响，尽管完全没有经营国民经济的经验，毛泽东和战友们还是很快看到了中国经济的迅速复苏，并实现了向社会主义的平稳过渡。他们对自己的功绩感到非常骄傲，并受到了莫大的鼓舞；实际上，他们的自信心不断膨胀，以至于他们认为只要敢于想象，没有什么事情是完成不了的。1958 年 8 月 27 日的《人民日报》有篇文章甚至这么描述——“人有多大胆，地有多大产”。这句口号迅速成为广为流行的标语并席卷全国，用以激发农民的干劲，对产量的追求也愈趋大胆，仿佛那令人沮丧的边际报酬递减法则已经不复存在。③

---

① “大跃进”被广泛认为是毛泽东造成的第一轮政策灾难。该事件在近期引起了许多关注。《中国经济评论》（1998）出版了一期关于“大跃进”时期饥荒情况的特刊。关于这个时期比较全面的历史资料，参见杨继绳（2008）及 Dikötter（2010）。关于这个时期的大众读物，参见 Jasper Becker（1998）。关于最近对“大跃进”时期河南某村庄的调查资料，参见 Thaxton（2008）。

② 薄一波（1997），第 478~510 页。

③ 《人民日报》，1958 年 8 月 27 日。

与此同时，农民们也被敦促要快马加鞭地实现共产主义。在推行了农业集体化政策之后，中国领导人们认为共产主义社会已近在咫尺，农民只需敞开胸怀去迎接它的到来。农村合作社逐渐让路给公社这辆被认为能实现共产主义的高速列车。在公社制度下，私人的生产工具统统被收归集体所有。1958 年，公社食堂这一光彩夺目却极具灾难性的发明席卷了中国整个农村地区。[①]建立公社食堂的初衷本是为了节省时间，促进农业生产协调。但公社食堂很快得到毛泽东的首肯，毛泽东认为公社食堂是共产主义的预演，因而强力在全国推广。粮食不再像原来那样分发到各家各户，而是全部集中在公社食堂。在公社食堂里，吃饭不要钱，农民可以随心所欲地进餐，无时间数量限制。可想而知，如此一来，每个人都像明天不再到来，只争朝夕，尽情用餐。至少在这一片刻，公社食堂确实使农民享受到了共产主义的一丝曙光。

1958 年秋，一份份农业产量报告由各地方政府递交给北京，这些报告无不夸大农业产量。“浮夸风”一时让不明真相的人相信了共产主义的宣传及其经济潜力。[②]由于管理分散，同时缺乏有效的监督，地方政府的精力几乎都耗在无止境的浮夸竞赛中。粮食产量一个比一个惊人，丰收的欢呼声此起彼伏。9 月 18 日，《人民日报》报道说，亩产已达 65 000 公斤（实际产量估计应低于 500 公斤）。[③]事实上，所有的地方官员都知道实际情况，但几乎没有人敢顶着风头说真话。在他们看来，他们只是告诉了北京想要听到的消息而已。“上有所好，下必甚焉。”如果想安稳地坐好自己的位子，最好就别让北京失望，尤其是“反右运动”才刚刚过去。大多数敢于站出来揭露“大跃进”真相的人早在这场运动中惨遭迫害，即使漏网之鱼也噤若寒蝉。

此外，由于所有报纸和媒体都在国家的严格管控之下，即使有反对声音也

---

① 罗平汉（2001）。

② 同上，第 61~65 页。

③ 《人民日报》，1958 年 9 月 18 日。

根本无法传递。同时，在一个信息被高度监控的社会里，任何通过国家媒体所发布的信息，都会被视为权威和真理的象征。中国最为著名、受人尊敬的科学家钱学森在1958年6月16日《中国青年报》上发表了一篇文章。文中说，如果理论上植物能够通过光合作用吸收它们所接收到的阳光的30%，大米和小麦的单位亩产便能高达25 000公斤。①钱学森的话没有经过任何争论，被毛泽东奉为农业“大跃进”切实可行的理论依据。政府管控的媒体有效地压制了反对声音，偏听则暗，北京最终沦为自己政策的受害者。农业部盲目地相信各地政府递交的报告，并以此预测粮食产量在1958年将能提高70%。身在北京的毛泽东和其他领导人对此深信不疑，他们甚至开始考虑如何储存和处理那数量惊人的多余粮食。②不出所料，在1958年，农民手中的粮食被国家大肆征收，而到1959年，被收购的粮食数量仍不断上升。粮食出口额从1957年的193万吨飙升至1958年的266万吨，到1959年则达416万吨。到了1961年，中国开始进口粮食，但在此前一年，即1960年，中国粮食出口额仍高达265万吨。1959年，毛泽东宣称中国的粮食产量已达3.75亿吨，然而当时的实际产量大概只有1.7亿吨。③当中国雄心勃勃地不断向外出口粮食时，国内却有大批农民死于饥荒，到处是一片食不果腹、哀鸿遍野的惨状。“天作孽，尤可违；自作孽，不可活。”没有什么灾难比这更悲哀和愚昧了。

另外一件悲剧是在全国范围内开展的“大炼钢铁”运动，此举导致粮食严重减产，致使因饥荒死亡的人数持续上升。人们在自家后院建土高炉炼钢的景象恐怕是“大跃进”至今最让人难忘的一幕闹剧。1957年11月，毛泽东第二次，也是最后一次访问莫斯科，参加十月革命40周年庆典。作为社会主义阵营里最资深、最富魅力的领导人，毛泽东在其他社会主义国家领导人中备受尊崇，

① 钱学森，《中国青年报》，1958年6月16日。

② 孙健（1992），第244页。

③ 同上。

甚至以跋扈出名的东道主赫鲁晓夫也对毛泽东表现得敬重有加。然而，中国经济发展迟缓，农业比重过大。在政治上，中国或许可以称得上是巨人，但在经济上，中国仍然是个矮子。要想保证中国经济与其政治地位匹配，就必须做些什么，并且要快。在当时，钢铁产量被公认为衡量国家工业化程度的一个可靠指标。因此，当赫鲁晓夫宣称苏联的钢铁产量会在 15 年内超过美国时，毛泽东便在其讲话中许诺中国的钢铁产量将在 15 年内超过英国。①

然而，这个野心勃勃的计划远远超出了中国的生产能力。由于目标过高，现有的炼钢厂无法完成要求的生产指标。为确保完成任务，钢铁生产便成了每一个人的工作。所有工厂、事业单位，学校及农村生产队的劳动力都被招募参加了全国大炼钢的竞赛。农民在自家后院搭起土高炉，每天都忙碌于炼钢，甚至到收割的季节也不管农活儿，任由粮食烂在地里。可以想象，由这种土法制造出来的钢铁，绝大部分都无法使用。而且，这种全民炼钢运动有一个更为致命的后果，由于农民被大量调离去炼钢，农业生产无暇顾及。最近有研究表明，1958 年到 1961 年间中国粮食产量急剧下降的最主要原因，正是农业劳动力资源的大量转移。②

河南最先接到饥荒报告，但由于害怕遭受惩罚，当地政府非但没有把情况上报中央，还千方百计地试图掩盖事实。如果抢救行动果断及时，“大跃进”的灾难或许不会饿死数千万农民。一个关键而短暂的赈灾机会就这样放走了。与此同时，由于农民被土地所束缚，即便遭受饥荒，也不得离开他们的村庄。对地方政府而言，任何大规模的农民流失都会被当作失职的表现。此外，由于私有经济被清除殆尽，粮食无法转移到短缺的地区。如果存在自由市场，粮商便会想方设法，从受灾程度较小、价格较低的地区购买粮食，并以相对较高的价格将其销售到受灾程度最大的地区。现代经济学之父亚当 · 斯密似乎考虑到

① 薄一波（1997），第 466~489 页；林蕴晖（2008），第 12 页。

② Wei Li and Dennis Tao Yang（2005）。

了这种情况，他曾写道：“在一个广泛种植谷物的国家里，只要存在自由贸易和信息交流，所有不同地区之间因为季节因素偶尔导致的粮食不足都绝不可能会发展成为饥荒。”[①]由于粮食运输、人口转移及信息沟通都被禁止，政府在饥荒面前一筹莫展。地方政府更关心自己的政治前途，力图与北京保持一致，至于政策是否真正为老百姓谋福利则漠不关心。在这种情况下，中国农民毫无选择。

然而，如果不是因为分权造成中央与地方之间的沟通断联，“大跃进”不会落得如此悲剧的下场。从这个角度看，地方分权是个“帮凶”。“大跃进”之后，毛泽东的第一次分权改革宣告失败，中国经济重新回到了中央计划的老路。中央计划至少能够结束“大跃进”造成的混乱局面，逐渐恢复经济秩序。中国经济在 60 年代中期得以复原。这个经验让许多中国领导人把中央计划奉为发展经济的金钥匙，对陈云而言尤其如此。从 20 世纪 70 年代末到 90 年代中期，陈云与邓小平一道主持了中国的经济改革建设。

实际上，在 1958 年实行地方分权之前，中国就存在一些深层的结构性缺陷；若没有这些缺陷，“大跃进”很可能不会发生，也不会造成饥荒致使数千万人丧生。这些缺陷包括反市场化、剥夺居民迁移权、垄断媒体以及激进的反智主义。这些政策与分权制度本身完全没有关系。“大跃进”之后，毛泽东和刘少奇在认识上发生了分歧。毛泽东认为，“大跃进”的失败主要（70%）是自然灾害（气候恶劣）造成的，而人为失误因素较小（30%），刘少奇对此持完全相反的看法。遗憾的是，对于“大跃进”的讨论，无论是最初的党内讨论抑或后来学术界的讨论，很大程度上受毛泽东和刘少奇的影响，并把讨论的重心落在了他们之间的分歧上。[②]事实上，有证据清晰表明“大跃进”主要是

---

① Adam Smith [1976（1776）]，第四卷，第 33 页。

② 刘少奇在“七千人大会”（1962 年 1 月 11 日至 2 月 7 日）上当众表达了他对“大跃进”时期饥荒发生根源的不同看法。参见丛进（1989），第 299 页；张素华（2006），第 277~288 页。

人为造成的灾难，这个观点在后来也得到了许多定量化研究的佐证。由于众人争论的重点过于局限在对政策制定者的问责上，对问题的本质没有进行深入的探讨和分析，致使中国经济和政治中一直存在的结构性缺陷在此后得以延续，根植在了整个社会主义体制当中。这样，在最开始催生了“大跃进”并急剧加速了灾难发展的许多制度性缺陷，非但没被解决，反而在中央集权的回归及五年经济计划的复兴下变得更加根深蒂固。

回过头去看，“大跃进”是对中国政府的当头棒喝，它应当以此为鉴，对整个政治、经济及社会体制进行全面而深入的重新审视，避免重蹈覆辙。遗憾的是，成为众矢之的的却是地方分权政策。对于曾与毛泽东意见相左的人而言，“大跃进”的失败恰好验证了中央集权的重要性，中央计划经济因此再次被奉若神旨。中国政府就这样失去了一次吸取教训纠正错误的绝佳机会。

毛泽东在 1949 年以后实施的经济政策在很大程度上都受其战时经验影响。但他没意识到，在战争时期，每一个根据地都要为其行为负责，因为一个严重的差错很容易并且往往会造成致命的后果。即便在实行了地方分权之后，这种硬约束条件在省级及省级以下地方政府机构中并不存在。只要北京满意，地方官员因经济管理不善而丢掉官职的情况极其少见。此外，由于政府内部的宣传工具和媒体都受到严格的集中控制，任何地方政府都不可能表达异议，更不用说会对中央造成什么实质性的挑战了。毛泽东实行的地方分权并不允许真正意义上的地方自治——毛泽东也不认为有此必要。和苏联相比，中国经济的社会主义改造走得很快，这也使得毛泽东开始相信中国已经迈上了社会主义的“金光大道”。各地方政府官员为了头上的“乌纱帽”而盲目服从中央下达的命令。然而，当这种一厢情愿破灭的时候，最后买单的却是无助的农民。

“大跃进”的悲剧说明了指令性经济与市场经济在认知和态度上存在巨大的差异。只有在没有任何人或机构全知全能、通晓一切的情况下，市场经济才有可能存在。哈耶克曾强调说，市场最为关键的优势并不在于它的分配效率，而在于信息的自由流动。这其中的深奥含义还远没有被我们充分认识。[①]但是，除非当事人意识到问题的存在，从而主动寻求信息来帮助解决问题，信息自由化就没有实际意义，甚至看起来是一种浪费。市场经济建立在两个深厚的认知基础假设之上：承认无知和包容不确定性。要让中国有这样的认识绝非易事，即便有着“大跃进”的前车之鉴。

六

经历了“大跃进”的惨痛失败后，中国的经济及社会秩序在60年代初得以恢复。然而好景不长，1966年，毛泽东发起“文化大革命”运动，让刚刚起步的经济恢复和失而复得的社会秩序戛然而止。研究毛泽东发起“文化大革命”复杂动机的文献非常多，直到现在，仍然有不少学者用心于此。[②]可以肯定的是，向来反对集权的毛泽东绝不会容忍中央计划经济的长期存在。“文化大革命”的一个中心任务，就是要打破为自己服务的政府官僚体系，让人民当家做主。然而，毛泽东对市场抵触更深。他未能想到，在一个既没有法治，也没有地方自主权的社会，一旦中央计划遭受攻击而坍塌，整个社会不可避免地会陷入混乱。而他所期望的“大民主”不过是水中月、镜中花。中国的经济陷入了集权僵化、分权紊乱的恶性循环，而不能自拔。

党内政治斗争的激化，加上阶级斗争思想的延续，使“文化大革命”在意识形态上比“大跃进”要远为激进。为了维护社会主义的纯粹性，保护其不受资本主义的侵蚀及封建主义的腐化，毛泽东身边的红卫兵——大多数为大中学生——被授意扫荡一切旧事物。破“四旧”（旧思想、旧文化、旧风俗、旧习惯）的声音此起彼伏。随着红卫兵的大肆破坏，许多寺庙、书籍、绘画及其他文物

① F. A. Hayek（1937）。

② 例如，参见本章第3页的脚注①。

在一夜之间化为乌有。到 60 年代后半期，人们所能接触到的书籍绝大部分为马克思、恩格斯、列宁、斯大林及毛泽东的著作，还有少数被政府指定用以展示社会主义成就的样板书。其他书籍均被划为禁书，图书馆也被全部关闭。而教师和教授——尤其是从海外归国的教职人员——则受尽羞辱折磨，甚至被活活打死，他们当中有许多人因无法承受屈打而撒手人寰。教育遭到空前的毁灭性打击，学术沦为嘲讽的对象。一时间，“知识无用”的口号响彻全国。许多受过良好教育的精英被打成“右派分子”并被关进牢狱，知识本身也因此成为致命的政治负担。此时，中国所有与日本及西方的经济联系全部被切断，中国进一步画地为牢，把自己孤立在现代技术文明之外。对中国自身文化传统丧心病狂的戕害很可能是“文化大革命”最为悲哀的一幕。它所表现出来的激进的反传统主义及对文化自我否定和自我毁灭的各种极端行为——几乎等同于完全的去中国化——在人类历史上也很可能是前所未有的。20 世纪以来，西方的经济、军事和文化优势日益凸显，面对这样的挑战，中国的知识分子不但束手无策，反而开始对自己的文化遗产百般挑剔。然而，20 世纪初的知识分子对中国传统文化有着抹不去的依眷情愫，他们一方面批评自己的文化传统，而另一方面他们的所作所为、所思所想无不体现了自身的文化素养。但对于在社会主义环境下成长起来的红卫兵而言，他们大多数人对自己的文化传统由于缺乏了解而没有太多的感情，更谈不上敬畏之心。年轻无知的叛逆精神一旦披上了革命的外衣，被扭曲、放大而恣意妄为，演变成席卷全国的暴力运动。这股疯狂而暴戾的浪潮被当作政治武器，冲向现有政治体制和文化秩序。政治和知识阶层首当其冲，是“文革”中最引人瞩目的受害者。

晚年的毛泽东认为阶级斗争是社会主义挥之不去、无时不在的最大威胁，处之不善则会葬送社会主义事业。政治至上支配了毛泽东对经济的管理。在对中央官僚机构宣战的同时，毛泽东在“文化大革命”中推行又一轮经济分权。[①]然而，很少有人意识到，这一轮分权很可能是中国经济得以在这场政治浩劫中幸免于难的重要因素。因此，尽管中国在“文化大革命”中饱受政治暴力的肆虐，但相比“大跃进”时期而言，经济遭受的打击要小得多。诚然，经济在“文革”头三年也曾受到严重干扰，但此后，生产不但恢复了运转，在速度上还超越了当时的人口增长速度——1969 年到 1972 年间，中国的生育率达到顶峰。然而，由于长期忽视消费品的生产，物资极度匮乏，经济仍然由以国家为中心的投资计划为主导，对于绝大多数老百姓来说，生活水平不但没有提高，甚至还不如以前。福利改善微乎其微，人口增长越来越快，阶级斗争无休无止，在这种局面下，越来越多的人逐渐醒悟，不禁自问：“这难道就是我们努力奋斗想要的社会主义吗？”

与此同时，共产党和国家机器亦遭到了空前的破坏。在“大跃进”时期，虽然大批农民被饿死，但“大跃进”的灾难几乎没有波及政治精英；然而，在“文革”中首当其冲的恰恰是中国的政治精英，包括年老资深的共产党员，整个政治结构及行政机器都被严重破坏。刻板而集权的官僚机构和墨守成规、不思进取的官员是斯大林主义的主要特征，这种模式显然不是毛泽东希望传承下去的财富。毫无疑问，中国奉行社会主义——没有私有财产，也不存在自由市场。但是，中央计划在中国经济中的地位却远远没有“社会主义”这个名称所暗示的那样至高无上。

西方国家曾经，很可能现在也依然认为，中国的社会主义或多或少是苏联模式的模仿。中国在毛泽东时代的大多数时候都极度闭关锁国，关于中国的消息几乎无法外传。因此，外界对中国的认识基本上都建立在对社会主义的了解上，而不是基于中国的现实。许多西方人都以斯大林主义的角度来看待中国，

---

① 武力（1999），第 650~658 页。

误解必然会出现。

值得指出的是，虽然毛泽东的个人因素造成了中国政治及经济体系的分散，但其他一些更为难以捉摸但又不那么具决定意义的力量却仍然发挥着作用。中国疆域辽阔，中央计划者从北京治理这样一个泱泱大国颇为不易。正如中国一句俗语所说，天高皇帝远。于是，在中国出现某种程度的地方自治是难免的。从历史的角度看，自秦始皇公元前221年第一次统一中国之后，行政集权（即古时的郡县）与地方分权（即封建）之间的矛盾就一直是中国执政者无法摆脱的问题。[①]通过科举考试从社会各阶层选拔官员及在此基础上建立的官僚体制是中国古人治理社会的一个重要智慧，这个古老的发明现在几乎被所有现代国家接受。但在中国，集权与分权的共存由来已久。中央集权也许是传统中国政治中最为人熟知的一面，但传统政治秩序的稳定却要依靠集权与分权两股力量的平衡，正如太极中的阴阳相糅。

在毛泽东的领导下，中国基本上白手起家，打造了一个有模有样的工业基地。但毛泽东的治国方略和经济表现在一定程度上辜负了中国人民的期望。毛泽东留下的是一个困苦不堪的烂摊子以及一个漏洞百出的经济制度。同时，经济上的失败也激起了民众的深深不满，他们大都渴望改变。在毛泽东执政的末期，社会凋零破败，经济支离破碎，政治迷惘失向，整个国家在曾经笃信不疑的社会主义“金光大道”上艰难匍爬。随着毛泽东时代的终结，中国迫不及待地要翻开全新的篇章。

---

① 关于中国历史上郡县及封建两个互相竞争的政治体制之间的矛盾，参见钱穆（2005），第1~56页；John Schrecker(2004)，第一和第二章。关于封建制度的起源和发展，参见冯天瑜（2006）。

第二章

中国在转折年代

毛泽东在1976年9月9日逝世后，中国政局一时陷入权力转移的惊涛骇浪之中。[①]华国锋是毛泽东生前任命的中共中央第一副主席，并在前国务院总理周恩来逝世后兼任总理；华国锋是毛泽东指定的接班人。另一个权力争夺者是所谓的“四人帮”，包括毛泽东的遗孀江青和她在上海招募的三名得力干将，他们借“文化大革命”而成功进入中央领导层。同时，当时的中国政治以意识形态而分为两派。华国锋和“四人帮”都是“文化大革命”的受益方和毛泽东晚年激进政策的支持者。与他们相对立的是党和军队中的老干部们，包括围绕在叶剑英元帅身边的邓小平、陈云和胡耀邦等。这个团体人数众多但组织结构松散，他们有的不情愿地卷入“文化大革命”，有的旗帜鲜明地反对“文化大革命”。在毛泽东临终之际，他曾经不止一次地表达过对权力交接带来的社会震荡和废止“文化大革命”的担忧，毕竟这是他视为打败蒋介石和国民党政府之外最大的成就。[②]

9月11日，毛泽东逝世两天后，华国锋做出了一个大胆的举动。他向当时主管经济的副总理李先念表明了逮捕“四人帮”的决心，同时要求李先念尽

---

① 关于华国锋与“四人帮”之间的权力斗争以及“四人帮”与邓小平之间的意识形态分歧，参见谢春涛（2008）；程中原、李正华、王玉祥（2008）；刘杰和徐绿山（2009）；肖冬连（2008）；杨继绳（1998），第二章。

② Spence（1999），第178页。

快联系当时身兼中共中央副主席、中央军委副主席和国防委员会副主席数职的叶剑英元帅。9月13日，李先念秘密会见叶剑英并告知了华国锋的意图。由于早已对“四人帮”的所作所为心有怨气，叶剑英对华国锋的决定表示了毫无保留的支持。在叶剑英的积极参与下，华国锋在9月26日制定了一套铲除“四人帮”的机密方案。10天之后的10月6日，“四人帮”被捕，一枪未发。在中共元老和军队的支持下，华国锋迅速巩固了自己的权力并取得了中国共产党的领导权。共和国的第一次权力交接就此完成，比毛泽东当年所担心的情况要平稳得多，或许也更戏剧化。①

一

在共和国面临严峻考验的时刻，华国锋竭力避免了共和国又一次坠入内斗的泥潭。在华国锋的不懈努力下，他将各方势力团结在自己周围（尽管这只是暂时的），共同除掉“四人帮”，填补了毛泽东逝世造成的权力真空。除此之外，在短暂的任期之内，华国锋成功地把中国带离了毛泽东的激进理想主义和以阶级斗争为纲的思想路线，而把经济建设作为党和政府的工作重心。但华国锋同时陷入政治上的两难境地。一方面，华国锋领导的中央政府仍然坚持社会主义路线，在意识形态上忠于毛泽东。建国近30年来，糟糕的经济发展并没有完全击碎人们对社会主义的美好憧憬。即使在毛泽东逝世后，他仍然作为伟大领袖受到政治精英和普通民众的爱戴。即使“四人帮”的被捕也被解释是因为他们背叛了毛泽东，从而更证明了毛泽东的高瞻远瞩——他当时选择了华国锋作为第一副主席，而不是“四人帮”之一的王洪文。在这种情况下，坚持贯彻毛泽东思想被认为是华国锋领导权的合法性基础。另一方面，华国锋充分意识到

① 关于“四人帮”被捕以及华国锋所扮演的关键角色，参见纪希晨（2000）；张根生（2004）；陈东林（2004），第567~592页；史云、李丹慧（2008），第668~707页；韩钢（2011）。

毛泽东遗留下的一些政策不能继续执行下去，首当其冲的便是正在进行的“文化大革命”，其次则是1975年邓小平因对“文化大革命”的不满而再次被革职。邓小平的政治勇气，和1974年到1975年作为副总理的执政能力，为他赢得了党内大部分人的信任和人民群众的支持。这两大群体都将邓小平视为毛泽东之后能够引领中国前进的一个强有力的领导候选人。

在这样的困境下，华国锋没有阻止新一轮的以他为中心的个人崇拜，以为这样可以巩固其领导地位。但华国锋的个人崇拜最终疏远了叶剑英元帅和其他党内元老，从而失掉了他作为国家领导人不可或缺的支持力量。在1978年中共十一届三中全会之后，邓小平和陈云这两位仅存的“文革”前的中央政治局委员重新主持工作。在这个论资排辈的政治体系中，华国锋已经没有太多政治资本可以继续掌权了。华国锋在1980年将国务院总理的职位让出，之后又在1981年将党的主席职位交给了胡耀邦，而接任的二人是邓小平在80年代改革的左膀右臂。同时，华国锋因为没能及时处理毛泽东时代留下来的专制问题而理所当然受到了批评，因为他不仅没有把中国人民从那种压抑自由思想和创造力的思想专制中解脱出来，思想专制甚至没有一点松动的迹象。然而华国锋的继任者很快发现，这个挑战远比他们想象的要艰巨。

“文化大革命”随着“四人帮”被逮捕立刻走向了尽头，尽管华国锋不愿意（也不能）责难“毛泽东的最后一次革命”。[①]在批判“四人帮”为“右派分子”和“走资派”的同时，华国锋将经济发展提到了政策的核心，取代了意识形态斗争而成为政府工作重点。1976年12月，华国锋在继任中国领导人之后的第一次讲话中，就强调了经济发展和改善人民生活水平在新一代政府工作中的重要性。[②]

① MacFarquhar and Schoenhals（2006）。

② 华国锋接班之后不断强调要将生产力的发展作为首要目标。例如，程中原、王玉祥、李正华（2008），第72~75页。

从策略上讲，华国锋走的是传统的路数。他迅速调换了政府关键部门的领导，以确保新的政策能有效执行。例如，1977 年 3 月，胡耀邦被任命为中央党校副校长（校长是华国锋本人），胡绩伟被任命为《人民日报》总编辑，而这两人都曾经在“文化大革命”中受批斗而被下放。①到 1977 年底，胡耀邦接管中共中央组织部，这是一个委任党和政府官员的重要部门。在胡耀邦走马上任之后，他迅速为之前被打成“右派”、“走资派”、“反社会主义分子”的党内干部、政府官员和知识分子平反，为死者正名，让生者恢复原有的工作。②到 1982 年，超过 300 万人被平反，许多前“右派分子”和“走资派”都回到了政府工作岗位上。中央政府和省级政府官员也因此而重新洗牌。③中共第十一届中央委员会（1977 年 8 月）的 201 名成员中，超过半数被新一届的成员取代（1982 年 9 月）。从 1977 年到 1980 年，除三个省之外，其他省级领导都被更换。在新一代的省级领导中，广东省的任仲夷和福建省的项南脱颖而出。作为经济改革的急先锋，他们在 20 世纪 80 年代初在中国的南大门推行了轰轰烈烈的市场经济大试验。

二

在 1977 年到 1978 年间，党和政府内发生了巨大的人事变动。与此同时，社会上意识形态和政治观点也有根本转变。毛泽东逝世后，中国政府没有全盘否定毛泽东。这与斯大林的命运非常不同。在斯大林死后，苏联政府毫不留情地公开抨击了斯大林的暴政；逝世后的毛泽东依旧在中国享有无可比拟的

① 关于华国锋对胡耀邦和胡绩伟的任命，参见满妹（2005），第 212~213 页；胡绩伟（1997），第 29~30 页。

② 例如，戴煌（1998）。

③ 杨继绳（1998），第 164~165 页。

声望，毛泽东思想依旧是检验政治真理的唯一标准。毛泽东的声望一定程度上可以归因于后毛泽东时代中国政府的政策，他们统一了全党的认识，将毛泽东的功过是非交给后人去评判。[①]因此，对毛泽东的诠释成为控制政治意识形态中至关重要的战场。华国锋对毛泽东的教义深信不疑，他试图消除一切反对毛泽东的言论，甚至包括对“文化大革命”的批评。因为华国锋相信只有保护毛泽东的声望，才能确保自己执政的合法性。华国锋的班子里有人提出“两个凡是”，宣布凡是毛泽东做出的决策和指示，都要坚定不移地执行；而这种极端的口号甚至与华国锋所提出的改革政策也是自相矛盾的。大部分党内元老因为在“文化大革命”中受尽屈辱而坚决主张全面否定“文化大革命”。但事实上，即使他们也没有作好全面否定毛泽东的心理准备，更不要说政治上的行动了。尽管党内存在着这些政治上的分歧，胡耀邦还是积极利用中央党校作为推动政治改革的平台。[②]1977 年 6 月，胡耀邦创立了《理论动态》刊物，其主要目的在于组织一些有分量的文章来批评、质疑深深扎根于人们思想中僵化的理论教条和毛泽东的一些极端政策。

1978 年 5 月 10 日，第 60 期《理论动态》杂志发表了一篇名为“实践是检验真理的唯一标准”的文章，旗帜鲜明地挑战中国共产党当时奉行的盲目崇拜毛泽东的政策。文中指出，任何理论教条都不可能是检验真理的标准，包括毛泽东思想、马克思主义和其他的理论教条。这对长期以来将《毛泽东语录》当作终极真理的中国人民来说，不啻晴天霹雳，从而引发真正的思想解放。许多政府官员和知识分子对真理标准的讨论抱有极大的热情，他们中的不少人曾

---

① 1981 年《对起草〈关于建国以来党的若干历史问题的决议〉的意见》旨在“确立毛泽东同志的历史地位，坚持和发展毛泽东思想”，参见《邓小平文选》第二卷。当时并没有对毛泽东进行任何意义上的客观评估，因为当时的首要任务是“团结一致”与“面向未来”。

② 关于 80 年代初胡耀邦在政治改革中的领导角色，参见沈宝祥（1997）；程中原、王玉祥、李正华（2008），第 85~121 页。

经仅仅是因为批评过毛泽东的政策，就被打成“右派”和“走资派”，而遭人唾骂和批斗，失去自由和做人的基本尊严。由于毛泽东在延安时期曾经推广“实事求是”作为党的基本指导方针，实践派的支持者们以此为理论依据，认为这才是毛泽东思想的正确发展方向。在实践派看来，正是他们的努力，才将毛泽东思想从毛泽东本人的错误中拯救出来。

这场关于实践的辩论主导了1978年到1979年中国的政治舞台。在辩论的初期，华国锋对毛泽东坚定不移的忠诚就让他付出了惨痛的政治代价。尽管如此，华国锋依旧没有阻止这场辩论，而且随着辩论的不断发展，华国锋最终改变了自己的立场。在这个过程中，华国锋体现出极其罕见的政治领导力与宽容心。[①]这场辩论最终以实用主义的彻底胜利而告终，它冲淡了“文化大革命”中一时甚嚣尘上的极端毛泽东思想所造成的意识形态专制。因此，在不否定毛泽东本人，也不否认其思想的合法性的情况下，中国共产党以一种很巧妙的方式打开了改革之门。

毛泽东刚刚逝世，中国政界便见证了一场人事和意识形态上疾风骤雨式的剧变。如果没有这些迅速而剧烈的变革，我们很难想象之后发生的市场经济改革。一些有关改革的学术研究认为，中国的经济改革并非伴随政治改革而来，因此根本不同于前苏联和东欧社会主义国家向资本主义经济和政治体制的转变，后者政治改革在先，经济改革随后。但这种观点是经不起推敲的，尽管在毛泽东逝世后中国确实没有沿着西方民主化的道路进行政治改革，但不能因此而漠视中国实施的其他形式的政治改革。早在20世纪70年代末80年代初，邓小平就不断重申将党内民主纳入中国政治体制改革的重要性。当时他实际上更倾向于允许党内有不同的声音，而不希望看到多党制。在中国的历史长河中，多个政党以民主的方式争夺政权几乎没有先例。尽管如此，中国的经济改革还

① 华国锋对胡耀邦的支持或者是默许，成为他们成功的一个重要因素。参见韩钢（2004），第29~47页。胡绩伟（1997，第84~85页）也认为华国锋是一位“思想开放、民主”的领导人。

是以政治思想和人事的巨大变革拉开了序幕，这场变革让大量赞同改革和对改革充满希望的官员掌握了政府的要职。①

三

紧随政治转变而来的便是迅速的经济变革。②1976 年 12 月 10 日，在第二届全国“农业学大寨”会议中，华国锋强调了经济发展是实现社会主义的先决条件。而在过去 10 年中受激进意识形态的影响，贫穷和艰苦生活还作为社会主义的一项光辉品质，而值得炫耀。尽管华国锋在政治上对毛泽东保持着绝对的忠诚，他却放弃了以阶级斗争为纲的做法。华国锋对带领中国走向经济复苏有着强烈的愿望，希望自己可以成为经济现代化的领导者。和邓小平等元老相比，华国锋没有无法撼动的革命功绩和军事资历，也没有在多年革命中建立的庞大的人脉网络，这让他在北京的政治体系中既是个新手，也是局外人。1976 年接班之后，华国锋立即着手重启了“四个现代化”这个有着一段属于自己的历史的经济计划。③

四个现代化，是工业现代化、农业现代化、国防现代化和科学技术现代化，由当时的国务院总理周恩来于 1964 年 12 月在第三届全国人民代表大会中提出，恰逢第三个五年计划（1966~1970）起草之前。④四个现代化原本是作为中国在 20 世纪末要达到的一个长期目标，但由于四个方面的现代化目标并未明确提出，这更像一个口号而非经济计划。另外，由于毛泽东迅速掀起了“文化大革

① 这种改革的思路与中国传统相一致，在政治改革中，人事的变化与体制改革同等重要。例如，钱穆（2001，第 1~2 页）简述了政治改革中的这两种策略。

② 武力（1999），第 756~807 页；孙大力（2004）。

③ Harding(1987)，第 53~57 页；杨继绳（1998），第 108~110 页；Meisner(1999)，第 429 页。

④ 关于四个现代化作为经济政策的起源与发展，参见韩亚光（2006），第 65~70 页。

命”的狂潮，周恩来的提议还没来得及离开他的办公桌便再无下文。但这项提议在当时却起到了与众不同的政治作用，在“文化大革命”中成为与毛泽东的阶级斗争思想和“无产阶级专政下继续革命”理论抗衡的重要平衡力量。

华国锋1976年重启四个现代化计划的努力并没有阻止邓小平占得先机。[①] 1975年1月，尽管“文化大革命”尚未结束，邓小平就在第四届全国人民代表大会上重申了四个现代化的建设目标。尽管邓小平在1975年末再次失去权力，但那次短命的经济重组却使他成为后毛泽东时代经济改革的先驱。[②]

四

在长达10年的“文化大革命”中，1971年9月13日林彪外逃死于飞机失事成为一个重大的转折点。[③]1969年刘少奇被革职之后，林彪被指定为毛泽东的接班人。尽管从20世纪30年代就作为毛泽东忠实的追随者并取得了元帅的军衔，林彪在1959年之前并没有什么政治影响力，直到他在庐山会议上攻击敢于批评“大跃进”的彭德怀，才获取了一定的政治势力。一般来说，彭德怀被认为是毛泽东的傲慢与自大的牺牲品，但也有人认为他是当时毛泽东的正统接班人刘少奇、林彪等人争夺权力的受害者。最终彭德怀失去了抗美援朝之后取得的国防部长的位置，被林彪取而代之。在“文化大革命”最初的几年里，由于毛泽东的全力支持，林彪成功排除了所有的竞争对手，成为毛泽东的接班人。但林彪对权力的追逐却以一种戏剧性的方式迅速结束，他出逃时飞机坠毁

---

① 关于邓小平1975年为重启四个现代化所作的努力，参见张化（2004）。

② 邓小平，“我们把改革当作一种革命”，1984年10月10日会见联邦德国总理科尔时谈话的一部分。参见《邓小平文选》第三卷。

③ 例如，史云、李丹慧（2008）。

于蒙古，同机的还有他的妻儿和其他几名机组成员。[①]

林彪事件严重影响了毛泽东的身体状况，使他再也没有从这次打击中恢复过来。[②]毛泽东选择了林彪作为他的代理人，并不顾其他将军元帅们的反对，对其委以重任，领导“文化大革命”，最终却发现林彪是在密谋造反。然而，林彪之死却为政策和人事的改变创造了契机。尽管没有打算完全结束“文化大革命”，但是毛泽东同意延缓革命的步伐。1973 年 3 月，邓小平被重新召回北京，出任国务院副总理。一年之后，毛泽东不顾江青的反对，将邓小平提拔为国务院第一副总理。[③]

在“文革”伊始失去权力的邓小平，曾到江西省一个偏僻的拖拉机厂工作了数年。远离政治中心北京的他，更加深刻地体会到了“文化大革命”带来的混乱，使他越来越确信意识形态激进主义的荒唐。回到北京之后，他迫不及待地展开了一场拨乱反正的运动，尽最大的努力将意识形态激进主义从中国经济中剥离出来，重新将四个现代化作为政府工作的目标。

邓小平在 1974 年到 1975 年间的纠正经济运动有如下几个特点。[④]首先，这是经济实用主义面对极端意识形态取得的一次短暂胜利。在这两年间，政府执行了大量的实用性政策。教育和科技作为经济发展不可或缺的工具得到重视，针对曾经被叫作“资本主义尾巴”的私营经济和其他提高人们生产积极性的经济活动的限制也在逐步放松。和“四人帮”相反，邓小平支持继续进行 1972 年尼克松访华开启的国际贸易。其次，邓小平认为，政治稳定是经济发展的前提条件，他坚信“文化大革命”带来的政治动荡必须加以控制。与毛泽东

---

① 于南与王海光（2004），但整个事件的过程依旧模糊。正如作者在最开始时所述，林彪事件是中华人民共和国历史上最奇怪的事件之一（第 302 页）。

② 金冲及（1996），第 1610 页。

③ 杨继绳（1998），第 55~63 页；安建设（2004）。

④ 张化（2004）；胡鞍钢（2008），第 477~485 页；彭森与陈立（2008），第 125~128 页；史云、李丹慧（2008），第 527~558 页。

不同，邓小平并不认为阶级斗争和政治运动是保全社会主义的最佳途径。在当工人的日子里，他发现饥饿和贫困才是中国最大的敌人。然而，这个最基本的经济问题却在“文化大革命”中被彻底忽视。邓小平认为必须立刻停止无谓的政治运动，恢复社会秩序，将政府的精力集中到经济发展上来。没有稳定的政治环境，中国甚至根本无法关注最基本的经济问题。第三，邓小平在拒绝毛泽东激进的阶级斗争观的同时，和毛泽东一样对中央集权缺乏信任，竭力拥护毛泽东《论十大关系》中的基本精神。这篇文章是毛泽东在中国的社会主义建设道路上做出的反思，也是毛泽东对中国经济和政府“分权化”的理论基础。但直到 1975 年，这篇讲稿也没有在党内流传过。邓小平希望可以公开这次讲话的内容以支持他的经济政策，但毛泽东担心这会损害“文化大革命”，拒绝了邓小平的请求。①

五

当华国锋重新将四个现代化作为经济政策的基石时，他做了邓小平几年前想做却没做到的事，公开《论十大关系》的内容。1976 年 12 月 26 日，在毛泽东 83 周年诞辰之际，《人民日报》发表了《论十大关系》。华国锋希望这为他的经济政策提供权威性和实际上的指导。②尽管可能有人会批评他在政治上没有原创性，但中国官方的评价认为华国锋让中国经济“原地踏步”，这完全有悖于事实。③恰恰相反，华国锋对四个现代化的巨大热情和对高速经济发展的渴望，使得经济学家、老干部薛暮桥于 1977 年 4 月 18 日进言邓小平和李先念，

① 史云、李丹慧（2008），第 583 页。

② 《人民日报》，1976 年 12 月 26 日。

③ 例如，正如武力（1999）所指出，“实际上，国民经济建设在 1977 年和 1978 年已经达到了相对稳定的快速增长”（第 763 页）。

表达了他对又一个“大跃进”的担忧。[①]尽管华国锋的经济计划后来被批评为“洋跃进”，尽管他的经济改革有缺陷，但在1977年到1978年中共十一届三中全会的这两年任期里，华国锋成功地让中国的发展方向从毛泽东时代的意识形态激进主义转到了经济建设上。华国锋既没有雄心壮志，也没有开拓自己政治道路的影响力，并且他的经济改革中途夭折，他也没能兑现他的承诺。但将华国锋从后毛泽东时代的经济改革中抹去既是对他的不公平，也忽视了那个时代中国政府在经济改革中艰难的摸索。

“洋跃进”运动于1977年底正式开始，当年国民生产总值增长了7.6%。在80种主要工业产品中，有52种的产量创下了新高。[②]国家财政收入也达到了历史最高点，超过计划指标6%。[③]在如此强劲的经济复苏趋势下，伴随着对弥补“文化大革命”错失的10年的热切渴望，华国锋和以邓小平与李先念为主的经济团队决定重启1976年至1985年的十年经济规划。早在1975年，邓小平便制订了《十年规划纲要》，但他旋即再次被削去官职，无缘实施这个规划。

评论家一般认为，十年规划的缺陷在于它的目标太过宏伟以至于无法实现，和“大跃进”如出一辙。但即使是简单地浏览一下这项方案，也会发现它与“大跃进”的明显区别。我们可以拿《十年规划纲要》中提到的粮食和钢铁的生产目标作为例子。十年规划中，到1985年时，粮食和钢铁的年产量将分别达到4 000亿公斤和6 000万吨。而现实中，1985年的粮食产量为3 790亿公斤，和目标差距5.25%，但两年之后便超过了4 000亿公斤的目标。钢产量则是4 680万吨，尚缺22%；直到四年之后年产量才达到6 160万吨。[④]这样的目标并不保守，但也不像“大跃进”那样完全脱离实际。实际上，十年规划

① 薛暮桥（1996），第7页。

② 陈锦华(2005)，第95页。

③ 程中原、王玉祥、李正华（2008），第161页。

④ 计算基于武力（1999）书中的数据。

的致命缺陷并不在此。

十年规划包含了120个全新的工业项目，包括30个大电站、8个煤炭基地、10个大油气田、10个化工厂、10个大型钢铁基地、10个石油炼化厂、9个有色金属基地、6条铁路新线，以及一些重点港口的建设计划，所有的项目都为了最大化利用国外引进的先进科学技术。整个改革由国家主导，投资驱动，并着眼于重工业。与1953年到1957年的第一个五年计划相比——当时的计划包含了156个苏联援建的工业项目——这个十年规划没有什么新意。德怀特·珀金斯在《剑桥中国史》中，将这个规划称为“苏联式的卓越计划”，这个称呼实在是很恰当。①

在华国锋经济小组对十年规划的预测中，他们明显地高估了中国的原材料出口收入，尤其是石油；同时他们低估了从国际市场上融资的难度，导致十年规划的两大融资渠道双双受阻。因此，整个计划迅速陷入了资金困境。在1978年启动的22个项目中，包括重新启动的一个1972年就开始的项目，只有几个得以完成。②更重要的是，整个改革几乎完全着眼于工业化的硬件建设，例如生产设备和厂房。很少有人去关注硬件设备的管理与使用，或者说国内的生产环境是否有能力来消化这些先进的技术。与此同时，十年规划忽视了对新工业项目的产业链的建设，导致与上下游产业脱节。因此，即使规划中完成的一些项目，它们的利用率也极为低下。由于与整个经济体系脱节，这些政府工业化项目没有给社会带来明显的技术进步。③1979年4月，在资金困境和令人失望的效果的双重压力下，中共中央在陈云主持的一次工作会议中终止了“洋跃进”运动。陈云是国民经济第一个五年计划的主要策划者，由于坚持不懈地批评任何形式上的经济跃进运动，陈云很快在毛泽东时代失去了权力。而在1978年

① Dwight Perkins（2005），第496页。

② 陈锦华（2005），第98页。

③ 同上，第105~106页。

的中共十一届三中全会上，陈云众望所归，重新执掌中国的经济政策。他推行了一系列宏观调控政策，提倡先实行一段时期的保守经济政策。

“洋跃进”对其后经济改革的贡献在于开创了一个先例，中国第一次接受西方资本主义国家贷款，引进西方先进技术。①尽管这并不是全新的创举，华国锋的经济小组还是将这种思路推向了一个前所未有的高度，尤其是在对外资的运用上。②在 1977 年以前，中国一直以一种极端敌视的态度来看待海外资本。③《人民日报》也在 1977 年 1 月 2 日发表针对外资的禁令。④转折发生在 1978 年 6 月，时任国务院副总理的谷牧决定选择性地利用外资振兴中国经济，并获得了华国锋和邓小平的肯定。⑤一个月之后，国务院召开的经济研讨会中，外资的运用成了会议的焦点问题。作为国际资本游戏中的初学者，尽管中国只能获得少量的短期贷款，但这也让一度远离国际资本市场的中国重新入局。尽管那时的中国只在国际资本市场上待了不到一年，但这次积极的尝试让参与其中的技术专家和政府官员受益匪浅。通过这不到一年的时间，他们在接触现代科技的同时也真正接触到了资本主义，获得了国际资本运营的宝贵实战经验。⑥

---

① 改革开放政策之前曾经有过两次对外开放的尝试。在第一个五年计划（1953~1957）中，中国接受苏联贷款，从苏联进口了相当数量的设备。1972 年，中国从日本和西欧采购了钢铁、化工、化肥生产和发电相关的设备，促进工业结构现代化。这是共和国历史上第一次向西方资本主义经济体打开国门。参见陈锦华（2005），第 10~14 页。值得一提的是，华国锋参与了 1972 年向国务院经济委员会提交采购化工和化肥生产设备申请书的撰写工作。参见李妍（2008），第 150 页。

② 武力（1999），第 776 页。

③ 但中国自从 70 年代早期就开始了与西方的贸易。《人民日报》（1978 年 9 月 19 日）的一篇文章报道了北京第二针织厂在 1975 年向银行贷款 130 万美元，从海外购买织布机。1976 年，该厂创造了 400 万美元的出口外汇。

④ 《人民日报》（1977 年 1 月 2 日）。

⑤ 李妍（2008），第 134 页。

⑥ 杨继绳（1998），第 110~111 页；武力（1999），第 776~777 页；陈锦华（2005），第 145~151 页。

尽管“洋跃进”是华国锋短暂的任期内最引人瞩目的经济政策，但现代化建设中还实施了其他更有效的改革举措。[①]首先，“商品的生产和自由流通”，换句话说，商品交易，在1976年底正式合法化。在一份12月5日发布的文件中，国务院允许个体工商业者重回经济环境之中，尽管他们曾经被贬斥为“资本主义尾巴’，被赶出社会主义经济体制。文中提到，“我们要坚定不移地增进社会主义下的商品生产与流通”。[②]其次，政府再次将货币报酬奖励体系引入中国经济。在上一个10年中，金钱报酬被谴责为资本主义的余孽，很少有人试图采用这种方式来提高工人和农民的劳动积极性。到1977年8月，大部分工人的工资已经上调；1978年5月，奖金和计件工资的方式再次回到薪资体系中。尽管劳动力的流动依旧被严格限制，但市场化的劳动力定价体系已经融入人事管理体系之中。最后，在经历10年的政治混乱之后，城市中的工厂成了经济调整的首要目标。之前被废弃的工作纪律重新启用，开始发挥效力，生产秩序逐渐恢复。在华国锋的治理下，社会主义现代化建设逐步取代了阶级斗争，成为中国政府的主要目标。

六

要实现社会主义现代化，关键的一点是将现代科学、文化和技术引入中国。1978年2月26日，华国锋在第五届全国人民代表大会上明确了这个目标：“要迅速发展社会主义科学文化事业，还必须坚持‘古为今用’、‘洋为中用’的方针。对于世界上先进的科学技术，要认真学习，拿来为我所用。”[③]在“文化大

---

① 程中原、王玉祥、李正华（2008），第59~84页。

② 武力（1999），第758页。

③ 华国锋（1978），第五届全国人民代表大会上的政府工作报告，“团结起来，为建设社会主义的现代化强国而奋斗”，《北京周报》，第十期（3月10日），第39页。

革命”时期，中国选择的是自我孤立的外交政策和自给自足的经济体系。因此，中国人对市场经济原则的知识几近于零，即使有粗略的了解，也往往差之千里。1980年米尔顿·弗里德曼访问中国时，给中国的政府高官们上了一周的价格理论课程。在那一周某节课后的午餐时间里，中国赴美考察团的成员、物资分配部门的部长和第一副部长，想询问弗里德曼去美国到底应该去见谁，去考察什么。他们问的第一个问题是：“请告诉我们，在美国，到底由谁负责物资分配？”①

中国在思想上的孤立也即将结束。后毛泽东时代的政府迅速结束了毛泽东“输出革命”的外交政策，同时开始增进与亚洲邻居和发达国家的外交关系，1978年成为中国的“外交年”。由副总理带领，由中央政府、省部级官员和大型国企领导组成的官方代表团在一年内出访二十余次，走访了五十多个国家，包括日本、泰国、马来西亚、新加坡、美国、加拿大、南斯拉夫、罗马尼亚、法国、德国、瑞士、丹麦和比利时等。与此同时，中国也接待了三十余国的代表团来华。②

香港和澳门成为中国代表团最先访问的资本主义经济体。当时负责经济计划的副总理谷牧，将国家经委和外经贸部的官员派到香港和澳门观察资本主义的运作模式。而他们也带回来了港澳的建议：设立经济贸易特区。作为中国的邻居和亚洲最发达的经济体，日本在1978年也数次接待了中国代表团。中国代表团对于日本的农业发展、现代工业、企业管理和国际贸易都充满了兴趣，在1978年2月26日，中日两国签署了长期贸易协议。③

作为世界上最大的两个农产品出口国，美国和加拿大也成为中国代表团参

---

① 米尔顿·弗里德曼（1984），第26页。

② 程中原、王玉祥、李正华（2008），第122~132页；李妍（2008），第68~96页；杨胜群与陈晋（2009），第153~179页。

③ 李妍（2008），第69页。

观的目标。1978 年 7 月 25 日，来自黑龙江、山西、陕西、山东和天津的政府官员与农林部的官员一同前往美国考察。在 40 天的行程中，他们对美国农业的现代化程度惊讶不已。同年 8 月份，农林部与几大国营农场的领导前往加拿大参观考察。加拿大的奶牛场与养禽场成为他们关注的焦点，当地的农业学院和研究机构也吸引了他们的注意力。[①]

作为社会主义经济改革的先驱，南斯拉夫成为中国政府官员的另一个热门目的地。1978 年，多个中国代表团出访南斯拉夫，包括 8 月份华国锋亲自出访。当年 4 月，由李一氓、于光远和乔石带领的中国共产党代表团前往南斯拉夫考察经济管理方式。南斯拉夫曾经坚决抵制了斯大林主义，而独立自主地发展社会主义，这些经验让中国代表团意识到苏联模式并不能代表社会主义的全部潜力，并且社会主义也可以有不一样的模式。[②]在这次访问之后，中国迅速与南斯拉夫恢复了正式外交关系，承认南斯拉夫所走的社会主义道路。1979 年到 1980 年间，中国代表团又出访了波兰、匈牙利和其他东欧社会主义国家。通过考察不同的社会主义国家，中国领导人开阔了视野，认识到社会主义的多样性。在这几次出访之后，东欧的数名经济学家，包括波兰的布鲁斯（Wlodzimierz Brus）和捷克斯洛伐克的锡克（Ota Sik）纷纷应邀来到中国，为中国的政府官员和经济学家举办讲座。

谷牧本人率团进行了可能最具影响力和最让人大开眼界的一次访问。[③]5 月 2 日到 6 月 6 日，谷牧率领二十余名政府官员，包括多位部长和来自北京、广东和山东的多位省级官员访问了法国、德国、瑞士、丹麦和比利时。这是自 1949 年建国以来中国政府官员对西欧的第一次正式访问。代表团访问了 25 个城市，超过 80 家企业，和多家矿山、港口、农场、大学及研究机构。在代表

① 同上，第 76~80 页。

② 于光远（2008），第 55 页。

③ 杨胜群与陈晋（2009），第 153~167 页。

团起程之前，邓小平专门会见了包括谷牧在内的代表团成员，要求他们尽可能地多看、多问，了解这些国家管理国家经济的方法。在回国之后，谷牧向政治局、邓小平、华国锋和其他资深领导作了汇报。他在各种会议上作了关于欧洲之行的介绍，包括国务院召开的一次关于四个现代化的研讨会。

1978 年，邓小平于年初出访缅甸和尼泊尔，9 月去了朝鲜，10 月访问了日本，11 月去了泰国、马来西亚和新加坡，次年 1 月访问了美国。在日本之行中，邓小平对日本的现代化技术和高效的管理印象深刻。在参观完日产汽车之后，邓小平告诉日本人："现在我明白什么叫现代化了。"[①]

毫无疑问，短时间内如此密集的对外接触，尤其是与西方世界的交流，成为中国重新审视市场经济、资本主义和经济发展的催化剂。例如，邓小平在新加坡时曾经详细询问外商直接投资和这种模式对新加坡经济崛起的贡献。让新加坡人惊讶的是，邓小平公开承认共产党政府在经济上的失误，并诚恳地向新加坡的开国总理李光耀寻求改善中国经济的建议。十多年后，李光耀依然对当年与邓小平的会面记忆犹新。[②]

> 1978 年的那次会面，我在宴会上告诉邓小平，我们这些新加坡华人，都是来自广东和福建的既不识字又没有土地的农民的后代；而当时的文人学士都留在了祖国，繁衍着子孙后代。因此没有新加坡人能做好而中国人做不好的事情，而且中国人一定可以做得更好。他当时陷入了沉默。当我后来得知他后来告诉中国人民要超越新加坡时，我知道他 14 年前就已经默默接下了我给他下的挑战书。

与外面世界的接触并不仅仅局限于那些出国访问的政府官员。代表团在出访之后往往撰写访问报告，然后会在党内传阅，甚至向社会大众公开。一个很

① 杨胜群与陈晋（2009），第 168~179 页。

② 李光耀（2000），第 645 页。

好的例子是邓力群、马洪、孙尚清和吴家骏撰写的报告《访日归来的思索》。[①]在国务院经济委员会1978年底组织的一次出访中，23人的代表团在日本逗留了一个月，在数个城市一共参观了43家公司、城乡地区的家庭与学校。在他们的报告中，两大主题的回归非常明显：承认中国经济之前的失败，同时对社会主义仍旧有着高涨的信心。下面的原文非常具有代表性：

> 马克思主义认为，没有产品的极大丰富，就不能实现按需分配。从日本的情况看来，这并不是可望不可即的。资本主义的日本，产品比我们丰富多了。我们是社会主义，先发展到他们那样的丰富程度再继续前进，达到极大丰富，是完全可能的。（《访日归来的思索》，第4页）

> 我们是社会主义社会，我们的制度比资本主义优越得多，但是由于缺乏经验，我们在社会主义建设过程中存在一些缺点，社会主义的优越性还没有充分发挥出来。最近党的十一届三中全会总结了过去三十年来我国社会主义建设的基本经验，同时提出要学习外国的先进经验。只要我们遵照党指出的路线和目标，努力奋斗，并将外国先进的技术和管理经验用来为我们的社会主义制度服务，我们就一定能够在本世纪末实现四个现代化的宏伟目标。（同上，第53页）

在毛泽东时代的大部分时间里，尤其是自50年代中期以来，资本主义制度被批判为腐朽堕落的邪恶制度，成为与先进的社会主义制度和它所代表的光明未来的参照物。由于严格的言论管制和自我孤立，包括国家领导人在内的中国人对于资本主义的真面目知之甚少。对资本主义国家的访问让中国领导人第一次零距离接触到资本主义，同时，像邓小平所说的，也让他们意识到了“什么叫现代化”。在看到日本的工人和农民享受着比他们更好的生活水平时，中

① 邓力群、马洪、孙尚清和吴家骏（1979）。

国代表团的成员回国之后很难再相信那些反对资本主义的官方宣传了。他们为市场经济的创造力和活力所震惊，为中国的经济停滞和科技倒退感到惭愧。落差之大，对比之鲜明，让他们无法不反思过去的做法。

与此同时，这两年频繁的出访让代表团找到了一些带领中国脱离贫困赶上资本主义国家的线索。例如，正如邓小平在新加坡了解到的，外商直接投资可以让中国利用资本主义国家的科学技术和管理经验，将中国推上工业化的阶梯。日本和欧洲在第二次世界大战的废墟上高速发展，也让中国代表团的成员对中国对外开放、引进现代科技之后赶超日欧的前景充满信心。

七

随着中国重新打开面向世界的大门，对外贸易迅速增长。1977 年，中国内地的进出口贸易总额仅仅为 140 亿美元。当时中国台湾为 180 亿美元，韩国是 210 亿美元，日本则是 1 410 亿美元。到 1978 年，中国内地的贸易数据增长了 50%。在这个过程中，香港所扮演的角色至关重要。根据王于渐的描述，香港是“中国对外开放的中间人”。[①]1978 年 8 月 31 日，香港商人曾光彪在广东省珠海签订了一项投资建厂的协议。[②]这件事迅速登上了香港报纸的头条，也是后毛泽东时代接受的第一笔境外投资。两年之后，在广东、福建两省设立的四个经济特区为来自港澳台以及其他地区的海外投资者提供了更多的投资机会，让中国获得了资本、技术与连接全球市场的通路。

改革开放之后，产自港台、日本和世界各地的消费品迅速流入中国大陆市场，第一次呈现在中国大陆消费者的眼前。经济学家使用了两个名称来区分当时的改革开放政策和之前华国锋所实行的“洋跃进”：出口促进和进口替代。

① 王于渐（2008），第 4 页。

② 杜明明（2008）。

出口促进的新模式奠定了未来几十年中国经济改革的基础。华国锋的“洋跃进”寄希望于引进西方科技并提高国内生产能力之后，可以自主地生产高级资本物品和消费品。但这种比较忽视了它们之间的另一个关键性差异。在“洋跃进”下，引进的西方科技仅仅只在部分国营企业手中；而在改革开放的模式下，现代科技以进口消费品和资本引入的方式呈现在全社会消费者和所有生产企业面前。

在外贸促进的政策下知识得以迅速在全社会范围内自由传播，而这种知识的广泛传播在“洋跃进”中乏善可陈。这个关键性的区别决定了这两大经济政策的结果有天壤之别。外贸促进政策当然也毫无疑问地利用了中国在国际贸易中的比较优势，但其关键优势在于它能够迅速而广泛地在全社会范围内传播与积累知识。现代科技和管理经验的引入给中国经济带来的长期影响远远超出了比较优势所强调的范畴。

当中国在70年代末打开面向世界的大门时，她的科技水平远远落后于西方。但一旦中国人民可以不受意识形态限制而无拘无束地向前追赶，他们迅速发现，中西之间的科技鸿沟给中国经济留下一个巨大的追赶空间，让中国经济可以迎头赶上，快速提高生产效率。就如同张五常所预测的，中国必然走向市场经济，[①]但中国经济的市场之路却没有人可以预测。

八

几乎没有人能预测到，一个共产党政府会走向市场经济。但现在中国政府带领中国走向市场经济的事实已经众所周知。这让人不禁发出疑问，中国政府究竟做了什么，才能够引导这样一个几乎不可思议的转型？

① 张五常（1982, 1986）。

毫无疑问，中共《十一届三中全会公报》是最合适的寻找答案的地方。中国共产党第十一届三中全会于12月18日到22日在北京举行，全会的最后一天，这份公报诞生了。这次会议被视为中国历史的分水岭和后毛泽东时代经济改革的序曲。这份文件虽然回避了毛泽东所犯的错误，但明确承认了中国共产党在过去所犯的一系列严重错误，也坦率地陈述了经济改革的目标。[①]

《公报》明确了中国共产党“把全党工作的着重点和全国人民的注意力转移到社会主义现代化建设上来”的迫切要求。这意味着共产党彻底停止对毛泽东的盲从和因此导致的对政府官员和知识分子的迫害，以阶级斗争为纲的时代正式画上了一个句号。这份《公报》强调“城市人民生活中多年积累下来的一系列问题必须妥善解决”。随着阶级斗争向现代化建设的转变，社会对物质报酬也逐渐接受。毛泽东将革命的狂热作为鼓励工人与农民的主要动力，这种做法被完全抛弃了。相反，这份《公报》对物质激励进行了肯定。“全会指出，城乡人民的生活必须在生产发展的基础上逐步改善，必须坚决反对对人民生活中的迫切问题漠不关心的官僚主义态度。”如果没有这个方向的改变，邓小平那句著名的“让一部分人先富起来”将成为一句空话。

《公报》同样强调了现存经济体制的一大缺陷，即权力的过度集中，这与毛泽东在《论十大关系》中提出的核心观点相一致。《公报》指出：“会议认为，毛泽东同志一九五六年总结我国经济建设经验的《论十大关系》报告中提出的基本方针，既是经济规律的客观反映，也是社会政治安定的重要保证，仍然保持着重要的指导意义。”毫不意外，《公报》给出的药方依旧延续着毛泽东的思路。原文如下：

会议指出，现在我国经济管理体制的一个严重缺点是权力过于集中，

---

① 1978年中共《十一届三中全会公报》的中英文版本可以在互联网上查到，也可参见Hinton（1980），第2722~2727页。

> 应该有领导地大胆下放，让地方和工农业企业在国家统一计划的指导下有更多的经营管理自主权；应该着手大力精简各级经济行政机构，把它们的大部分职权转交给企业性的专业公司或联合公司；应该坚决实行按经济规律办事，重视价值规律的作用，注意把思想政治工作和经济手段结合起来，充分调动干部和劳动者的生产积极性；应该在党的一元化领导之下，认真解决党政企不分、以党代政、以政代企的现象，实行分级分工分人负责，加强管理机构和管理人员的权限和责任，减少会议公文，提高工作效率，认真实行考核、奖惩、升降等制度。采取这些措施，才能充分发挥中央部门、地方、企业和劳动者个人四个方面的主动性、积极性、创造性，使社会主义经济的各个部门各个环节普遍地蓬蓬勃勃地发展起来。

《公报》特别指出了农业是经济链条中的最薄弱一环。“全会认为，全党目前必须集中主要精力把农业尽快搞上去，因为农业这个国民经济的基础，这些年来受了严重的破坏，目前就整体来说还十分薄弱。”然而，《公报》提出的补救方式却仅仅局限于物价控制：

> 全会建议国务院做出决定，粮食统购价格从一九七九年夏粮上市的时候起提高百分之二十，超购部分在这个基础上再加价百分之五十，棉花、油料、糖料、畜产品、水产品、林产品等农副产品的收购价格也要分别情况，逐步作相应的提高。农业机械、化肥、农药、农用塑料等农用工业品的出厂价格和销售价格，在降低成本的基础上，在一九七九年和一九八〇年降低百分之十到十五，把降低成本的好处基本上给农民。

中国政府希望社会主义现代化成为一次“新的长征”和“广泛、深刻的革命”，需要团结奋斗，做出坚持不懈的努力。要达到这个目标，《公报》中所提出的基本方针有着清晰的指导性，同时给地方留下了足够的因地制宜的空间。

> 实现四个现代化，要求大幅度地提高生产力，也就必然要求多方面地改变同生产力发展不适应的生产关系和上层建筑，改变一切不适应的管理方式、活动方式和思想方式，因而是一场广泛、深刻的革命。

同样值得注意的是，根据《公报》，“改变一切不适应的管理方式、活动方式和思想方式”只能“为生产力发展服务”。在之后的几年中，对“生产力发展”的作用成了判断改革政策与实践的主要标准。

“在本世纪内将中国建设成为社会主义的现代化强国”这个改革的长期目标虽然清晰明确，但《公报》中并没有指出任何宏观战略或者蓝图。由于当时中国政府对市场与市场经济几乎一无所知，《公报》中对“市场”这个词并未提及。[①]然而现在将十一届三中全会看作中国市场化转型的起点已经是人们的共识。我们并不否认这次会议和《公报》的历史重要性，但也要再次强调，当时的中国政府根本没有想到过市场经济。但他们思想开放，愿意接受任何能带来“生产力发展”的力量，以及将实践作为一切的判断标准，最起码他们是这样宣称的。

要理解中共《十一届三中全会公报》的历史意义，我们必须明白后毛泽东时代的经济改革并非中国共产党第一次尝试着重整社会主义经济。毛泽东两次分权的尝试，第一次始于50年代中期，第二次是在“文化大革命”中，都未能让社会主义经济恢复活力。在“文化大革命”之后，毛泽东对于阶级斗争的依赖和通过继续革命来保全社会主义的思路已经被证明是灾难性的政策。尽管毛泽东对于中国社会主义分权化的解决方案依旧模糊，但是中国的经济实际上比其他的社会主义经济更为分散。此外，毛泽东对于中国社会主义经济问题根源的分析依旧成为《公报》的重要遗产之一。

---

① 在官方的英语翻译中，“市场”在“市场价格”中出现了两次，但应该译为与“出厂价格”作对比的“销售价格”。

作为经济战略,《公报》并没有明显超越毛泽东在《论十大关系》中的观点。《公报》完全赞同毛泽东对社会主义经济所面临的最严重问题的分析：过度集中化。然而，与毛泽东的思路相反的是,《公报》将“生产力发展”提到了首位。但即使是对于经济发展的高度重视以及对于四个现代化的追求，也只是重启周恩来总理 1964 年提出的经济计划。《公报》与毛泽东的思想相异的另一方面是解决过度集中化的方案：将权力转移到企业以及地方政府。

作为政治策略，《公报》充满智慧。首先，《公报》赞扬了毛泽东作为“一个伟大的马克思主义者”的历史地位，要求全国人民必须“更加紧密地团结在毛泽东思想的旗帜下”，从而将共产党的执政重点从阶级斗争转移到了社会主义现代化建设，统一了全国人民的奋斗目标。《公报》明确了在 20 世纪末将中国建设成为伟大的社会主义现代化强国的目标。继续坚持马列主义、毛泽东思想避免了意识形态的纷争，维持了经济改革所必需的政治稳定。考虑到毛泽东在党内、军内和人民大众中的长期威望，对毛泽东的全面否定将会削弱后毛泽东时代政府的执政合法性，并可能撒下政治混乱的种子。在精心的设计下，后毛泽东时代的中国领导人通过赞扬毛泽东，从而迅速埋葬了毛泽东的激进政策并转向了经济发展。重申毛泽东“实事求是”的原则，并强调实践是检验真理的唯一标准，中国政府逐步将套在自己脖子上的意识形态枷锁放了下来。

九

在从毛泽东逝世到中共十一届三中全会召开之间的两年多时间里，中国做出了一个关键的决定，远离了毛泽东的激进主义。毛泽东的逝世给中国带来了政治不稳定的危机。在叶剑英和其他党内元老的帮助下，华国锋成功扳倒了“四人帮”，终结了“文化大革命”，迅速恢复了政治秩序。更为重要的是，中国再次打开了面向世界的大门，迎接科学技术、资本以及市场的思路与实践。

与此同时，华国锋逐渐将政府工作的重心从激进的继续革命的意识形态转向了社会主义现代化，而十一届三中全会以及邓小平的再次回归巩固了这次转变的成果。尽管《公报》并没有绘制实现社会主义现代化所需的经济蓝图，其政治智慧体现在打着毛泽东思想的旗帜把全国人民引向经济建设。就经济方面（农业除外）而言，《公报》几乎没有给出任何具体措施。不得不说这的确是一种幸运，因为当时中国领导人极度缺乏信息，他们制定的任何具体措施都只会给经济带来严重的伤害。但如今，中国政府坚持实用主义路线，愿意将一切置于实践的检验之下，并且努力尝试能够促进“生产力发展”的措施。就物质条件和制度建设而言，中国或许对即将来临的市场化革命准备不足，但中国至少在心态上跃跃欲试，精神上整装待发。

第三章

中国市场体制改革起源

中国共产党十一届三中全会是共和国历史上意义重大的一次会议，它不仅重新巩固了中国共产党的政权，还为重新凝聚千疮百孔的社会铺平了道路。会议将中国人民的能量、热忱和创造力从血腥的阶级斗争重新拉回到社会主义现代化建设上。在1978年即将逝去之际，中国迎来了1949年之后的又一历史性时刻。这一次，幸运之神将更眷顾中国。在中国政府及全世界的学术界看来，十一届三中全会的召开是中国市场转型开始的标志，是这个世界人口第一大国从贫穷萧条转变成为世界上最富活力的市场经济的源头，是它成就了中国未来30年的卓越发展。[①]然而，人们很容易过度解读这一分水岭事件，即认为十一届三中全会的历史意义是注定的。但归根结底，中国市场转型的伟大成就并不是此次会议精心策划的结果。相反，是市场经济转型本身提升了会议的历史意义，使其成为共和国历史上最具代表性的转折点。如果中国的经济体制改革没能成功，十一届三中全会在历史上只会是中国领导层对经济现代化的另一个美好尝试而已。

不管怎么说，中国的改革并不是在1978年末才开始的。在1976年9月毛

---

① 令人惊讶的是，几乎所有关于中国经济体制改革的著作都认为这次改革有着简洁明快的开端。在大多数人看来，“后毛泽东时代的改革”与“1978年后的改革”是可相互替换的。我们发现这种共识在许多方面都让人感到费解，并会产生误导。

泽东逝世到 1978 年 12 月十一届三中全会召开这两年间，中国便已经摆脱了意识形态的桎梏，并把发展经济作为新时期的第一要务，全身心地投入经济建设中。随着“四人帮”的覆灭，“文化大革命”走向了终结，社会主义现代化建设迅速成为华国锋及新一届政府关注的焦点。1976 年，四个现代化经济纲领重新恢复活力；一年之后，“洋跃进”也随之启动。成千上万在“文革”中遭到迫害的党员干部及“右派分子”得以平反，他们当中有许多人重新回到领导岗位，并迅速成为改革的中坚力量。

改革初期，作为中央党校的负责人及党内刊物《理论动态》的主编，胡耀邦对新思想的传播起到了强有力的推动作用，其中《实践是检验真理的唯一标准》一文引发了一场意义深远的政治辩论。当十一届三中全会于 1978 年底在北京召开的时候，实践已经成功挑战了任何理论教条，取而代之成为人们心中的指导思想。这次意识形态的转变，在后来也被公认为是新中国成立以来的第一次“思想大解放”。①

“文化大革命”结束后，中国立即向世界敞开了大门。为了重建与外界在过去 10 年遭到破坏或被忽略的关系，也为了亲眼看看自己与现代世界的差距，中国领导人对国外进行了多次访问。1979 年 1 月 1 日中美外交关系的正常化及随后不久邓小平对美国的访问，成为中国与西方世界和解的强效催化剂。中国领导人在接触了亚洲、欧洲及美国的资本主义形态后，对其所成就的经济活力表示了赞赏，但他们反而因此更加坚定了走社会主义道路的信念。他们坚信，如果中国能适当借鉴资本主义中的创新优势，社会主义的内在优越性必然能更好地引领中国经济现代化建设高速发展，甚至超越西方。这种观点在十一届三中全会后得到了加强。1978 年中共《十一届三中全会公报》的发布，邓小平与陈云重新回到党内中心地位，正在发生的政治及经济转型获得了更大的动力。

---

① 沈宝祥（2004），第 71 页；马立诚（2008），第 6~15 页。

十一届三中全会刚一结束，中国政府便启动了一系列改革措施，并把重心集中在了中国社会主义经济体制中一个最为薄弱的领域——国营企业。正如中国在1978年中共《十一届三中全会公报》中所承认的那样，“(中国）经济管理体制的一个严重缺点，是权力过于集中”。因此，会有更多的权力被下放到地方政府及经济组织中去，让“地方和工农企业在国家统一计划的指导下有更多的经营管理自主权”。然而，直接将权力下放给企业的做法完全是前所未有的。鉴于此前试图通过行政分权振兴经济的失败尝试，中国的领导人打算选择一条不一样的道路。实际上，中国政府在对中国经济体制改革的早期尝试中曾经把权力下放到地方政府，但企业方面则仍然未能摆脱各种官僚体制和刻板的红头文件的层层束缚。在1978年9月国务院召开的一次会议上，李先念针对以前改革的不足表达了痛心和遗憾。①

不过，企业自治的想法其实并不新颖，至少在学术界是如此。顾准和孙冶方是最早对苏联计划经济模式提出批评的中国经济学家，同时也是最先强调经济原则与社会主义制度相结合的中国学者。②他们两人都认为，国营企业应当是自主逐利的经济实体。早在1956年，顾准便强调，市场和商品生产是社会主义制度下的企业或个人在交易中不可或缺的要素。然而，一年后，他因坚持自己的这一观点被打成“右派”，在监狱和劳改场度过了大半余生。③1974年，身患癌症的顾准在“文化大革命”中去世。在孙冶方看来，中国社会主义经济体制的最大弊病不是毛泽东所认为的权力过度集中，也不是其批评者所认为的权力分散，而是国营企业缺乏自主权。④1961年，由于不苟同“行政分权”思路并对其进行了尖锐批评，孙冶方被贴上了“中国最大的修正主义分子”的标

① 肖冬连（2004)，第189页。

② 高建国（2000)，第377~392页。

③ 同上，第411~427页。

④ 吴敬琏（2003)，第52页。

签，在"文化大革命"期间受囚禁长达 7 年之久。"文革"结束后，顾准和孙冶方曾经提出的想法得以重见天日，并赢得了中国领导人的支持。①

一

中国访问团在国外的所见所闻，也让他们意识到放弃行政分权而走企业自治的路子是正确的。资本主义企业的高效和活力，给访问团留下了深刻的印象。邓小平在 1978 年的日本之行中参观了许多企业，其中，日产汽车公司给他留下的印象最为深刻。与日产公司相比，中国企业的低效可谓声名狼藉，纷繁芜杂的官僚体系让企业备受困扰。十一届三中全会之后，中国领导人决定重点抓企业改革，并将其作为振兴社会主义经济的关键组成部分。1979 年 2 月 19 日，《人民日报》发表了一篇代表中国政府官方立场的社论，文中强调"当务之急是扩大企业的自主权"。②在接下来的几年里，企业改革成为经济体制改革的焦点，而国营企业"放权让利"的问题更是重中之重。③

对于对日常经济状况心知肚明的地方官员而言，提高国营企业的业绩无疑是改革中国社会主义经济中最根本的挑战。实际上，在十一届三中全会之前，某些地区便已经开始了对国营企业的改革。四川省最早进行试点改革，他们对国营企业进行了扩大自主权的试验，并取得了良好的成效。④这次改革有效地削弱了各大政府部门对国营企业的掌控，将一部分权力转移给了企业本身。例如，企业能直接任命中层管理者（但不能解雇员工），能有一定的利润留成，

① 吴敬琏（2003），第 138 页；彭森、陈立（2008），第 89 页。

② 《人民日报》，1979 年 2 月 19 日。亦可参阅肖冬连（2008），第 507~544 页。值得注意的是，后者所在章节名正是"经济体制改革从放权让利起步"。如肖冬连在文中所写的，"至少在 1978~1980 年，改革的焦点一直放在扩大企业自主权的试点上。"

③ 武力（1999），第 841~846 页；吴敬琏（2003），第 138~144 页；肖冬连（2004），第 191 页。

④ 杨继绳（1998），第 358 页；武力（1999），第 842 页。

能在完成国家计划的基础上增加产量等。十一届三中全会之后，这些改革获得了更多的动力。到 1979 年初，仅四川省就有多达 100 家企业进行了改革。[①]除此之外，毗邻的云南省也有 50 家企业加入了改革行列。[②]鉴于四川的成功经验，1979 年 5，国务院从北京、上海和天津挑选了 8 家大型国营企业作为试点改革对象，旗舰企业首都钢铁公司亦位列其中。到 1979 年末，改革列表中的大型国营企业数目已超过 4 200 家。[③]而到 1981 年，参与改革的国企更是遍布中国（西藏除外），超过了 6 600 家。

除了放权给企业，其他一些措施也同样推动了产业改革的进一步发展。众所周知，国营企业长久以来一直受到两方面因素的强烈制约。首先，企业缺乏最基本的经营自主权，它们就像棋子一般受各种国家机构的控制和约束。它们无法决定生产的产品和数量，没有自主招工权，在生产投入上没有话语权，甚至连雇员（无论是管理者还是普通职工）的工资都由国家决定。除了名义上的概念，这些国营企业实际上没有一点与“企业”两字沾边。正因为如此，国营企业改革的第一次尝试，便是提高企业自主权，让它们成为名副其实的“企业”。

支离破碎的产业结构，是国营企业的第二个制约因素。由于毛泽东强烈主张地方（从地区到省到县）自给自足，中国的国营企业在规模上都比较小，但数量庞大。通常情况下，企业之间完全相互隔离。甚至同产业中的上下游企业之间都几乎没有直接联系，相互的沟通基本上完全经由政府机构中转或代办。因此，每个地方的国营企业都集中受当地政府管理。[④]为了应对这一结构性问题，国务院于 1980 年 7 月发布了一项暂行规定，希望通过整合国营企业来加

① 武力（1999），第 842 页。

② 谢淑丽（1993），第 200 页。

③ 吴敬琏（2005），第 145 页。

④ 在研究文献中（如钱颖一和许成钢，1993；Maskin，Qian and Xu，2000；Qian，Roland and Xu，2006）这被称为M型（多部门，multi~divisional）产业结构，与前苏联所采用的U型结构相对应。

强它们之间的经济联系。[①]在机械工业领域方面（毛泽东时代最分散的产业），国家第一机械工业部在1981年初提出并鼓励国营企业整合。这一倡议甚至影响到了政府机构的设置。1982年，国家机械工业部成立，原来的四个机构被合并为一。[②]

除了企业改革和产业结构调整外，国务院还专门筛选了一些城市进行“国家经济体制综合改革”试验。[③]1981年10月，拥有24.3万人口的湖北小城沙市成为第一个试点城市。1982年3月，大小与沙市相当的江苏省常州市成为第二个试点城市。1983年2月，四川省重庆市成为参与综合改革试点的第一个大型城市。同年5月，武汉、沈阳、大连、哈尔滨、广州及西安这几个百万人口级城市也相继加入改革试验的队伍。作为“国家经济体制综合改革”的首个试点城市，沙市这个并不起眼的小城在中国经济体制改革的历史上留下了自己的印记。有许多改革措施都是在沙市率先实行的，例如加强企业对规模经济和广域（范围）经济 (economy of scope) 的利用，允许企业自订生产计划，允许企业对员工进行弹性管理以及引进经营责任制等。在改革的文献中，“国家经济体制综合改革”少有提及，也甚少受到学术界的关注，部分原因在于，与经济特区相比，此次改革的表现实在乏善可陈。[④]尽管如此，这些城市改革的试点，连同一道进行的企业和产业结构改革，都充分体现了中国政府在20世纪70年代末及80年代初为推进工业改革所做出的努力。

通常情况下，企业一般都迅速而又积极地对这些改革措施做出了回应。经营自主权的扩大让企业更有动力去提高产量改进效率。职工的收入也因此得以

① 肖冬连（2004），第204页。

② 匡家在与盖军（2004），第311~312页。当时被合并的四个机构是一机部、农机部、国家仪器仪表工业总局和国家机械设备成套总局。

③ 宗寒（2007），第30~41页；彭森与陈立（2008），第125~128页。

④ 例如，吴敬琏（2003，2010）或Naughton（2007）均未作相关讨论。

提高，而他们的工资已经很多年都没有改善。1980 年末，为了确保企业管理者拥有切实的自主权，并对其职责进行详细划分，经营承包责任制被引入改革。从策略层面看，工业改革最重要且最深远的成就，是终结了中央计划对工业生产的垄断。如今，在完成国家分配下达的任务后，国营企业可自行决定生产计划。这使得社会主义经济有机会在“计划外增长”。[①]国营企业一旦突破中央计划的约束，在计划外进行生产，就不得不接受市场力量的支配。“双轨制”便是在这样的背景下诞生的。“双轨制”是中国经济体制改革的特殊产物，是中央计划与市场一同协调国营部门生产的共生物。[②]因此，虽然国营企业继续占据着主导地位，也没有尝试私有化，但市场机制仍然能在中国经济中破土而出。

然而，尽管工业改革本身取得了不俗进展，但整个经济没有太大改善，至少从常规的短期宏观指标来看确是如此。相反，由于企业如今能够保留一部分利润支撑生产投入和职工薪酬，政府税收因此减少。政府陷入赤字，通胀压力不堪重负。1979 年，政府赤字达到了前所未有的惊人水平——170 亿元，在第二年仍处高位（128 亿元）。1980 年，综合物价指数上升至 6%；有些城市更是超过了 8%。[③]在中国政府眼里，通货膨胀是资本主义的罪恶产物，而中国的物价长期以来一直都控制在 1%的波动范围以内，因此，这次通胀的恶化程度引起了中国政府的高度重视。然而，当时中国的经济仍然没从“洋跃进”的财政

① Naughton（1995）。正如Naughton（第 8 页）所指出的，这一说法也许意味着两种不同的途径。第一，它指中国政府有意设计安排的改革策略，即中央计划保持不变，而让市场力量增长。久而久之，“计划相对而言会变得越来越不重要，而中国经济逐渐增长而突破计划”。第二，它也可指中国经济的发展完全出乎领导人的预料，“中国经济和改革都突破了计划”（第 23 页）。Naughton 本人似乎倾向于第一种解释，这种解释也随后在业内广为接受；不过 Naughton 也承认，第二种解释也可行（第 22~23 页）。我们认为第一种途径刻画了政府主导的改革，譬如企业改革，但整个改革更符合第二种途径。

② 吴敬琏（2005），第 68~71 页。关于支持该实践所作的最著名的经济分析，参见 Lau, Qian and Roland（2000）。关于早期对“双轨制”的批评，参见吴敬琏和赵仁伟（1987）。

③ 相关数据可参见薛暮桥（1996），第 281~282 页。

消耗中恢复过来，面对如此脆弱的经济，无论是赤字还是通胀，都非常容易失控，从而危及社会稳定。为了稳定局面，中国政府被迫寻求引进新的调整政策，改革也因此中止。就这样，十一届三中全会后的第一轮改革以失望告终，未能取得实质性突破。

二

在国家主导的改革陷入停滞之时，真正有突破性的改变却在社会主义经济的边缘暗潮涌动。中国社会主义经济最为重要的发展并不发生在其中心，而是在它的边缘，在受国家控制最弱的地方。真正的改革先锋不是拥有各种特权并被奉为社会主义“掌上明珠”的国营企业，而是那些落后的、被边缘化的群体。他们游离在政府机构和中央计划之外，在现有体制下饱受歧视。尽管如此，正是这些处在中国社会主义边缘的经济力量成就了一系列变革，将私营企业重新带回到经济体制中，为日后的市场转型铺平了道路。在这一系列“边缘革命”的带动之下，中国逐渐步入了现代市场经济。

在这些“边缘革命”中，意义最为重大的变革是在中国经济最为薄弱的环节农业中爆发的。毛泽东时代，中国农业长期积弱，尤其在“大跃进”时期，农业生产大倒退，神州大地处处饥荒。与工业相比，农业在财政上从来都没有实现“温饱”。更糟糕的是，农业生产的利润还被国家通过强迫农民储蓄及人为压低农产品价格的手段抽走，去补贴工业发展。由于农业“营养不良”，农民食不果腹，饥荒在中国农村大范围地蔓延，对当时的中国政府造成了极大威胁。在 1978 年中共《十一届三中全会公报》中，这些问题得到政府重视。中国政府因此于 1979 年着手改善农业环境，不仅大幅提高了对主要农业产品的收购价格，还对农民使用化肥实行补助以增加农业产出。事实证明，这些措施对提高农业产量确有成效。

然而，真正意义上的农业改革，即农业去集体化及家庭联产承包责任制，是自下而上展开的。

据记载，毛泽东时代之后，中国最早实行包产到户的地方是四川省蓬溪县群利镇一个名为“九龙坡”的小山村。[①]九龙坡村是其所属群利公社中最穷的贫困村，也是该地区有名的“乞丐村”。1976 年 9 月的一天晚上，公社党委书记邓天元召集一小群干部商讨如何提高粮食产量。经过漫长而激烈的辩论后，他们一致同意采用包产到户的方式来尝试解决在集体耕种中困扰大家已久的经营和激励问题。他们意识到面临的政治风险，于是决定先把处在边角的土地分配到其中两个生产队的家庭，其余地方则仍然保持集体耕种不变。那一年，那些边角耕地的粮食产量比集体耕种的肥沃土地的产量高出了 3 倍。第二年，更多的土地被划分为“试验田”，更多的生产队加入了包产到户的行列。在 1978 年十一届三中全会在北京召开之前，包产到户已经遍布整个公社，而当地政府还被蒙在鼓里。1979 年，县政府召开了一个会议讨论粮食增产问题，邓天元将九龙坡村成功的秘密公之于众，并得到了县委书记的支持。紧接着第二年，农林部派出了一个调查组下到九龙坡村。调查组负责人名义上对包产到户的做法提出了批评，但对邓天元在提高粮食产量上做出的贡献表示了赞赏，甚至还提议考虑把九龙坡村作为家庭联产承包责任制的试验基地。

然而，比九龙坡村知名得多的案例，是安徽省小岗村实行的改革，它是教科书中的典型范例，也是官方认可的在农业改革中实行家庭联产承包责任制的开拓者，但实际上小岗村的改革是在九龙坡村实践两年多之后才开始的。[②]与

---

① 该案例可在《敢为天下先》（2008）一书中找到。该书是关于在四川最先发起的一系列经济试验的文集，由中共四川省委宣传部、四川省社会科学院及四川日报报业集团编著。

② 关于安徽小岗村事迹的文献众多，并被翻译成为英文广泛流传。想了解更多关于安徽省农业改革的情况，可参见《安徽农村改革》（2006）及《安徽农村改革口述史》（2006），两部著作均由安徽省委党史研究室编著。

九龙坡村一样，小岗村也是当地有名的“乞丐村”。不同的是，小岗村改革的发起人不是地方干部，而是农民自己。1978 年底，村里的 18 位农民秘密签署了一份包产到户协议。[①]到丰收之时，这些农民所获的粮食远比他们的邻居多得多，下一个耕种季节，邻村的农民也加入其中。

除了被政策明令禁止的包产到户外，许多省份还实行了其他一些更温和的农业改革措施。毛泽东去世后，中国的农业政策仍然建立在中央计划的基础之上。“农业学大寨”及“以粮为纲”依旧是当时的农业指导思想。这种政策最具破坏力的缺陷在于，它不加判断地将大寨模式强推至全国。[②]这实际上剥夺了地方政府因地制宜的自由。譬如，在这种政策下，那些几乎没有耕地的地区也被迫要投入粮食生产。任何试图发展诸如渔业、畜牧业及林业等作为其他收入来源的举动，不但会被批判为“走资本主义道路”，而且还会被定性为违法。在利用地方资源发展农村经济的运动中走在最前面地，是贵州、安徽和四川。早在 1977 年，这三地的省委书记便大力鼓励政府官员开放管理，让农民自谋出路，尽一切可能增加收入。如此一来，农民不但增加了收入，也提高了粮食生产的效率。他们在农村改革中做出的卓越贡献不言而喻。

十一届三中全会之后，政府大力提倡发展渔业、林业、畜牧业以及手工业。社队企业的发展也受到鼓励，大力投身到农村经济的振兴之中。尽管如此，包产到户依然属于政策禁区。十一届三中全会通过的两份文件——《中共中央关于加快农业发展若干问题的决定（草案）》及《农村人民公社工作条例（试行草案）》——明确规定了包产到户是一种违法犯罪行为。该禁令在整个 1979 年严格执行。1979 年 3 月 15 日，《人民日报》刊登了一封河南读者的来信，该信

① 这份协议的内容是：“我们分田到户，每户户主签字盖章，如以后能干，每户保证完成每户的全年上交和公粮，不在（再）向国家伸手要钱要粮；如不成，我们干部作（坐）牢杀头也干（甘）心，大家社员也保证把我们的小孩养活到 18 岁。”可参阅吴敬琏（2005），第 111 页。

② 宋连生（2005）。

与另外一篇评论一道，对中国农村的包产到户进行了严厉批判，谴责这种行为危害了社会主义制度的根基。[①]信中还要求农民以及地方政府官员应始终坚抵制资本主义的入侵。如果没有地方政府，尤其是万里的坚定支持，安徽的改革很有可能就会在这封读者来信及评论的猛烈抨击下毁于一旦。[②]政府在1979年召开的十一届四中全会上通过了一份文件，该文件明确规定“不许分田单干”，“不要包产到户”。[③]尽管如此，各种名目的包产到户仍在暗中继续蔓延。

整个1979年，万里都在不厌其烦地向北京解释包产到户的好处。一年之后，北京的立场开始转变。1980年春末，包产到户的优点得到了陈云、胡耀邦和邓小平的首肯，但并未被全盘接受。9月，党内达成一致并发出了一份决议文件，允许包产到户的存在，但仅限于“边远山区、贫困落后地区和当地生产队长期‘吃粮靠返销、生产靠贷款、生活靠救济’的地区”以及“群众对集体生产丧失信心的地区”。换句话说，去集体化的改革只能在集体经济已经失败的地方进行。这其中的政治因素并不难洞察。去集体化被认为直接威胁社会主义制度，因为集体所有制普遍被认为是社会主义制度赖以生存的基础。但是在“群众对集体生产丧失信心”的地区，集体经济本身似有却无，包产到户自然不可能对社会主义集体经济造成什么影响。因此，在社会主义制度未能成功奏效的贫困落后地区，改革的政治成本从本质上而言是不存在的。中国政府努力

① 《人民日报》，1979年3月15日。

② 关于万里在推动包产到户中所起的关键作用，参见张广友和丁龙嘉（2006）以及钱念孙（2008）。

③ 官方版本可参见史正富（2008）。根据《人民日报》记者吴象的报道，包产到户在当时遍布中国，并不仅限于小岗村。时任贵州省委书记池必卿描述说，在1978年5月开始实行时，贵州有超过10%的生产队已经以某种形式开展起了包产到户。两者的描述可参见杜润生（1998），第214页和第269页。作为中国最为贫困的省份之一，池必卿所领导的贵州很可能是中国最早的以省为单位进行家庭联产承包责任制的地区。

把农业改革在政治上的负面影响控制到最低，却无意中在社会主义经济最薄弱的地方为改革打开了一扇门，在这里，改革的阻力完全不存在。

实际上，在 1980 年北京放松包产到户禁令之前，中国农村很多地方已经悄悄地先政策而行。也正因为如此，中国政府才决定采取宽松的政策。万里大力推举的小岗村在保护包产到户上扮演了极为重要的政治角色。虽然禁令在 1980 年便被解除，但中国政府内部仍然经历了一年多的激烈辩论，才最终在 1982 年 1 月正式批准了包产到户。包产到户之所以受到如此强烈的意识形态抵抗，一部分原因是由于毛泽东将其认定为典型的资本主义模式，会妨害社会主义实现共同繁荣和经济平等的目标。但在提高农民士气和粮食产量方面，其效率不容否认，这也是支持者们所极力宣扬的一面。如果实践确实是检验真理的唯一标准，包产到户无疑要比集体耕种更为优越。实用主义最终占了上风，不久，家庭联产承包责任制成为一条国策。

在官方对农业改革的描述中，包产到户首先只在安徽悄然兴起，而后才经由中国政府推及全国。[①]但这样的解读具有误导性。安徽的包产到户活动是在四川之后两年多才出现的。更重要的是，在中国政府正式批准之前，包产到户是违法行为，只会暗中进行，而不会见诸报端。贵州、甘肃、内蒙古及河南等地也有不少典型的案例。[②]但包产到户肯定在神州大地很多农村都出现了。[③]如果没有广泛的群众基础，农业改革不可能如此迅速而顺利地进行。

其实，包产到户并非改革后的发明。明白它的艰难历史，我们就不难理解为什么包产到户在中国农村能快速发展。在毛泽东大力推进农业集体化之后，中国至少经历了包产到户的三次回潮。[④]第一次是在 1956 年，在集体化和农村

---

① 例如，郑有贵（2009），第 233 页。

② 吴敬琏（2005），第 112 页。

③ 杜润生（1998），第 214 页。

④ 范晓春（2009）；杜润生（2008），第 16~79 页；胡鞍钢（2008），第 341~345 页。

合作社刚刚推行之后。在当时分管农业的副总理邓子恢的支持下，包产到户在许多省份得到了普遍推广，《人民日报》上对此的讨论非常热烈。浙江永嘉县是当时被广为宣传的例子。然而好景不长，1957 年，政府对包产到户的态度发生了 180 度的转变，邓子恢也遭到严厉批判。第二次发生在 1958 年底、1959 年初的“大跃进”期间，农民诉诸包产到户的原因仅仅只是为了填饱肚子。当时涉及的省份有湖北、湖南、河南、江苏及甘肃，但在 1959 年 7 月庐山会议之后，这些地区的包产到户做法被消灭殆尽。第三次发生在“大跃进”失败迹象日益凸显的 60 年代初。作为弥补粮食短缺的权宜之方，包产到户在全国各个省份都得到了提倡，连毛泽东亦对其首肯。即便如此，包产到户仍未能摆脱厄运，1962 年中，新一轮的政治攻击接踵而至。然而，包产到户在各方的庇护之下，仍然在许多地方留下了星星之火。①

同样值得注意是，承包制并不是指一种形式，而是多种非集体耕种形式的统称。②集体耕种是社会主义制度下农业管理的一种极端形式，由生产队（在“文化大革命”时期由公社接管）组织，把家庭当作“雇员”进行农业生产。国营农场便是这种极端形式的最佳范例。包产到户则是另一个极端，每个家庭以私人形式各自管理农业生产，生产队在其中仅仅扮演“地主”的角色。两者之间还存在着各种各样的承包制形式，家庭与生产队的职责和权力有着明确的划分。所有这些形式的共通之处，就是都与纯粹的集体耕种模式背道而驰。而当中国政府将家庭联产承包责任制采纳为国策之后，其多样性便不复存在。家庭联产承包责任制自 1982 年起在全国范围内推行，除了少数还以某种形式残留着集体耕种的地区——包括著名的天津大邱庄和江苏华西村——其他地方的生产队被全数撤除。家庭成为农业耕种中唯一的经济主体。

① 范晓春（2009），第 382~384 页。

② Tang Tsou（1986），第 198~211 页；Zweig（1997），第 55~56 页。

三

从政策制定和实施的角度来看，这种强行施加的统一性是可以理解的。从政府的角度看，仅仅允许一种耕种形式，其执行和监督都比较直接；但如果接受多种耕种形式和相关的繁杂的承包制度，执行和监督的成本要高出很多。试想一个极端但不太可能的情况，如果地方官员有多种耕种形式可供选择，不少官员很可能挑选最省事的方案，也就是变化最小，甚或根本不变，这样改革的努力就会付诸东流。通过在全国范围内强制实行家庭联产承包责任制及撤销生产队，农业改革便能自上而下地得到有效推进。然而，一旦家庭联产承包责任制被定为国策，集体耕种的存在便会被视为对现行国家农业政策的直接挑战。因此，在这样的政治压力下，即使曾经表现良好的集体耕种也难逃被废除的命运。①

但从制度变迁的角度来看，这种“一刀切”的政策毫无疑问是一次倒退。在20世纪50年代社会主义转型之前，家庭一直是中国农村地区的基本社会单元和组织形式。尽管在农业方面的表现不尽如人意，但社会主义试验至少为中国农村带来了一次组织革命。生产队、大队和公社，这三者作为一种有别于家庭模式的集体组织形式，第一次在历史悠久的中国农村中露面。虽然这次组织革命主要由国家强制推动而缺乏灵活性和多样性，但它在中国农村中创造了一种全新的，超越了家庭、亲属和氏族关系的基础组织结构。

在技术革新层面，一种新技术的诞生，往往会让过时的技术黯然失色，甚至将其挤出历史舞台。例如，随着有文字处理功能的个人计算机的出现，打字机便失去了用武之地。同样，新一代计算机芯片也会淘汰旧的芯片。而制度的转变则遵循着不同的逻辑。制度是多层面的，由于太过复杂，任何单一的纬度

① 在对江苏某农村的案例分析中，李怀印（2009，第268页）揭示了去集体化实际上“主要是一个国家自上而下地计划和强制实施的过程”。

都不足以衡量其优劣。因此，一般而言，保证制度的多元化是更为可取的方式。

与农业社会相比，现代社会的组织力度更强，各种正规或非正规的组织通过不同的规章制度——包括价格——相互协调。[①] 另外，组织往往有着各自所属的领域，相互间也会通过各种不同的方式进行区分。同时，组织及其职能的构成性规则与指导和监管组织间相互交流的规范性规则亦不相同。组织的多样化——包括它们形成和行为的方式——正是构成现代社会和经济生活中所需的适应性和灵活性的重要来源。中国农村的生产队和公社是在国家法令下设置的组织形式，因此它们并没有太多的组织多样性。然而，对于某些需要集体力量完成的任务，例如灌溉农田，生产队和公社显然要比单个家庭更有优势。即便在耕种方面，生产队也会适时进行调整以提高效率，从而与家庭承包形成有力竞争，这也是为什么生产队在少数地区仍然得以留存的原因。全数废除生产队不啻中国毁灭自己宝贵的组织资本。[②]

农业的“边缘革命”成功地实现了包产到户。其中，地方政府和农民扮演了发起者和推动者的角色。这是一个自下而上的过程。因为包产到户被认为会危害社会主义集体经济，直到 1981 年底，北京一直坚决反对和抵制。但饥肠辘辘的农民义无反顾地选择了包产到户。虽然北京采取了一系列帮助恢复农业生产的改革措施，例如提高国家对粮食的收购价等，但真正赋予中国农业改革内涵和实质的，还是来自民间的草根阶层。四川和安徽的“乞丐村”只是其中两个有记载的范例，还有许多其他农村地区也同样顶住了强大的政治压力，成功地选择了包产到户。而别的一些地区肯定也存在地方干部被动默许包产到户的现象，这对家庭联产承包责任制的引进同样起到了一定的促进作用。

---

① 关于组织在经济生活中的重要性的经典实证调查，参见 Banfield（1967）。关于企业在资本主义崛起中的重要性的早期文献，参见 Weber（1981）。关于组织的现代论述，参见 Arrow（1974）、Williamson（1985）及 Coleman（1990）。

② 生产队作为组织资本也许能以不同的方式得以存活。例如，王宁（2005），第五章。

然而，尽管如此，对于一个自下而上的制度变革而言，国家手中的批准权仍然至关重要。在包产到户获得国家首肯之前，农民经常会担忧自己行为的合法性和自身安全，因而在做任何长线投资之前会犹豫不决。农民和国家，前者拥有系统的地方知识和经验，后者则是唯一有权将一纸自愿协议转化为社会制度的合法机构，两者相结合最终成就了制度变迁。

自发形成的制度需要经历漫长的时间才能真正确立，在人们脑中沉淀下来，成为人们思想和行为习惯中的一部分。以这种方式发展的制度，其形成会受地方条件及时代潮流的影响，在这个过程中，制度多样性随之产生。而与此同时，制度变迁也容易遭到战争、社会动乱和自然灾害的影响。因此，制度变迁实际上是一个渐进而又危险的过程，充满了不确定性。政治力量能够介入并加速这个进程，而且未必需要通过施展威权。一旦一个正在孵化的制度得到一个合法且可靠的国家的支持，它将更容易广为大家接受为共同参照物，其他相关的个人和组织也会将其视为思想和行为的指导，至少短期内会如此。一个靠国家权力支持的制度能存活多久，取决于它的表现及人们对它的期望，此外还取决于国家有多大的决心去执行和捍卫它。国家面对的困境非常微妙。一方面它能促进变革的进程，通过政治支持和强制手段让其生效。而另一方面，当制度本身违背了人们的意志时，国家这只曾经的援助之手又会很容易变成高压政治的铁拳挥向人民。即便国家能够明智而审慎地介入制度变迁，其强制力量的动用并非毫无代价。在很多场合这或许不可避免，但强权的介入会造成制度多样性的丧失。如果制度在不同的地区表现差异很大，而制度多样性又是必要的话，多样性的流失很可能会成为一个严重甚至致命的问题，决定制度变迁成败的关键。

所幸，包产到户在大多数中国农村地区的表现都不错，这些地区的土地与劳动力比例非常低，规模经济无法盛行。成为国策之后，家庭联产承包责任制也确实遇到过一些阻力，尤其是在集体耕种运行良好的地区以及当地条件更适合大规模耕种的地区。[①] 虽然在少数地区还残存着集体耕种，但在绝大多数地方，家庭联产承包责任制这项国策与地方需求还是非常契合的。

需要重点注意的是，去集体化及家庭联产承包责任制的回归并不是整个农业改革的全部。去集体化将农民从生产队和公社的体制下解放了出来。因为农民失而复得的自由生活选择权，商业和私营企业也很快重返农村。去集体化及家庭联产承包责任制尽管在中国农业改革过程中及其重要，但是，从长远角度来看，农民重新获得的经济自由对发展农村经济的意义要重大得多。所以，即便家庭联产承包责任制政策会在某些地方遇到阻力，但它所带来的经济自由依然是人心所向。[②] 这是家庭联产承包责任制能够被迅速实施的另一个重要原因，同时也是中国农村经济得以复苏的最终力量源泉。

四

与农业的边缘革命一道，还有另外一项变革几乎同一时期也在中国农村上演。这便是由乡镇企业带领的农村工业化革命。[③] 作为农村非农业工作岗位的主要来源，乡镇企业，尤其在改革的前 20 年里，对活跃中国非公有部门发挥了不可替代的核心作用。自从 20 世纪 90 年代中期民营企业得到正式认可后，大多数乡镇企业目前都已完成了民营化的进程。除了极少数例外，原来的乡镇企业几乎已经完全消失殆尽。然而，乡镇企业突如其来的崛起以及悄无声息的衰落，在很大程度上揭示了中国经济体制转型的本质。

---

① 关于各省推行家庭联产承包责任制之区别的比较研究，参见 Chung（2000）。

② 李怀印（2009，第 290 页）为此提供了一个例证。他论述总结认为，尽管家庭联产承包责任制遭到了村民的抵制，但“1980 年后农业改革的最大成就并不是改革设计者最初期望的农业产量的显著提高，而是农村劳动力的意外解放，以及在农业人口中形成的收入来源多样化”。

③ 关于乡镇企业的文献极其丰富，近期的评述参见许成钢和张晓波（2008）。

乡镇企业最让人吃惊之处是它们居然能够生存下来。即便承受着来自政府的种种歧视和压力，乡镇企业仍然对中国走向市场经济做出了卓越的贡献。一直以来，乡镇企业在北京眼中都只不过是国营企业一个不起眼的对手，也正因如此，北京对其并未引起重视。1987 年，邓小平将乡镇企业的崛起形容为一个令人震惊的惊喜。①

> 农村改革中，我们完全没有预料到的最大的收获，就是乡镇企业发展起来了，突然冒出搞多种行业，搞商品经济，搞各种小型企业，异军突起。这不是我们中央的功绩。乡镇企业每年都是百分之二十几的增长率，持续了几年，一直到现在还是这样。乡镇企业的发展，主要是工业，还包括其他行业，解决了占农村剩余劳动力百分之五十的人的出路问题。农民不往城市跑，而是建设大批小型新型乡镇。如果说在这个问题上中央有点功绩的话，就是中央制定的搞活政策是对头的。这个政策取得了这样好的效果，使我们知道我们做了一件非常好的事情。这是我个人没有预料到的，许多同志也没有预料到，是突然冒出这样一个效果。

邓小平非常坦率地承认了乡镇企业的惊人表现，但他的讲话并没有提及乡镇企业在“异军突起”的过程中经受和克服的政治偏见及其他障碍。

乡镇企业并不是“突然冒出来的”，它们当中有许多是从原来的社队企业发展起来的。社队企业是毛泽东时代农村多年工业化的遗产，它们对乡镇企业的兴起起到了很好的润滑作用。到 1978 年，在社队企业中工作的农民超过 2 800 万人，占整个农村劳动力数量的 9.5%。②然而，这种继承关系也让乡镇企业背上了沉重的历史包袱。许多社队企业都是从“大跃进”时期的“后院高

---

① 邓小平，“改革的步子要加快”，这是 1987 年 6 月 12 日邓小平会见南斯拉夫共产主义者联盟中央主席团委员科罗舍茨（Stefan Korosec）谈话的部分内容。参见《邓小平文选》第三卷。

② 武力（1999），第 792 页。

炉”演变而来的。当然，这些设施在很大程度上都被浪费了，它们生产出来的钢铁几乎没有任何利用价值。由于它们与国营炼钢厂竞争原材料，许多国营炼钢厂因此无法满负荷运转。与此同时，许多农业劳动力也被分流到这种炼钢运动中，致使原本已经很严重的饥荒雪上加霜。①政府在“大跃进”之后实行的第一个整顿措施，便是撤除所有“后院高炉”，保证中央政府所属的几个大型炼钢厂满负荷运转。②这段经历，让负责工业政策的中央政府官员对乡镇企业产生了极大的不信任。并且，这些官员与国营企业之间有着密切的行政关系以及直接的经济关系，对他们而言，乡镇企业的崛起是个很大的威胁。除此之外，由于大部分乡镇企业所用的一般是国营企业淘汰的过时设备和技术，因此，它们的崛起也被视为落后的竞争者对先进企业的挤兑。③基于这样的看法，为了遏制乡镇企业的发展，北京方面“打造”了一些专门针对乡镇企业的政策，断绝它们获得银行贷款和原材料的途径，并禁止其进入消费市场。

然而，这些苦难并未阻挡乡镇企业成长的步伐。它们被广泛赞誉为“中国经济最具活力的一部分”④及“改革初期带动中国增长和工业化进程的主要驱动力”。⑤乡镇企业的雇员数目从 1978 年的 2 800 万增加到 1996 年的顶峰——1.35 亿。在同一时期，它们在国内生产总值中所占比重也从 6% 上升到 26%，而这段时期国内生产总值本身的增长也非常迅速。⑥尽管未能享受平等地获取原材料、能源和银行信用及进入消费市场的待遇，同时还受到许多歧视性政策的打压，但不论在生产能力还是增长速度上，乡镇企业都超过了国营企业。

---

① 例如，参见 Li Wei and Dennis Tao Yang（2005）。

② 例如，薛暮桥（2008），第 19 页。

③ 例如，李岚清（2008），第 28~29 页。

④ Naughton（2007），第 274 页。

⑤ 许成钢与张晓波（2008）。

⑥ Naughton（2007），第 274~275 页。

在众多关注中国经济的学者中，乡镇企业曾经是被研究得最多的对象之一。在学术文献里，乡镇企业几乎被一致认为是公共或者集体财产，为地方政府所拥有和管理。而在现代经济学的基本原理中，私有产权是激发企业家精神及规范市场行为必不可少的前提之一，若乡镇企业果真是一种非私营经济实体，那它们在经济中的骄人成绩似乎正好背离了前述的原理。

地方政府所扮演的活跃角色也常常被认为是乡镇企业得以成功的关键因素之一。对某些地区而言，确是如此。随着农村家庭联产承包责任制的推行及人民公社的撤除，对于原先负责管理公社的官员而言，乡镇企业是唯一合适的安身之地。这些官员受教育程度较高，见识较广，在村外也有着更好的关系圈。但仅靠这点来解释乡镇企业的成功，尚不令人信服。

国营企业与政府有着更好的关系，得到的支持也更多。我们需要解释为什么乡镇企业与地方政府搞好关系有利于自身发展，而国营企业与更高级别的政府关系密切后得到的却是相反的效果。确实，乡镇企业的成功在很大程度上应归功于地方政府，但对乡镇企业而言，这仅仅是它的一种偶然特性而已。在经营管理乡镇企业的过程中，地方政府需要表现得像实实在在的企业家一样——要为自己的决策承担风险和全部责任。与国营企业不同，乡镇企业面临着真切的预算限制。有人认为，乡镇企业的成功印证了国家在引导经济上要优于市场。恐怕没有什么观点比这更具误导性。

同样，最近有研究表明，绝大多数乡镇企业实际上都是私营企业，尤其是内陆贫困省份的乡镇企业。[①]《中国私营经济年鉴》（1994 年，第 74 页）根据一份抽样调查所作的报告显示，中国有 83%的乡镇企业，除了名义上外，实为私营企业。而 1996 年的《年鉴》（第 112 页）也得出了相似的结论。[②]根据国务院 1984 年 4 号文件（该文件中首次将社队企业更名为乡镇企业）的阐述，

① 黄亚生（2008），第 10 页。

② 杨继绳（2009），第 297 页。

乡镇企业得名于其所在位置；黄亚生在其最近的著作中对这一事实的描述得到了更为广泛的关注。[①]换句话说，乡镇企业之所以被称为乡镇企业，绝对不是因为它们是由乡镇政府经营管理的集体企业。

乡镇企业最重要的优势，也许是它们没有受到那么多来自政府的官僚控制。由于不受国家工业生产计划的限制，乡镇企业根据市场需求进行生产，并对不断变化的市场机遇做出迅速的反应。国营企业若想做一些脱离中央计划指示的事情，就必须等待政府机构的批准。而乡镇企业所享受的灵活性，给它们带来了巨大的优势。即使是在企业改革开始之后，国营企业仍然无法摆脱各种“红头文件”的约束。企业间劳动力的流动非常少，任何裁员行为都属于政治决策，必须经由政府决定。虽然国营企业拥有更好的设备和资金支持，但它们从未像乡镇企业那样能够通过各种灵活的激励机制来鼓励企业管理人员和员工。在很长一段时间里，国营企业甚至不需要担心要怎么去推销或销售自己的产品——1979 年 6 月 25 日，《人民日报》刊登了四川一家国营机床企业的产品广告，这是国营企业有史以来所做的第一次产品广告。然而，国营企业为它们所享受的特权付出了高昂的代价，企业精神在国营企业中消失殆尽。[②]

作为非国营实体，乡镇企业在市场准入上受到了极大的制约。尽管如此，乡镇企业的自主权使它们仍然能够通过支付“溢价”或高价的方式购得原材料及销售产品。同时，在人事管理、雇佣合同及薪酬方面，乡镇企业拥有完全的决定权。譬如，奖金和计件工资等与绩效挂钩的薪酬制度在乡镇企业中被广泛应用。此外，在经济体制改革开始后，国营企业往往忽略了或未能足够重视需求的变化，而乡镇企业却能敏锐地捕捉到变化的趋势，先发制人地将生产集中

① 黄亚生（2008），第 77 页。

② 1985 年在日本召开的一个会议上，一名日本学者声称中国并不存在现代企业。这一评价引起了与会中国经济学家的强烈共鸣，并迅速在中国获得了广泛关注。参见吴敬琏（2003），第 135 页。

在有高需求的产品上。这其中包括建筑材料、住宅建设、交通运输、轻工业制品，以及家庭用品。与国营企业相比，乡镇企业技术设备落后，采用的是劳动密集型的生产模式。一份评估报告的数据显示，乡镇企业的劳动与固定资本的比率是国营企业的8倍。另外，在1984年到1988年间，乡镇企业还获得了银行信贷，大大促进了它们的增长。

没过多久，乡镇企业便对国营企业构成了严峻的挑战。乡镇企业的高薪酬和其他便利，吸引了许多国营企业的技术工人和管理者。同时，由于能够保留所有的利润，它们花费大价钱来升级自己的生产技术。乡镇企业引发的激烈竞争迫使国营企业不得不以同样的方式回应。随着乡镇企业的崛起，中国的工业不再是国营企业的专属舞台——极个别受国家保护的部门除外。乡镇企业产生的积极影响远不止对国内生产总值的贡献。它们将竞争引入中国经济，是中国经济转型的强效催化剂。

五

与农村一样，中国城市改革开放时期的边缘力量也是毛泽东时代各种社会和经济政策的遗产。让社会主义引以为豪的一件事是，它消灭了失业——至少在纸面上是这样的。社会主义认为，失业是资本主义邪恶制度的一种表现。为了缓解就业压力，毛泽东提出让数以百万计的城市知识青年“上山下乡”当农民。[①]尽管被定性为城市知识青年接受再教育的政治运动，但该计划实则被当作解决城市失业问题的便捷方法。与此同时，所有城市的工厂、商店、医院以及其他服务提供商，与政府和教育部门一起，全部组织成“单位”。[②]由于失业

① 关于该事件的详细历史文献，参见定宜庄（2008）与刘小萌（2008）。

② 对中国的“单位”的深刻见解，参见Walder（1986）。更多更新的资料可参见Lu and Perry（1997）。较早但仍有参考意义的文献可参见Schurmann（1968）。

不被社会主义制度所允许，这些单位都被要求尽可能多地吸收劳动力——哪怕成本已经高出了它们的产出。然而，失业的威胁依然存在，“上山下乡”政策不得不持续下来。自从20世纪50年代该政策实施以来，越来越多的知识青年被下放到农村，并在“文化大革命”时期达到了顶峰。

随着毛泽东的去世及“文革”的结束，再也没有城市青年“上山下乡”。到1978年10月，该政策被正式终止。然而，在此之前，许多被下放的知识青年早已迫不及待地想回到城市。在20世纪70年代末80年代初，中国各大城市突然涌现出大批返城知青，其数目估计在2 000万以内，大约占所有城市人口比重的10%。①其中1979年北京的返城知青超过40万人，为北京人口总数的8.6%。而天津的情况更严峻，达38万人，占其人口总数的11.7%。②这陡然增加的返城知青让城市就业压力变得难以承受。除了政府部门之外，其他的用人单位只有国营企业，以及少数由街道委员会管理的集体性企业。这些单位本来就僧多粥少，面对如此庞大的劳动力群体爱莫能助。为了避免承认失业和体制失败的尴尬，中国政府专门为这些返城知青造了个新词——“待业青年”。然而，不管如何粉饰，眼前糟糕的就业境况并没有得到丝毫的改善。由于大批返城知青无法找到工作，解决方案也似乎遥遥无期，在一些较大的城市里，抗议活动开始爆发。1979年初，有超过21个省份的失业青年发起了各种各样的抗议活动，例如阻断铁路运输和包围政府大楼等。

著名经济学家、时任国务院经济顾问薛暮桥在1979年7月20日的《人民日报》上发表了一篇文章，敦促政府开放个体经营，让“待业青年”自谋出路。而早在新中国刚成立之时，这项政策就曾被推行，以解决1949年到1950年间在许多城市中出现的失业问题。③作为一名忠诚的共产党员，薛暮桥对社会主

① 马立诚（2005），第147页。
② 肖冬连（2008），第621页。
③ 薛暮桥（1996），第268~272页。

义和集体经济忠贞不渝；而作为一名经济学家，他很清楚什么措施能够有效地缓解就业压力。随着就业压力及大规模社会动荡风险的不断加剧，中国政府采纳了薛暮桥的建议。1979 年 9 月 29 日，叶剑英在庆祝中华人民共和国成立 30 周年大会上的讲话中提出，要重视并认可“个体经济”；这是对私营经济一种委婉的说法。[①]三个月之后，即 1979 年 11 月 30 日，第一个正式注册的“个体工商户”在温州诞生。自此，中国城市私营经济复兴的大门被完全打开。曾被谴责为社会主义对立面的个体经济如今被正式重新接纳为“社会主义制度的附属和补充”。[②]两年后，中共中央、国务院于 1981 年 11 月 17 日联合发布了《关于广开门路，搞活经济，解决城镇就业问题的若干决定》，将个体经济提升为社会主义集体经济的“必要补充”。[③]

个体经济的崛起终结了集体经济在中国城镇中的垄断地位。在公有制之外，一种全新的经济力量正在形成。虽然个体经济在 1981 年便已得到正式认可，但在 1992 年市场经济体制被正式确立为中国社会主义不可分割的一部分之前，它并未获得国家应有的保护。在整个 80 年代，私营部门，如乡镇企业等，备受政策限制和社会歧视的困扰。例如，城市家庭不允许女儿与在私营部门工作的青年结婚，在他们眼中，这些工作不安稳、卑微甚至是可耻的。同时，个体经济实体不能雇用超过 7 名员工——任何拥有或超过 8 名雇员的私营企业都会被认为是“走资本主义道路”，是违法行为。[④]为了应对诸如此类的限制，许多私营企业被迫戴上了“红帽子”——让自己先依附于乡镇政府，进而转变成为乡镇企业，或是先依附于城市里的街道办事处或地方政府分支机构，然后

① 马立诚（2005），第 150 页。

② 同上。

③ 同上，第 151 页。

④ 一位名为林子力的经济学家根据马克思《资本论》的一个例子得出结论说，当雇工 8 人或 8 人以上时，就算搞资本主义，应当予以禁止。马立诚（2005），第 178 页。

再转为集体企业。中国政府仍然笃信公有部门才是社会主义制度的经济基础，因此，在接纳私营经济的态度上，他们仍然表现得极不情愿。然而，在面对大规模失业及潜在社会动荡的挑战下，中国政府只能让步。于是，在80年代和90年代初，“三不”政策——不推崇、不宣传、不禁止——作为折中措施开始盛行。

私营企业的兴起呈现出明显的地域格局，进一步体现了这种变革的边缘性。改革开放前，温州是浙江省最贫穷的地区之一。[①]由于地处山区，土地贫瘠，其地理条件极不适于农业生产。而作为沿海地区，一旦大陆与台湾爆发战争，温州所在的地理位置势必会受到影响，因此，国家对工业的投资也甚少惠及温州。当地的运输系统在70年代末时仍非常原始。但是，这一切都未能阻挡温州的崛起。80年代初，温州迅速成为中国私营经济的摇篮。然而，虽然中国政府在1981年正式承认了私营经济，但在社会主义制度下，它们只能勉强作为公有经济的补充，经营范围受到限制。在国营企业足够强大的地方，私营经济的空间就非常有限。由于缺乏国营企业，温州地方政府对其辖区内的私营部门表现得更为宽容。一旦私营企业开始发展壮大，地方政府便会将其当成集体经济替代品进行鼓励和保护；而在其他国营企业比较强势的地方，地方政府则会对私营企业严加看管。同样值得注意的是，在1949年以前，温州的商业和制造业（主要是手工制品）有着悠久的历史，因为有着这样的传统，再加上国营企业的缺位，使温州的私营经济得以蓬勃发展。相反，在改革开放前曾获投大量政府拨款的地区，例如改革前夕工业化最发达的东北地区，私营经济的发展则不尽如人意。

① 关于温州的事迹，参见马津龙（2008）和钱兴中（2008）。

六

在推动中国市场转型的诸多“边缘革命”中，深圳及其他经济特区的开辟和发展，在推进中国向世界经济开放的过程中，起到了尤为关键的作用。在中国，深圳是个家喻户晓的城市，但在成为经济特区之前，它只是广东省沿海县城宝安一个默默无闻的贫穷小镇。这个与香港仅一水之隔的小镇，日后将成为推动中国融入全球市场经济的排头兵。①

由于地理位置特殊，长期以来，深圳都是非法移民者偷渡香港的首选出口。②改革开放前最大规模的国民出走发生在“大跃进”刚刚失败之后。当时，《人民日报》一位名叫连云山的记者被派到深港调查此事。③他先是在香港花了一个多月时间对边防官员及当地居民，尤其是从内地偷渡过去的非法移民进行采访。在此过程中，连云山的所见所闻让他深刻地了解到深港两地之间存在的经济鸿沟。他认为，只有将深圳设为特殊经济贸易区，以香港作为目标进行仿效和追赶，才能长期解决这个问题。调查结束后，他完成了一份报告，但却被认为内容过于激进而未能刊发。邓小平可能是看到过这份报告的唯一中央领导人。

20 世纪 70 年代末期，民间传出谣言说香港会对偷渡者实行赦免，导致非法移民空前严重。数以万计的居民出走香港，在通过海上边境时，许多人不幸溺水罹难，尸体漂回深圳的海岸边。在海边打捞逃港者的尸体一时成为一种职业。而在一些边境村庄中，有超过一半的劳动人口都离开了。逃港问题逐渐上

① 以下内容主要是基于陈宏（2006）、徐明天（2008）和涂俏（2008）的观点。亦可参见肖冬连（2008），第 757~778 页。

② 1949 年前后，内地人才和资金的大批进入，使香港受益匪浅。当企业家在内地受到打击时，香港为其提供了一个安全的庇护所。而后来中国重新对外开放时，香港的人才和资金又最先回流入内地，参见王于渐（2008）。

③ 陈宏（2006），第 24~27 页。

升为一个突发公共事件。

1977 年 11 月，邓小平视察广东，这是他在 7 月恢复领导职务后对广东的首次视察。当地官员向他汇报了深圳不断恶化的逃港问题，同时希望中央能派驻更多的部队来维持边境的秩序。有报道称，邓小平当时回答说，“这是我们的政策有问题。此事不是部队能够管得了的。”[①]当地官员百思不得其解，但又怯于发问。在他们的观念中，只有叛国者和社会主义的敌人才有可能抛弃祖国，叛逃到深圳河对岸的香港去追求腐朽而倒退的资本主义。

对此，时任广东省委书记吴南生决定亲自调查。他发现，深港两地各有一个名为罗芳的村庄，而它们背后的故事更是耐人寻味。罗芳村原本只是深圳的一个小村庄，在逃港潮时，许多村民偷渡到香港（新界），并定居在了深圳河岸边。由于此处的移民全是深圳罗芳村的村民，于是他们也把新家称为罗芳村。让吴南生震惊的是，在调查过程中，他发现香港罗芳村村民的收入几乎是他们深圳同乡的 100 倍。这回他彻底明白了邓小平的话中之意，而他自己也得出了相同的结论。[②]要想杜绝非法移民，只有缩小两地的经济鸿沟，否则，任何政治或军事手段都无济于事。

一年之后，1979 年 1 月，吴南生回到了他的老家汕头——广东东南部地区的一个沿海城市。20 世纪 30 年代，汕头商业兴盛，经济发达，素有“小上海”之称，与香港可谓不分伯仲。40 年后，香港凭借突飞猛进的经济实力蹿升成为亚洲经济“四小龙”之一，而汕头却衰落了。有什么办法能让汕头重振雄风呢？一位新加坡商人向吴南生出了个主意——将汕头打造成一个出口加工区。中国台湾和新加坡在经济起飞阶段都依靠此法取得了不俗的成绩，他相信这个办法在中国大陆应该同样能奏效。

类似的方法在宝安县另外一个小镇蛇口同样在酝酿之中。然而，领导这次

① 陈宏（2006），第 7 页；徐明天（2008），第 5~6 页。

② 陈宏（2006），第 8 页。

经济复兴计划的并不是当地官员，而是一家由中央政府所有的香港企业——招商局。招商局的前身是李鸿章于1872年建立的一家船运公司。19世纪末20世纪初的中国动荡不堪，招商局在纷繁的战乱中得以幸存，1949年之后，它被归入中国交通部。1978年6月，袁庚被任命为招商局第29任领导者。袁庚是一名退伍老兵，抗日战争时期，他一直在中国南方地区做情报工作。新中国成立后，他被调派南亚，成为一名外交官。尔后，他在“文革”时期被捕，被囚禁长达5年，直到1973年才被释放，随即调任交通部外事局负责人。袁庚素来直言不讳，思维敏锐而独立，能力卓越，为人诚恳，富有进取心，善于接纳别人意见，在共事者中备受尊崇。61岁时，袁庚受指派负责领导被忽略已久的招商局。一向雄心勃勃而精力旺盛的袁庚很快便制订出了一个可行方案，经过一番整顿，招商局脱胎换骨般地成为一个富有竞争力的赢利企业，在制造业、贸易和航运方面建树颇丰。由于香港地价奇高，袁庚将着眼点转移到了蛇口。1979年1月，交通部和广东省政府都收到了一份关于在蛇口设立工业区的详细计划书。很快，广东省政府与交通部便分别于1月6日及10日通过了该计划书，随后，计划报告书被送到国务院。1月31日，该计划报告书获得了时任国家副总理李先念首肯。顺理成章地，蛇口工业区成为现实，成为中国第一个工业区。实际上，李先念批准的并不仅仅是蛇口，而是整个南头半岛——至少约为30平方公里。但袁庚只要了蛇口这么一个位于南头半岛南端的弹丸之地。他解释说，蛇口贫瘠荒芜，即使项目失败，能造成的影响也微乎其微，而岛上其他地区或多或少都已经有一些工业基础设施，将它们归并到工业区不仅会提高成本，还有可能会大幅度增加政治风险。

在同一时期，吴南生还与其他省级领导——特别是习仲勋和杨尚昆——对在汕头建立出口加工区进行了讨论。众领导对袁庚的提案颇为赞同，甚至还酝酿出了一个更为宏伟的计划——将整个广东省作为一个试验室，对曾经成就了香港和台湾繁荣的各种措施进行试验。他们相信，与香港及澳门毗邻的广东，应当成为即将到来的经济改革的先锋。

1979 年 4 月，负责主管经济事务的中央政府官员及全国各省级领导在北京召开了一个工作会议。会上，广东代表习仲勋将他们的提案摆上了桌面，供各与会人员商讨。他强调说，广东在地理上毗邻香港，与海外华侨也有着十分紧密的联系，利用这样的优势，广东能相对容易地与国外在经济和技术上进行交流。尽管遇到了一些强烈的反对意见，但习仲勋的一番阐述仍然赢得了大多数代表的支持，其中包括华国锋，他急切地渴望中国能打开国门，加强与世界的经济联系。

当时分管对外贸易的副总理谷牧将会上讨论的内容汇报给了邓小平。邓小平对来自广东的提案非常认可，“经济特区”一词正是在这时由他提出来的。在随后几个月里，谷牧与各广东及福建领导一起，为建立经济特区进行了紧锣密鼓的准备工作。1979 年 7 月 15 日，中共中央、国务院联合发布了正式批准广东和福建两省发展经济特区的决议。与只是为了吸引出口企业的工业区相比，这些特区还提供包括教育、商业、法律及政府服务等各种有利于制造业和贸易发展的必要条件。因此，除工业区外，特区中还包含科研区、住宅区、商业区及政府办公区。一旦建成，每一个特区都将成为设备齐全，并能实现自我持续的经济实体。

一些香港商人向广东官员提出了一个更为大胆的想法，并得到了后者的进一步关注：他们希望能将经济特区写入法律，以便为海外投资者提供更为可靠的条件。在 1980 年 8 月 26 日召开的全国人民代表大会上，《广东省经济特区条例》被正式通过。而在对这第一份经济特区条例草案的修订过程中，中国领导人的关注点显露无遗。

首先也是最重要的一点是，建立经济特区是为了“利用资本主义来为社会主义服务”。1978 年到 1979 年间，在对香港和澳门地区、新加坡、日本及美国和西欧进行访问之后，中国领导人对资本主义制度所成就的惊人的技术进步和经济效率，及其中产阶级所享受的优越的生活条件感到震撼。他们不得不折服于资本主义在技术及制度创新上的无比优势，这也是马克思本人在很久以前提出的观点。在追求社会主义的道路上，资本主义确有许多可借鉴之处，对此，中国的领导人已不再怀疑。然而，尽管如此，对资本主义的学习仍然必须以坚守社会主义为前提。中国政府笃信社会主义的可行性。他们坚信，通过借用资本主义国家的资本和现代化技术，中国定能发挥社会主义的优越性，并最终赶超西方。早在清朝末期（1861 年至 1894 年），中国许多有识之士便提出“师夷长技以自强”。如今，为了拯救社会主义，中国共产党人踏着前人的足迹，再一次迈向了学习西方之路。

经济特区备受期许，被视为学习资本主义以实现社会主义先进性的试验室。中国政府赋予了特区自主权，并鼓励它们向资本主义学习。实际上，如果经济特区仍然要受传统社会主义的条条框框限制，那便根本无所谓特区。同时，经济特区并不是要让资本主义取代社会主义来主导中国，它的终极目标是为社会主义服务。然而，正如中国的一句俗语所说，窗子打开了，进来的是新鲜空气，也有苍蝇。在整个 80 年代，政府都因担忧经济特区会被资本主义蚕食而不安。

选择深圳、珠海、汕头和厦门作为首批经济特区，实际上是个折中的做法。首先，这四个地区位于历史学家所描述的“中国海事区”：历史上长期进行海上对外贸易活动并与海外华人有着紧密联系的地区。①新中国成立之后，由于担心会与台湾发生军事冲突，广东和福建一直被视为不安全的投资之地。但现在战争风险大大降低，与经济强劲的香港、澳门和台湾毗邻成为优势，在这四个地区建立经济特区不但对自身经济发展大有裨益，还能为中国重新对西方世界开放打下坚实的基础。实际上，拥有相同地理优势的城市并不止这四个。当

① 例如，邓钢（1997）。

时还有其他一些城市也是政府的考虑对象，其中包括上海，以及分别靠近韩国和日本的大连和青岛。但它们，尤其是上海对中国社会主义经济过于重要，试验中的任何闪失都有可能会对社会主义经济造成毁灭性的打击。出于这样的顾虑，这几个城市很快便被排除在外。随着这四个城市的最终选定，试验失败对其他地区经济的影响也将会被最小化。

在所有的经济特区中，深圳的表现最为突出。充当先锋角色的蛇口工业区——随后被归入深圳经济特区——在深圳史无前例的崛起中起到了非常重要的作用。作为交通部下属的企业，招商局享有许多连地方政府都无法获得的有利条件，例如直接进见中央及国务院各部长的特权。在 20 世纪 80 年代，蛇口模式及其口号“时间就是金钱，效率就是生命”以全新的思维及实践形式震撼了整个中国。深圳这个前沿小镇成为中国市场力量的试验场。作为首个也是规模最大的经济特区，深圳吸引了众多来自全国各地的新生企业家及各类人才，那些不安于现状、梦想着创造更辉煌未来的人们纷纷奔向深圳。在过去的 30 年里，深圳从一个人口不足 3 万人的小渔村转变为拥有超过 1 400 万居民、增长速度全国第一的中国大城市。曾经充斥着危险的人口外逃之路如今已脱胎换骨，成为一盏耀眼的商贸明灯。

首批经济特区取得初步成功后，中国政府在 1984 年决定开放另外 14 个沿海城市，以吸引更多的海外投资。1988 年，海南岛、长江三角洲、珠江三角洲、福建南部厦门—漳州—泉州沿线、山东半岛以及辽东半岛先后向外商直接投资开放。1992 年，上海浦东新区正式被定为经济特区。随后，所有省会城市亦逐步对境外投资开放。2006 年，天津滨海新区被加入特区名单，成为目前最新的一个经济特区。经过 30 年的改革，中国的经济特区得到了稳步成长，从中国经济的外围逐渐向核心渗透。

七

如前所述，1978 年中共十一届三中全会以后，由于华国锋提出的改革措施得到了中国政府的支持，中国的经济体制改革得到了迅猛发展。如果说这一时期有什么首要原则支撑着中国的改革，那必然是消除混乱局面并恢复正常秩序，亦即当时所说的“拨乱反正”。以邓小平和陈云为核心的新一届中国领导人对造成混乱局面的源头及稳定政治秩序的基础在看法上几趋一致。在很大程度上，对农业和工业进行改革是为了将中国恢复到“文革”之前的经济政策上。

在农业中，“统购统销”政策原封未动。“统购统销”是在 20 世纪 50 年代初期采取的一项紧急计划，但后来却成了中国农业政策的基础。在这场由国家主导（原本是为了加强国家的作用）的农业改革中，中心环节是继续坚持价格控制。工业改革主要是对十一届三中全会以前实行的扩大国营企业自主权政策的一次延伸。在中国领导人眼中，国营企业仍然是社会主义的基石，这便可以理解为什么他们会将改革的期望寄托在国营企业身上。

由于国营企业能够在国家计划指标外运作，它们开始了一场意料之外的蜕变，呈现出两种不同的身份。一方面，作为中央的臂膀，国营企业仍然被动地接受国家分配的各种生产要素，遵照国家的计划进行生产；另一方面，为了经济利润，它们开始在国家计划之外进行操作。因此，当中央计划体制继续承担资源分配的职责时，一个市场机制——“双轨制”——也随之出现，为国营企业提供指示，让它们能在不断变化的市场机遇中找准生产对象及生产数量。同时，毫无疑问地，国营部门在“双轨制”的荫护下也获得了巨大的利益。最起码，它没有受到经济调整的严重干扰，避免了前苏联集团在经济转型中遭遇衰退的厄运。“双轨制”以及国营企业双重属性的存在，使得评估中国经济国营部门的相对规模变得非常复杂。常规的衡量方法往往将国营企业的产出等同于国营部门的产出，因此，通过这种方式对其相对规模做出的判断总会造成有失偏颇的高估。

如果不是"边缘革命"重新引入私营经济，中国很有可能仍然停留在当初的既定改革路线上。最初，包产到户、农村工业化及城市个体经济的回归都一直受到公开的敌视，甚至还被定为犯罪行为——包产到户便是最典型的例子。然而，这些从底层发起的改革确实帮助解决或改善了国家面临的许多紧迫的经济问题，例如粮食产量不足、农村贫困化严重及城市失业率高企等。由于当时它们对社会主义制度造成的威胁微乎其微，中国政府虽然有顾虑，但还是对其予以了默许。直到过了相当长一段时期，当私营部门产生的经济效益被认可为社会主义经济不可或缺的一部分时，中国政府才热情地接纳了这些改革。

改革开放前被社会主义经济制度边缘化的经济力量发起的四大"边缘革命"在中国迅速催生了一个生机勃勃的私营部门，将8亿农民从国家手中解放了出来，将近2 000万返城知青得以自行创业，同时还为国内外企业家的发展提供了场所，不经意地向人们展现了市场经济的活力。真正让中国经济得到飞速发展并得以向市场经济转变的，不是那些由国家主导的"洋跃进"或企业改革，而是这些民间的"边缘革命"。在经济特区的发展进程中，尽管国家的参与程度很高，但它的主要作用只是为市场经济提供相对安全的政治和法律环境。设立经济特区并不是为了巩固国营企业，在最初成立特区的地方，计划经济表现得并不成功，甚至根本不存在。这不仅能够使改革避免来自国营部门的潜在阻力，还能把改革失败的风险控制在最低限度。

让人意想不到的是，在改革初期，中国政府坚守社会主义制度反而为改革创造了有利的条件。在社会主义的旗帜下，改革策略重心在于维护其核心要素（国营企业），同时也准许边缘革命的发展。但是，维护并非指保持原状，对国营企业实行改革的目的是拯救和巩固国营部门，而不是推行私有化，后者是俄罗斯及其他经济体在转型期常用的手段。因此，当国营部门还在改革中苦苦挣扎的时候，由边缘革命一手造就的非国营部门却得以在国家控制的经济计划之外迅速而茁壮地成长。中国被带回到一个混合经济体制中，回到了20世纪50年代初中国社会主义改造之前那个曾惠及全民的经济时代。而同一时期，政府在意识形态及思想上的转变同样至关重要。由“实践是检验真理的唯一标准”所引发的争论在很大程度上引发了对毛泽东及马克思的经济政策的讨论。然而，对于一个在严格的意识形态环境下成长起来的政党而言，中国共产党需要花很多时间才能将“实事求是”完全融入自身的思想体系。对此，时任中共中央总书记胡耀邦做出了重要而深远的贡献。绝大多数中国领导人都认为，“文化大革命”是混乱局面的开端，是拖垮新中国的罪魁祸首。然而，胡耀邦认为，问题的根源应该追溯得更远。当共产党采用强力手段解决党内之争时，“乱”的种子就已经悄悄种下了。因此，当经济体制改革仿效四个现代化时——这是周恩来于1964年首次提出的——胡耀邦也在努力拨中国政治之“乱”。中国要稳定发展，就必须肃清这一根源更为深远的混乱局面，由于有这样的认识基础，在对新政治秩序的构思上，胡耀邦遥遥领先于他的同僚。①

此外，邓小平的政治敏锐性和判断力也功不可没。他在1992年回忆改革之初时曾评论道：②

> 对改革开放，一开始就有不同意见，这是正常的……不搞争论，是我的一个发明。不争论，是为了争取时间干。一争论就复杂了，把时间都争掉了，什么也干不成。不争论，大胆地试，大胆地闯。

---

① 胡耀邦早期的革命经历对他的成长有很大影响。胡耀邦是“AB团”事件（1930~1931）的受害者，那时他还只是个十几岁的少年（参见满妹，2000，第50~51页）。当时有一大批红军干部被指控为国民党情报组织“AB团”的成员而遭到处决，他在最后一刻被解救了出来。后来，当许多知识分子被吸引至延安，不少共产党员因被怀疑是国民党特务而遭到监禁时，他又被卷进延安“整风运动（1941~1945）”（参见陈永发，1990，第XX页；高华，2000，第517页；亦可参见满妹，2000，第63页）。这些早期事件及他在“文革”中所受的磨难让胡耀邦深切地体会到，共产党对思想的政治控制只会损害它的长远目标（例如，参见李锐、谢涛等，2009）。

② 邓小平，“在武昌、深圳、珠海、上海等地的谈话要点”，《邓小平文选》第三卷。

邓小平的“不争论”原则对中国共产党回归实践起到了出人意料的作用，中国领导人因此打开了思路。由于中国长期封闭，人们观念普遍落后。在这种情况下，邓小平并不相信理论争论能带来政治共识或解决中国政府面对的种种问题。因此，中国政府开始全面推行“实践是检验真理的唯一标准”的指导方针，鼓励人们开展各种大胆的试验活动。中国领导层这一政治思想上的务实转变，与毛泽东及其直接继任者华国锋有着显著区别。如果没有这次转变，边缘革命根本无从谈起。

改革伊始，中国政府将主要精力首先放在了工业和国营企业身上。每一次作战，将军必然会派最精锐、装备最精良的部队冲锋陷阵。同样，一个国家也会很自然地选择资源最丰富的部门来实施经济改革。正因如此，国家对国营企业的投资最多，相应地，对它们的期望也最高。然而，在任何一个社会中，实力最强大的要素一般都不是变革的最佳推动力。这并非单纯因为它们受益于现状而不愿意改变。实际上，这些拥有绝对实力的部门在认知上往往为现有制度所困，几乎无法跳出既定框架进行思考。它们的所作所为更像微调，是要维持现有的制度而不是去改变它。而那些处在边缘的力量则能够为变革提供不同的激励机制、新技术以及全新的视角和关键要素。在中国，扮演这个角色的群体是农民、城市待业居民及其他在计划经济下被边缘化的力量，他们才是推动中国市场转型的先锋。

当 1984 年中共十二届三中全会在北京召开之时，中国政府便已经将建立“有计划的商品经济”——实际上就是一种变相的市场经济——作为改革的目标。这是中国经济体制改革历史上具里程碑意义的事件。它不仅巩固了毛泽东去世后席卷全中国的边缘革命，还正式认可了私营部门在社会主义制度下的合法地位。作为改革主旋律的社会主义现代化建设——即强化国营部门——也终于落下了帷幕。取而代之的，是 1987 年中共十三大上确立的“建设有中国特色的社会主义”这一由邓小平于 1982 年首次提出的概念，并正式成为中国下一阶段社会主义发展的理论指导思想。这一全新的思想和政治共识对市场机制表现出满腔的热忱，对私营部门也展示了足够的诚意。市场机制会逐渐盖过中央计划的锋芒并最终完全取而代之；私营部门也将能与国营企业一样，得到更为平等的对待。谁又能想象，在改革的前十年里，中国的经济竟能发生如此翻天覆地的变化！

第四章

笼中之鸟：社会主义下的市场经济改革

80年代初，中国的经济改革其实是一个二元经济的故事：发展停滞的国营经济和飞速增长的私营经济形成了鲜明的对比。在边缘革命中，活力四射的私营经济在社会主义经济的外围诞生了。对于充满雄心的创业者来说，寻找未曾开发的经济机会简直易如反掌。由于社会主义经济几十年来对重工业的过度倾斜，中国最基本的消费品和服务都十分匮乏。但这种局面很快就会被改变。80年代初，创业者们开始填补这些长期未被满足的需求，而事实证明，这种商业活动利润非常丰厚。例如，自营的理发店每天获得的收入比医院里的外科医生还高，路边卖茶叶蛋的比造原子弹的挣钱还多。小卖部和小餐馆的店主和一些小商贩，在此之前很多都是所谓的“待业青年”，却在80年代成为收入最高的人群之一。毫不意外，家庭作坊和个体户的数量从1978年的14万增长到1979年的31万，到1980年的80.6万，到1981年，已经增长到了惊人的260万。[①]

农业生产，毛泽东时代中国经济最薄弱的环节，现在有了显著的增长。1979年到1984年间，农业产出年均增加了6.7%。到1984年，粮食产量从1978年的3.05亿吨增加到了4.07亿吨。[②]此外，随着1980年政府对包产到户

① 马立诚（2005），第150~152页。

② 武力（1999），第886页。

限制的放开，中国农民逐步摆脱了集体农业的枷锁，并且自土地革命以来，第一次享受到了一定程度的经济自由。1980 年 6 月 18 日，四川省一人民公社第一个宣布解散。到 1982 年末，家庭联产承包责任制已经在全国 80% 的农村地区普及，包括毛泽东时代人民公社的楷模——大寨。一年之后，这个比例达到了 95%，中国农业成功地完成了去集体化。①

与此同时，乡镇企业成为整个 80 年代中国经济发展最快的部分。农村劳动力在乡镇企业的受雇人数比例从 1978 年的 9% 上升到了 1984 年的 14%。到 80 年代中期，乡镇企业的产值不但占据了全国农村经济总量的半壁江山，甚至达到了全国工业总产出的 1/4。②

与之形成鲜明对比的，是政府自 1978 年来的工作重心——重新振兴国营企业的改革计划——却没有顺利实现。改革的初衷是给国营企业更多经营自主权，同时允许企业留有一部分收益自由支配，从而提高管理层和工人的积极性。但是企业本身必须同主管部门协商他们所得的权利，以及自己可以留下的利润。在讨价还价的过程中，政治和其他非经济因素往往会压倒经济规律。这导致很多高收益的企业将大部分收益交给了国家，而亏损的企业却持续接受政府的补贴。久而久之，效益好的企业并不能继续增长，而效益差的企业也不会破产。此外，国营企业仍然受到各种来自国家的干预，要面对各种各样的原则，同时也被众多的“婆婆”盯着。更为严重的是，这些改革继承了毛泽东所提倡的分权化的管理结构，导致地方政府制造了各种贸易壁垒以保护本地企业，以此换得自己控制企业运作的权力。从全国来看，地方保护主义几乎将中国推向了各自为战的封地经济。

① 郑在浩（2000）、史正富（2008）。

② 许成钢、张晓波（2008）。

一

要回答为什么国营企业改革会失败这个问题，我们需要仔细研究一下中国当时的工业结构。[①]一定程度上，由于毛泽东数次尝试分权，中国经济脱离了传统苏联模式的轨道。在苏联模式中，生产、分配、定价和投资都由中央经济办公室严格控制。在中国，国营企业处于多层政府部门的监管之下，从中央政府（国务院下属的部委）到省级、地市级、县级甚至乡级政府。和国营企业相似，城乡集体合作制企业也在市政府和乡政府的监管之下。此外，国营企业的运营受两条指挥线的控制：纵向的指令叫作“条条”，横向的指令则称为“块块”。对所有的产业而言，纵向的指令从中央直属部委一路向下传达到省地市县级对应的主管部门，横向的指令则由地方行政部门下达。

在纵向指令系统中，如果一个国营钢铁厂是由中央政府直接监管，则属于中央国营企业，将听令于冶金工业部；如果这个钢铁厂由地方（省市县级）政府监管，则属于地方国营企业，听命于当地的冶金部门。在横向的指令系统中，国营企业要根据自己所属层次（中央、省、地市县等）受到相应的从中央政府到地方政府的控制。无论是横向还是纵向，指令总是可以到达企业，因此国营企业面对的是一个网状的监管结构。

一些其他因素让国营企业的监管体系更为复杂。首先，所有的地方工业部门都需要同时向当地政府和更高级别的部门主管以至国务院下属的部委负责。在苏联的中央计划经济中，横向的指令系统并不存在。然而在中国，由于毛泽东坚持不懈的分权化努力，地方政府获得了越来越大的权力，在横向系统中的话语权也越来越大。其次，国营企业经营的不同业务经常接受不同部门的监管，包括人事（晋升、调动和招工等）、工资体系、财务、生产计划和投资计划等。

① 关于中国国营企业所面临主要问题的概述，参见Granick（1990），第25~31页。

人事和工资的指令一般通过横向系统来传达，生产和投资计划指令则基本上通过纵向系统来传达，尽管这部分也会受到横向系统的影响。监管的职能划分和各个部门之间的相互关联使得对国营企业的管理变得异常复杂。第三，国营企业及其管理层也有着不同的级别划分。受到高级别部门监管的企业往往可以获得更多的诸如资金和原材料等资源，与此同时，这些企业也面临更多的生产责任。最后，也是最复杂的，监管职能的划分模式随着企业和行业的不同而不同，也会随着时间的推移而改变，特别受放权与收权的周期影响。因此，国营企业不仅面临着一张管制网，而且这张管制网因企业不同而各式各样。

在经营层面上，许多现实问题又给国营企业面临的限制条件增加了变数。例如，政府经常因为某些临时的原因对部分企业进行补贴，因此导致对其他企业的歧视。即使国营企业在中央经济计划之外的范畴经营时，也会遇到类似的问题。中央制订的经济计划并没有覆盖国营企业生产运营的方方面面，因此总有各种各样计划外的交易，这被称为“合作关系”。为了这些“合作关系”，相关各方在商定价格时会遇到一些特殊的计划内生产碰不到的问题。由于经济计划明确规定了投入和产出的具体数量，商品价格仅仅是方便会计核算的工具。由于缺乏市场价格信息，经济计划之外的交易价格往往波动很大。

不同的企业在不同的时间采购的原材料或者中间产品的价格都会不一样。而员工的报酬由全国统一的工资水平决定，工资因此并不能反映生产效率的高低。这种现象和市场经济的情形正好相反。在市场经济中，每个人生产效率不一样，因而工资不同。而除工资外，所有的企业面对的生产要素的市场价格是相同的。当国营企业改革允许企业和政府就权利和义务讨价还价时，国营企业面临的局限条件变得更多，也更加混乱。

在自由的市场经济环境下，企业无时不受到市场的影响。商品市场告诉企业一些有关它生死存亡的信息，例如企业不能继续生产销售价格低于生产成本的产品；而要素市场告诉企业不同生产要素的替代成本。虽然市场总是多多少少存在询价的空间，但任何单个企业难以对原材料的市场采购价格造成实质性影响。要提高生存概率，企业必须自我创新，为消费者提供更新更好的产品，或者以更低的成本生产出与竞争对手相同的产品。因此，市场竞争可以让高效的企业繁荣发展，让低效的企业逐渐消失，或者转产，尝试生产其他产品。

与此同时，市场经济下的公司可以按照员工的生产效率调节其薪资水平，并解雇效率低下的员工。这种体系让企业有了调动员工积极性的更好方法，因为员工的生产效率与其他的生产要素不同，会受到回报率的影响。这种内部压力鼓励工人尽最大努力去工作，并且只有消费者可以评判他们的工作是否令人满意。能否在激烈竞争的市场中生存是评判企业的最终裁判。

在 1981 年国营企业改革之前，中国国营工业体系中并不存在真正的定价机制或者市场纪律。消费品和资本商品的价格很大程度上由政府决定，无法通过价格来区分商品的质量高低。这意味着企业没有动力来改进产品，更不要说研发新产品了。由于各个国营企业都面临着蜘蛛网一般的监管机制，即使一个国营企业有足够的积极性来改善自身条件，它也会最先把力气花在监管机构身上，与他们搞好关系，而不是致力于提高生产效率或者改进产品质量。此外，由于工人的收入和生产效率并不相关，他们的积极性当然很低落。更糟糕的是，企业没有辞退或者自主招聘的权力。“铁饭碗”和平均主义在国营企业展现得淋漓尽致，导致它们丧失了最基本的激励员工和提高生产质量的管理手段。

国营企业改革让企业拥有了更多的自主权和留存部分收益的权利，但企业仍旧更倾向于在外部的条条块块上做文章，而不是增强自身的实力。实际上，政府欢迎企业与相关主管部门协商与生产过程相关的各种规则，从产品的生产定额到原材料的数量，从国家获取的支援到企业可以留存的收益等等。这几乎等同于允许企业自行决定所需原材料供应的价格和税额。一个有能力改变游戏规则的企业，就没有提高自身实力的压力，这是国营企业改革失败的根本原因。企业并不遵循市场经济原则，受消费者青睐的企业也得不到应有的奖励。对于国营企业来说，创新与提高效益的压力依旧太少。

二

如果没有一个价格体系让所有企业都遵循同样的市场规范，国营企业改革无法成功。即使改革提高了企业积极性，也无法使国营企业像邓小平访日时印象深刻的日产汽车一样高效。著名经济学家薛暮桥，是最先发现国营企业改革问题的人之一。[①]在1980年初一份提交给国务院的报告《关于经济体制改革的初步意见》中，薛暮桥认为，经济改革将带来市场机制，逐步取代政府主导的计划经济。他认为，所有的政府干预将从国营企业的经营环境中消失，使企业成为完全独立的经济利益追逐者。[②]在1980年9月的一次会议中，薛暮桥的报告受到了中央的高度赞扬。[③]他对改革的观点与1981年全国人民代表大会上的国务院总理的政府工作报告遥相呼应，"国营企业和农业的改革仍在探索阶段，我们的工作中有一些矛盾的地方，缺乏足够的协调。我们面临的任务是总结改革中的经验，在对科学规律进行仔细的研究学习之后，尽可能快地完成一份总体经济改革的计划，并一步一步地实现。"薛暮桥展望的以价格体系替代政府计划成为资源分配的主要方式，并让所有企业遵循市场经济规律的价格改革，有望成为中央总体经济改革计划的核心内容。

然而，在传统社会主义思维下，市场经济与中央计划经济和集体所有制是对立的，价格改革也站在了社会主义制度的对立面。在整个80年代，对邓小平、陈云和其他党内老干部来说，这种思想根深蒂固。[④]尽管年事已高，无法在党

---

① 薛暮桥（1996），第272~277页。

② 同上，第273~274页。

③ 同上，第277页。

④ 关于这段时间的中国政治，可以参考Shirk（1993）、Fewsmith（1994）和杨继绳（2004）。

和政府的部门任职，他们却实际上拥有决策权。在关于社会主义制度下市场经济与计划经济的关系和社会主义本质的辩论中，陈云这位备受尊敬的主管中国经济的老掌门发出了最强有力的声音。[①]

陈云是中国第一个五年计划的设计师，也是计划经济的忠实拥护者。在繁华的上海长大的他，对私营经济的价值非常清楚。陈云的经济思想，可以简单地总结为他在 1956 年中国共产党第八次全国代表大会中提出的“三个主体，三个补充”。[②]陈云认为，在工商业中，国营经济和集体经济必须占据主体地位，私营经济作为辅助；在生产计划中，中央计划是主体，以市场调节为补充；对于整个国民经济，政府控制的部分是主体，市场经济则作为补充。基于陈云对于混合经济体制的构想和毛泽东的《论十大关系》，中国经济不可能照搬斯大林主义的模式。但是陈云对于私营经济和市场机制的构想与毛泽东的想法相去甚远。这样，虽然陈云的报告在大会上广为接受，却对当时的经济政策几乎没有带来影响。

在“大跃进”失败之后，陈云一度被召回重新执掌经济，但很快又失去了权力。在十一届三中全会之后，陈云再次回到了政治舞台的中央。他对社会主义“计划经济为主，市场调节为辅”的论述成为 80 年代中期以前中国经济改革的指路明灯。陈云将市场机制和私营经济引入社会主义的理由相当实际：来自中央的经济计划无法全面覆盖国民经济的各个角落。因此，这些中央计划经济无法填补的空缺将由私营经济和市场机制来填补。然而，陈云认为，社会主义经济的宏观平衡（投资与储蓄、政府总收入与财政支出、工农业与服务行业的平衡，以及经济增长速度）只能交给中央计划。尽管陈云对于非国营经济和市场机制的回归感到欣慰，他仍旧担心这部分的快速增长会危及社会主义的

---

① 陈云的经济思想以及他在毛泽东与邓小平时代所扮演的关键角色，参见 Lardy and Lieberthal（1983）、金冲及（2005）、刘杰和徐绿山（2009）。

② 萧冬连等（1999），第 93~95 页。

经济基础。当时，他还没有作好思想准备接受一个没有计划经济和集体所有制的社会主义。

在陈云的设想中，如果社会主义经济是一只鸟，那么负责制定经济计划的政府则是关着鸟的笼子。这个笼中鸟的比喻很好地概括了陈云经济思想的精髓，并且在经济改革伊始，在中央政府内非常盛行。在陈云的“鸟笼”理论里，笼子是约束经济的制约因素。不管是陈云观点的支持方还是反对方都接受这种解释。[①]如果没有鸟笼，鸟儿会飞走，经济体制也会分崩离析；在“大跃进”时代，宏观调控失灵，导致了经济的彻底失控。最重要的是，笼子必须不断地调整自己的大小以适应笼中鸟的大小。当鸟儿长大时，笼子也需要变得更大些，让鸟儿享有更多的空间与自由。在改革初期，陈云的经济思想有利于中国政府接受市场经济和私营经济，因而减少了改革的阻力。但在陈云的思想里，经济终究受政府的控制，并不允许独立的自由经济；这种想法无法接纳真正的市场经济。

尽管当时中国经济改革的整体指导思想与市场经济相抵触，这种冲突在那个时代并不明显，毕竟当时政府中没有人相信中国会就此走上市场经济之路，一切改革的目标还只是加强社会主义。然而，随着陈云不断重申将市场机制和私营经济作为计划经济和集体所有制的补充，他的混合式社会主义经济思路促进了市场机制和私营经济在中国经济中的合法化。当然，邓小平也乐观陈云的经济思想观盛行。邓小平也不愿意放弃社会主义，同时又急切地希望推动经济改革，拉动经济增长，不管这种增长是来自私营经济还是国营经济。

因此，陈云的“计划经济为主，市场调节为辅”的名言在1982年成为政府的官方纲领。这从根本上否决了薛暮桥关于价格改革的提议。1982年9月举行的中共十二大上不得不强调国营经济和中央计划经济在经济中的重要性：

① 另一种观点则认为，鸟笼是经济的避难所。这种诠释使陈云的观点与市场经济的运作机制非常吻合，政府的角色是保护市场，促进市场发展，而不是限制市场。

“这几年我们对经济体制实行了一些改革，扩大了企业在计划管理方面的权限，注意发挥市场调节的作用，方向是正确的，收效也很明显。但是，由于有些改革措施不配套，相应的管理工作没有跟上，因而削弱和妨害国家统一计划的现象有所滋长。这是不利于国民经济正常发展的。今后，要继续注意发挥市场调节的作用，但绝不能忽视和放松国家计划的统一领导。”[①] 全面价格改革的计划就此搁置。

中国政府虽然能够简单地拒绝价格改革，他们却发现市场经济的另一个精灵很难再放回瓶中：迅速增长的私营经济已经在中国经济中占据越来越重要的地位。在 80 年代初期，中国政府曾经面临两大抉择：如何保护私营经济并防止其蚕食国营经济，以及如何在维持市场经济的同时避免其削弱计划经济。一旦市场经济和私营经济被认为威胁社会主义的经济基础，中国政府的行动将异常坚决。1982 年 1 月 11 日，中央委员会发布通知，号召打击一切经济犯罪，恢复社会主义经济秩序。3 月 8 日，全国人大常委会发布了《关于打击经济领域中严重犯罪活动的决定》，甚至修订了《刑法》中的相关条款以使法律与这份《决定》相一致。一场全国范围的严打经济领域犯罪活动迅速兴起，目的在于制止私营经济的过快增长，尤其是经济发展迅速的沿海地区。正如这份《决定》所表明的，“在共产党员和国家工作人员中进行这场坚持共产主义纯洁性、反对腐化变质的斗争，关系到我国社会主义现代化建设的成效，关系到我们党和国家的盛衰兴亡。”[②]

三

整个 80 年代，中国政府始终无法走出意识形态的困境。虽然中国领导人

① “中共十二大报告”，《人民日报》，1982 年 9 月 8 日。

② 武力（1999），第 852 页。

依旧坚信社会主义的优越性，但是中国经济远远地落在西方发达国家之后，对此他们非常尴尬。这种困境让他们在政治上极其脆弱和敏感。这种脆弱感，加上他们对社会主义的坚定信念，使中国政府万分警惕西方世界的和平演变战略。他们始终怀疑境外的敌对势力会不停地利用“意识形态毒草”和“文化毒药”来削弱社会主义，并且最终颠覆这个社会主义国度。因此，抵制来自资本主义世界的诱惑成为当时中国政府的当务之急。1983 年，全国掀起了“清除精神污染”的运动，一些直言不讳的党员因为倡导个人自由而被开除党籍。[①] 尽管邓小平在 1979 年就指出政治改革是经济改革取得成功的先决条件，但到 1983 年政治改革依旧毫无起色。

在当时的政治环境下，刚刚诞生的中国私营经济顽强地活了下来，并且在 80 年代一直不停地增长。究竟是什么让中国的私营经济在不利的政治环境下活了下来呢？

要回答这个问题，我们必须认识到，当时中国崛起的私营经济的实力比我们想象中的要强大得多。举个例子，在农业方面，家庭联产承包责任制的实行对农业改革的成功起到了至关重要的作用。但其他因素也做出了显著的贡献，例如 1979 年粮食的收购价增长了 22%，化肥的使用也在逐年增加。上一章提到的四川和安徽的两个村子证明了提高生产积极性究竟能带来多大的力量。因此，中国农业改革给人的印象是摆脱集体经济后的中国农民积极性高涨。然而，这种刻板印象并没有完全反映当时复杂的现实状况。家庭联产承包责任制开始实行时，不过是农民与政府之间签订的一份合同；在合同中，农村家庭一旦完成政府制定的生产指标后，便是剩余农产品的所有者。最初，政府依旧决定农民种什么作物，但政府很快失去了这种强制力，农民也逐渐获得了更多的控制权。非集体化最重要也最长久的贡献，在于使农民重新获得了经济上的自

---

① 杨继绳，(2004)，第 275~285 页。

由。农民很快便可以自行决定在自己的土地上种什么样的作物，花多少时间来耕种，以及可以做些什么别的活儿。大量的劳动力和劳动时间从农业转移到非农业工作，这不仅大幅度提高了农业生产的效率，同时也将园艺、水产、商业、手工业和工业重新带回了中国农村。农民不再是土地的奴隶，可以自由做出选择。因此，农民的收入来源和就业途径多样而丰富，农村经济的发展也远远超出了传统农业和手工业的范畴。

一些对农业非集体化持批评和怀疑的学者认为农村经济改革有一个严重的缺陷。他们认为，随着集体农业的解散，许多毛泽东时代建立的公共项目（尤其是灌溉工程）就此闲置而无人维护，成了烂摊子。最初，这确实给家庭农业生产蒙上了阴影。然而随着时间的推移，公共建设的损失由逐年增长的私人投资所弥补，这包括先进的农业生产工具、井水灌溉系统（并不需要复杂的灌溉系统）、作物种子的改良、化肥以及杀虫剂的投入使用。虽然私人投资不可能完全替代公共设施建设，私营农业却展示出令怀疑者难以置信的生存能力。此外，像公路这种地方公共基础设施，逐渐变成公私合营或者完全的私营产物。

与此同时，因为土地依旧归国家所有，国家统购粮食的计划依旧存在（这项计划直到 1985 年才被废止），农业改革对社会主义全民所有制和计划经济几乎没有造成影响。因此，农业改革基本上没有受到关于计划经济的辩论以及“打击经济领域犯罪”运动的影响。乡镇企业同样幸免于难。在地方政府的保护下，这些乡镇企业都戴着集体所有制的帽子，即使实际情况并非如此。在 80 年代初期，乡镇企业在全国范围内有了广泛的增长。国家计划委员会曾经一度想要将乡镇企业纳入到国家生产计划之中，但这项提议遭到了江苏等乡镇企业发展迅速的省份的强烈反对，因此不了了之。

在打击“经济领域犯罪”的运动中，城市里的私营经济无处逃生，成为严打的主要目标，安徽芜湖年广久的经历是一个再好不过的例子。[①]既不识字也没有稳定工作的年广久，在经济改革之前曾经两次因为“投机倒把”的罪名入狱。改革开放后，他的刑期结束，出狱后以在路边炒瓜子为生。瓜子作为价廉味美的小零食，在中国广受欢迎。几年之后，年广久摸索出了炒制瓜子的秘方，风味独特，口感美味。他的瓜子迅速受到了当地人的欢迎，以至于许多人排队来买。为了扩大生产，年广久开始雇用亲戚和外人。从马克思主义的观点看来，这是明显的剥削行为。尽管1979年2月国家工商局开始允许城市的无业居民从事修理、手工等工作，但雇用工人是被严格禁止的。年广久的妻子担心他会因此再次入狱，劝说他放弃他的生意。调查年广久的报告送到了邓小平手里，邓小平并没有批判年广久之意，批示说：“等等看。”1980年，年广久注册了“傻子瓜子”的商标，当年年底，他成为中国第一批百万富翁之一。“傻子瓜子”迅速成为食品行业家喻户晓的品牌。然而，年广久的生意依旧让他在政治上岌岌可危，邓小平不得不在1984年和1992年两次保护年广久，将其从牢狱中解救出来。

年广久或许是中国最幸运的商人。在浙江温州，中国私营经济的起源地，那里的商人可没有这么好的运气。[②]在那里，打击经济领域犯罪的运动变成了针对私营经济直接的攻击。1982年夏，8个在不同行业经商的个体商人，被指控为牟取暴利遭到逮捕，尽管其中一人逃脱成功，在异乡隐姓埋名达8个月之久。这些所谓的“经济罪犯”犯下的“罪行”不过是从私营企业中赚了些钱而已。到1982年底，全国共计处理了超过1.6万件经济犯罪案，超过3万人因此被逮捕。[③]在如此恶劣的经济环境下，许多私营企业将自己注册为集体企业或者乡镇企业。企业的所有者往往需要向集体企业、国营企业或者有关主管政府

---

① 马立诚（2005），第162~166页；黄亚生（2008），第50~51页。

② 马立诚（2005），第175~177页；马金龙（2008）；钱兴中（2008）。

③ 彭森与陈立（2008），第138页。

部门支付一定的“管理费”，才能在他们下面挂个名，取得一个非私营的名分。这种做法被称为戴“红帽子”，在视私营企业为社会主义经济敌人的政治环境下，这是私营企业赖以生存的保护伞。

幸运的是，中国政府很快就意识到，在这场运动中遭到最大损失的恰恰是国营企业。这是因为中国经济仍然缺乏市场定价机制，而政府正是为了保护国营企业才一再推迟价格改革的。随着自主权的扩大，国营企业的生产积极性明显提高了，效率和产出也紧跟着提高了。然而，由于没有价格改革，整个定价体系一片混乱。企业观察到的价格信号并不能反映经济活动的真实成本，或者真正的商业机会。在这种混乱的价格体制下，生产优质产品的企业不一定能赚钱，而获得大量利润的企业生产的商品也不都是消费者喜欢的。例如，由于政府人为压低了煤炭的销售价格，没有一个煤矿能够赢利，尽管国内对煤的需求日益增长。此外，国营企业往往有获得煤炭补贴的机会，因此在煤炭真实价格早已大幅上涨的情况下也没有提高煤炭利用率的动力。中国政府希望以控制价格的方式来补贴国营企业，但没有正确的市场价格信号，就没有市场纪律可言。产品受消费者喜欢的国营企业不能靠扩大赢利来发展；而产品不受欢迎，应该破产的国营企业却能继续生产。国营企业因此被剥夺了在市场竞争中赖以生存和发展的最有力反馈机制。

另一方面，私营企业和乡镇企业则完全不同。由于不属于国家经济计划，它们只能在由市场决定的价格下购买原材料，销售自己的产品。因为要素市场和产品市场刚刚起步，私营企业面临的信息成本往往高得可怕。在这个时期，私营企业经常会有负责采购与销售的人员跑遍全国，以寻求更好的进货渠道和销售渠道。当然，这些销售人员也有高额的报酬。尽管高报酬反映出他们的巨大贡献，但从另一个角度看，我们也能发现私营企业面临高额的交易成本。高额的交易成本严重降低了私营经济的效率，企业在采购和销售方面投入大量的人力和财力，不可避免地减少生产与创新方面的投资。与国营企业不同，私营企业的决策不太受政府条条框框的限制，并且面临严格的预算限制和真正的市场纪律。私营企业不一定都强于国营企业，但对那些在市场选择中存活下来的私营企业来说，答案是一定的。

因此，中国的非国营经济增长既来自于它们自身的优势和活力，也因为国企的孱弱和缺陷。这些所谓的“非国营”成分很少被看作私营经济，因为这与社会主义的意识形态不符。作为国营成分的补充，非国营成分可以在政府严格控制的领域之外生存。如同80年代初期打击经济犯罪运动所体现的，中国政府随时可以将非国营经济彻底碾碎。但究竟为什么社会主义中国能够让非国营经济一直增长下去呢？

四

中国经济改革初期拥有的一大优势来自于，政治上的强势集团没有固化的经济既得利益。[①]尽管中央和地方政府的矛盾由来已久，私营与国营部门之间的隔阂也逐渐显现，政治精英们仍然团结一心，致力于将中国建设成社会主义的强国。譬如，陈云对国营经济和计划经济的偏爱，主要来源于他对社会主义优越性的笃信，而这种信念其他领导人也或多或少地接受。

从整个80年代到90年代初，中国的政治方向基本上由邓小平和陈云掌握。邓小平被视为中国经济改革的设计师，国外人士一般则把陈云视为邓小平的反面，保守而谨慎。从表面上看，陈云和邓小平的风格有天壤之别。邓小平在党内和军队有较强的影响力；陈云则很少参与党政与军队的事务，而主要负责经济问题。和邓小平不同，陈云对过快的发展总是心有疑虑，他认为过快的经济发展会引发经济自身难以承受的问题。“大跃进”和“洋跃进”运动的失

① 姚洋（2008）将改革时代的中国政府称为“无私的政府”。这种描述对于改革早期的中国政府更为贴切。

败更让他对此深信不疑。陈云对计划经济和集体所有制的信念比其他人都强大得多，但和那些基本不懂现代经济的中国领导人不同，他年轻时在上海的学徒经历让他既难以相信一个纯粹的社会主义经济，也无法设想没有私营企业和市场规律的社会。邓小平和陈云的意见分歧如此之鲜明，以至于在80年代中央政治局几乎没有召开过几次会议。[①]与在会议上讨论相比，邓小平更倾向于将总书记、总理等人叫到自己家里讨论问题，而仅仅一年拜访陈云一次。

邓小平和陈云的分歧并非主要来自利益和意识形态的冲突。观察家们都注意到两人的意见不合在一定程度上拖累了中国经济改革的速度，但并不了解这种分歧反而有助于维持当时宽松稳定的政治气氛，这和毛泽东时代形成了鲜明对比。邓小平和陈云，以及他们代表的不同思想的共存，意外地让中国政治摆脱了“独角戏”的局面。虽然两人的思想有差异，观察家们往往忽视了邓小平和陈云都推崇实用主义。陈云的名言“不唯上，不唯书，只唯实”是邓小平提倡的实用主义改革精神的重要部分。

中国政治的这个新特点对经济改革的进程产生了强有力的影响。大部分中国领导人愿意在事实面前改变自己原有的与事实不符的观点和立场。他们愿意对曾经深信不疑的观点提出质疑，并抛弃被事实证伪的信条，这为改革与新思想的诞生创造了良好环境。这并不是因为邓小平、陈云以及其他领导人比他们的前任更有智慧，而是“大跃进”的惨痛教训和“文化大革命”的灾难使他们不再盲目接受任何教义。如果社会主义可以犯下如此严重的错误，那么所谓全能的思想只不过是致命的自负而已。正是因为都有着这样坚定的想法，邓小平和陈云才会走到一起，以实用主义的精神和试验的手段改革中国。尽管邓小平、陈云等人有着强大的政治影响力，但改革年代的中国再也不是毛泽东时代，没有人可以将自己的意志强加于党。这种政治氛围让思想开放的态度逐渐盛行。

① 杨继绳（2004），第341~342页。

作为总书记的胡耀邦在80年代的所作所为进一步显示了党内的政治变化。

关于计划经济和自由市场的政治辩论，深刻地体现了中国政府领导人迫切希望改变根深蒂固的观念。在这场辩论中，对市场作为经济调节机制的抵制既有意识形态上的原因，也因为思维方式在作祟。在传统的马克思主义意识形态下，自由市场被视为市场经济里一切无序与失调的罪魁祸首，这些无序与失调包括失业、通货膨胀、经济波动和经济衰退。同时，由于中国毫无保留地把马克思主义作为最后真理来接受，这个思维障碍使中国人当时很难认识到自由市场的真善美。譬如，毛泽东曾经一度想要废除货币，回到以物易物的经济时代，以为这样可以一劳永逸地消除社会的贫富不均。结果，毛泽东的一些极端经济政策的失败也被视为偏离社会主义和计划经济教义的结果。对于陈云和党内其他与毛泽东持相反意见的人来说，毛泽东的失败恰恰验证了社会主义道路的正确性。

但是，在与私营企业的竞争中，国营企业令人失望的表现使中国领导人的立场有所松动。计划经济逐渐变成了允许“指令性经济计划”和“指导性经济计划”共存的模式；前者延续了传统的国家计划，而后者只是建议，没有约束力。随着时间的推移，后者变得越来越重要。这给予了国营企业更大的空间和经济自由。在不改变所有制结构的基础上，国营企业对市场力量的反应越来越灵敏，中国经济中不受国家计划约束的部分也在继续增长。值得一提的是，当时推崇“指导性经济计划”的经济学家薛暮桥和刘国光等人，在1982年至1983年“反精神污染”运动中受到了严厉的批评。[①]即使这样，这种指导性经济计划模式带来的自由也没有在政治和经济上被抹杀。事实上，1984年4月，一次全国性会议的主旨正是为了推广指导性经济计划。[②]

就经济政策的变化而言，中国政府对于乡镇企业的态度转变最引人瞩目。

① 杨继绳（2004），第188~189页、第196~199页。

② 薛暮桥（1996），第297~298页。

尽管乡镇企业对国民经济的增长有着巨大的贡献，但它们还是被政府视为国营企业的低级竞争对手，而且经常扰乱国家的经济计划。然而 1984 年 3 月，国务院颁布了著名的“第四号文件”。[①]这份文件概述了政府对乡镇企业的态度，尤其是对农村家庭建立的私营企业，同时承认乡镇企业是“国民经济的重要力量和国营企业的重要补充”。作为中国农业现代化和农村工业化的重要力量，当时的乡镇企业取得了除烟草之外所有行业的经营许可。同时，乡镇企业也享受到了税收优惠、银行贷款以及其他财政上的激励措施。从现在来看，乡镇企业的税收负担确实比国营企业要低一些。正如一位资深学者所述，“1984 年迈出了一大步，解放了农村经济，改善了农村企业的政策环境，打开了快速增长的大门。”[②]

尽管 80 年代的中国政府比之前更加推崇实用主义和改革思想，但这也无法保证这个年代的政策一定优于之前的政策。正如当时的中国领导人们所说，“要坚持改革，允许改革犯错误，但不允许不改革”。邓小平本人可能比其他人更了解不断在改革的错误中学习的重要性。然而，各种挑战依旧存在。尤其是，政府既要保证所犯的错误不至于危及改革背后的政治共识，又要适度放宽政治约束，同时还不能威胁中国共产党执政的合法性。

五

在改革开放年代，对外开放是整个过程极其关键而不可或缺的部分；不看到这一点，任何关于中国经济改革的叙述都是不完整的，也是误导的。中国的开放政策，尤其是对西方世界的开放，贯穿于整个 80 年代，并一直延续至今。中国经济改革的每一步都在拉近中国与全球市场经济的距离。

---

① 彭森与陈立（2008），第 180 页；黄亚生（2008），第 97 页。

② Wong（1988），第 11 页。

在邓小平历史性访美5年之后，国务院总理在1984年1月访问了美国。同年4月，美国总统里根回访中国，这是1972年尼克松访华之后美国总统对中国的第一次国事访问。中美关系的缓和打开了中国学生赴美留学之路，也为中国商品叩开了美国市场的大门。同时，中国逐渐成为西方投资的新目标。而这一切都对中国的经济和社会发展有着深远的影响。除了这些明显的变化之外，中美关系的改善同时对中国的经济改革施加了微妙但又同等重要的影响。在中国，尤其是在学生们的心目中，美国取代苏联成了新的学习榜样。从80年代开始，中国最优秀的大学生们把赴美留学看作他们求学道路的最好机会，甚至中国领导人的子女也被送往美国留学，而在四五十年代，他们父母留学去的是莫斯科。

把西方的市场经济引入中国，深圳经济特区走在了全国的最前面。1984年1月，邓小平自建立经济特区之后第一次视察深圳。在目睹深圳的高速发展之后，邓小平称赞深圳是中国改革开放政策的成功样板。邓小平的南方视察和他对改革开放的肯定，向西方发出了一个明确的信号——中国将坚持经济改革和对外开放不动摇。根据《日本经济》杂志的报道，在邓小平南方视察之后，“一些主要的日本贸易公司冲到深圳去设立办事处”。[①]不久之后，14个沿海城市也对外开放，这被《商业周刊》称为“中国吸引外国投资的大胆举措”。[②]

但深圳的经济试验并非一帆风顺。邓小平是当时最支持深圳的中国领导人。然而，1985年6月，邓小平承认：“深圳经济特区是个试验，路子走得是否对，还要看一看。它是社会主义的新生事物。搞成功是我们的愿望，不成功是一个经验嘛。”[③]在中国领导人关于未来的展望中，从来不缺少分歧，但随着改革的推进他们不断调整，修正自己的观点。在改革之初，中国领导人曾团结

① 《日本经济》，1984年5月29日。

② 《商业周刊》，1984年10月15日。

③ 邓小平，“改革开放是很大的试验”，《邓小平文选》第三卷。

一致要将中国建设成“社会主义现代化强国”（1978年）。不久之后，他们就将目标更改为建设“有中国特色的社会主义”（1982年），之后又变成“有计划的商品经济”（1984年），后来则是“有中国特色的社会主义市场经济”（1992年）。在这个过程中，随着中国共产党不断调整改革的目标，深圳不得不时时调整自己，尽最大努力去适应不断更改的党的路线。

作为改革试验的先锋，对深圳的批评声音从未停止过。总是先于当前的政策一步，深圳经常发现自己与当前的主流思想相悖。由于深圳和其他经济特区创建的目的在于利用资本主义实践经验来发展社会主义经济，这样的批评总是不可避免。建立经济特区的策略意味着深圳必须尝试一些资本主义的做法。这样一来，深圳不得不承受来自意识形态和实践双方面的巨大挑战。从实践方面来看，特区是个前所未有的全新试验，事事都得从头学，这个挑战的艰巨性不言而喻。从意识形态上来说，中国还没有作好接受市场经济的准备，深圳因此经常被认为是“精神污染”的来源，在1982年和1983年遭到了大量的攻击。直到1992年，邓小平找到了堵住这些攻击的方法：“不搞争论，是我的一个发明。不争论，是为了争取时间干。一争论就复杂了，把时间都争掉了，什么也干不成。不争论，大胆地试，大胆地闯。”[①]

陈云和李先念从未到过深圳，尽管李先念当年曾经直接审批了蛇口工业区的计划。他们的这种做法一般被解读为他们不赞同开放政策，而且陈云的确曾经强烈反对设立经济特区。在李先念1992年逝世后，陈云写了一篇悼念他的文章，发表在7月21日的《人民日报》上。[②]在这篇文章中，陈云提到了他和李先念从未去过深圳的事实：

但我们一直很注意特区建设，认为特区要办，必须不断总结经验，力

① 邓小平，“在武昌、深圳、珠海、上海等地的谈话要点”，《邓小平文选》第三卷。

② 《人民日报》，1992年7月21日。

求使特区办好。这几年，深圳特区经济已经初步从进口型转变成出口型，高层建筑拔地而起，发展确实很快。现在我们国家的经济建设规模比过去要大得多、复杂得多，过去行之有效的一些做法，在当前改革开放的新形势下很多已经不再适用。这就需要我们努力学习新的东西，不断探索和解决新的问题。

对于很多观察者来说，深圳等经济特区的设立被视为邓小平这位改革者对保守派的胜利，其他不少改革片段也被以类似的方式解读。然而，一个简单而又重要的事实是，邓小平和陈云都对改革有着试验的心态，也都以开明的思想在改革过程中不断学习，纵使他们之间存在着分歧。

外国资本和知识的引入并没有仅仅局限于深圳和其他经济特区。广东省南部的珠江三角洲之所以能在80年代成为中国经济增长最强力的驱动者，很大程度上取决于其对海外华人投资的吸引。与香港相邻的广东，有着与香港相同的方言和地域文化，使其迅速成为香港对内地投资的首选地。与此同时，广东也获得了科技、管理思维和联系国际市场的通道。许多早期的中外合资企业和外资企业因为低廉的生产成本而选址于广东，它们的业务集中于服饰、鞋帽和玩具的生产。后来，这些企业因为几乎没有将太多先进技术引入中国而饱受批评。但在改革之初，这些企业扮演了向中国人展示私营企业文化的先锋角色。除此之外，多种多样的香港文化元素，包括电影、音乐和文学，通过广东向内地传播。到80年代中期，学习粤语在上海和全国很多其他地区一时成为潮流。资本主义展现出了与之前官方媒体的描述截然不同的一面，既没有威胁，也不腐朽。

中国的改革开放政策不仅仅局限于吸引外国资本和获取先进技术，政府同样渴求管理上的先进经验。在西德高级专家的组织下，一群退休的德国工程师于1984年受邀前往武汉考察。[①]武汉作为湖北省的省会和长江中游最大的城市，在改革之前属于全国最大的工业生产基地之一，聚集了大量的大型国营企业。其中的一个德国工程师韦尔纳·格里希留在了武汉柴油机厂并且成为中国国营企业的第一个洋厂长。在两年的任期内，格里希实施了多项改革措施，提高了工人工作积极性和企业生产效率，尤其是抓产品质量控制。该厂主要产品柴油发动机的质量因此有了巨大的提高，并且武汉柴油机厂在短时间内一跃成为行业内的龙头企业。然而，格里希的改革措施过于领先于那个时代，大部分措施在1986年随着他的离开而被终止，武汉柴油机厂最后也难逃破产的命运。但是在他之后，中国的国营企业雇用了越来越多的外国专家。中国人民并没有忘记这些外国管理人员和顾问为中国管理知识的发展所作的贡献。2005年，在格里希逝世后两年，武汉市政府为他在武汉市中心树立了一座铜像以纪念他持久的影响。

六

1984年10月中共十二届三中全会讨论通过的《中共中央关于经济体制改革的决定》，是中国经济改革的另一个标志性事件。从此之后，中国不再将陈云对社会主义的诠释作为改革的基本原则。《决定》指出，要对整个经济体制进行改革，“改革计划体制，首先要突破把计划经济同商品经济对立起来的传统观念，明确认识社会主义计划经济必须自觉依据和运用价值规律，是在公有制基础上的有计划的商品经济。商品经济的充分发展，是社会经济发展的不可逾越的阶段，是实现我国经济现代化的必要条件。”《决定》被邓小平赞扬为“新马克思主义政治经济学”，并且获得了陈云的认可。有报道称，在会议之后，

① 彭森与陈立（2008），第189~192页。

陈云认为中国经济增长如此之快，以至于50年代的许多方法如今已经不再适用。①

政府第一次认可了中国对市场经济的需求和渴望，这成为中国经济改革的一个里程碑。多年的改革让中国领导人相信，中央计划经济这个社会主义的秘密武器已经不能被当作灵丹妙药。和之前中央计划经济中的辅助角色不同，市场已经被看作经济中不可或缺的组成部分。然而在意识形态上，市场经济必须与社会主义和谐共存，否则将无法被接纳。即使中央计划经济不再是社会主义的神圣支柱，集体所有制依然被认为是社会主义经济的基石。人们依旧认为，只有集体所有制可以确保共同富裕，防止经济上的不平等。因此，对于私营经济的政治偏见在1984年之后依旧存在，尽管不像之前那么强烈。

对社会主义的全新诠释迅速为物价改革打开了大门。②在80年代初期，由于中央计划经济被视为社会主义的必备元素，物价改革未能获得政府的支持；随着对社会主义的理解的发展，政府在政策上有了更多新的选择。市场经济和计划经济最本质的区别在于是否接受通过以市场为基础的定价体系来协调劳动分工；市场经济接受它，计划经济拒绝它。但是，没有什么快速便捷的方式把一个计划经济转变成市场经济，把所有的物价都搞对。在计划经济体制下，大部分商品的价格是由政府制定的；而在市场经济中，物价在竞争中自然形成。③政策的变化可以创造或者拓展市场力量的发挥空间，但不能完全替代市场的定价机制。

在中国人探讨价格体系改革的时候，产生了两种思路迥异的改革方式。一

---

① 薛暮桥（1996），第310页。

② 武力（1999），第908~912页；彭森与陈立（2008），第214~218页。关于中国物价改革前物价体系的分析，参见董辅礽（1986）。

③ 在物价改革之前，中国政府一度认为，如果有足够强大的计算机，物价可以被科学地计算出来。因此，1981年，国务院聘请薛暮桥带领50多人的经济学家团队以及利用从海外带来的最先进的计算机来计算理论上的最优物价。参见张维迎（2010），第200页。

种观点被称为“调”，认为政府应该通过行政力量来调节物价，最终引导物价水平趋于正常；另一种观点被称为“放”，认为政府应该彻底放开对物价的限制，完全由市场进行调节。[①]在1984年十二届三中全会之后，第二种思路逐步被人们接受并实施，但前一种思路依旧存在了很长时间。两种改革思路的并行逐渐形成了“双轨制”定价系统，这是中国经济改革中被广为认可的创新之一。

1985年1月1日，陈云于50年代初建立的用以确保粮食稳定供应的强制征购计划被终止。[②]该计划实施之初，陈云意识到这会对农民的利益造成毁灭性的打击，因此仅仅将其作为一个紧急方案。但事实上这个计划却施行了三十余年，成为改革开放前中国农业政策的核心。这期间，许多严重的问题因此而生。具体来说，整个政策限制了农民的经济自由。当强制征购与农业合作社（后来由公社取而代之）结合之后，广大农民的积极性被禁锢，很多人从此陷入了饥荒。征购计划终止之后，政府以特定价格向农民购买部分粮食，除此之外的粮食价格均由市场决定。尽管本意并非如此，这个新政策确确实实在农业经济中创造了双轨定价体系。政府规定的低价采购粮食变相成为农民的一种税负。尽管如此，农民再也不会完全受制于国家的定量征购系统；尽管他们依旧处于国家计划经济之下，但他们已经开始直接面对新生的市场力量。然而，直到1992年，城市消费者都不需要按照市场价格购买粮食，因为政府持续补贴城市居民的粮食消费。对于广大农村地区而言，1982年家庭联产承包责任制的实施和1985年强制征购系统的废止标志着计划经济的结束，开拓了市场经济与经济自由的新时代。

工业中的价格改革之路与农业有些相似，但结果却截然不同。到1984年底，私营企业带来的竞争已经让众多消费产品的价格脱离了政府控制，但为了避免通货膨胀和其他社会不安定因素，中国政府一直不愿意放开对原材料价格

① 关于两种道路支持者之间的争论，参见张维迎（2008）；张军（2010），第3~30页。

② 彭森与陈立（2008），第209页。

的控制。如果政府不对原材料和能源进行补贴，许多国营企业只有关门大吉。1985 年 2 月，国家物价局宣布国营企业可以采用两种原材料供给渠道，在接受政府分配的同时，也可以自由地在市场上采购。[①]相应地，在国家配额体制内的产品价格由国家制定，但在此之外的产量可以完全面向市场，由市场定价。

在农业经济中，政府以规定的价格或者市场价格从农民手中购买粮食，然后以固定的价格销售给城镇居民。与农业不同，工业生产与销售中，从原材料到消费者手中的最终产品，这一过程会牵扯到一长串的经济活动和众多企业的参与。即使社会主义也无法消除劳动分工和专业化，这导致政府对工业的管理和物价控制比农业复杂得多，政策实行的效率也更低。由于政府或者相关管理部门所提供的原材料可以轻易地以较高的市场价格卖出，许多同政府官员或者国营企业管理者关系密切的人可以轻易牟取暴利。因此，当时中国出现了众多的“皮包公司”，这些公司除了一份可以证明其存在的文件外别无他物，但其拥有的各种关系使其可以毫无风险地在黑市上高价销售国家控制的原材料。尽管这些行为拓展了原材料市场，却严重扰乱了整个经济的物价环境。此外，这种明显的腐败行为蔓延滋长，中国社会中逐渐涌起了反对改革的情绪。

当然，价格双轨制并非毫无益处。[②]对于非国营经济体而言，价格双轨制给他们创造了更多通过市场来与国营企业接触的机会，同时让它们有机会接触到国家严格控制的原材料。在这个体制下，私营企业不再依靠充满不确定性的黑市以高昂的价格采购基本原材料，而是通过市场价格公开地向国营企业购买。这是非国营经济体在 80 年代迅速增长的一个重要原因，但从另一个角度看，它也加速了国营企业的衰败。

价格双轨制为国营企业带来了意料不到的结局。在价格双轨制的实施过程中，国营企业改革逐渐走出了“分权让利”的框架。早在 1981 年，一部分

---

① 吴敬琏（2003），第 65 页。

② 例如，Lau，Qian and Roland（2000）。

国营企业效仿农业中的家庭联产承包责任制，采用了合同责任制；到 1984 年，合同责任制在全国范围内铺开。国营企业的厂长会与主管部门签订一份与履行合同，同时企业的员工会与厂长签署类似的协议。因此，一个按劳分配的多层合约体系逐步在国营企业中形成。在新的合同责任制中，国营企业的职工被赋予了更多的自由。那些自认为技术更适合市场和更有进取心的职工可以选择根据市场的需要生产商品或者提供服务；否则，他们也可以留在政府计划之中，按照政府的指导生产计划中的产品。因此，部分国营企业职工借此脱离了中央经济计划。他们虽然停留在国营经济体制中，但根据市场需求生产产品。这让他们在真正“下海”之前，可以先用脚趾试一下海水的温度。由于国营企业可以面向市场进行生产，这样的机会极大地减轻了人们对市场的顾虑，人们可以逐渐地接触和学习市场经济。在既不改变国营企业的所有权结构，也不进行私有化的情况下，部分国营企业员工却参与到市场经济之中。这种环境鼓励了敢于冒险和有创业精神的国营企业员工，同时社会主义制度也基本完好无损。

彻底的物价改革会给国营企业带来极大的挑战，而价格双轨制提供了一种更便捷低风险的途径。然而，工业中的价格双轨制实际上也是早些时候企业改革中一些实践经验的重组与扩展，因此也导致了相类似的问题。不久，中国政府便意识到了全面物价改革的迫切性。

七

为建立一个涵盖整个中国经济的共同市场，中国政府付出了巨大努力。在市场经济中，定价机制协调经济中的资源流动；它首先告诉我们资源有多种用途，相互竞争，也告诉我们每种用途的回报率，随之而来的便是引导资源流向回报率或利润最高的地方。市场之所以能够扮演这样的角色，是因为所有的企业都在共同的市场法则下运行，并且产品市场上的竞争保证生产要素得到高效利用。然而，当一个企业的生死存亡并不取决于其在产品市场上的表现，当消费者无法决定企业的命运时，这个体系就会崩溃。在分权的中国经济中，地方政府的积极干预和混乱的定价体制让市场力量备受挫折。最严重的后果之一，就是导致了国民经济的碎片化，阻碍了原材料和产品的自由流动。一旦生产要素不能随价格而自由流通，定价体制受到抑制，经济资源就很难找到带来最高收益的用途。企业不能在市场上自由地销售产品，消费者被剥夺了自由选择的权利，市场经济体制基本瘫痪。在这种情况下，为了让生产得以继续，整个经济不得不依靠国家的“看得见的手”。

1986 年 3 月 23 日，国务院发布了《关于进一步推动横向经济联合若干问题的规定》，鼓励跨地区、跨部门的企业互相联合。[①]横向经济联合此后被视为经济改革中消除经济碎片化带来的贸易壁垒的关键。从 3 月 31 日到 5 月 19 日，《人民日报》发表了四篇社论，强调横向经济联合的重要性，并为之出谋划策。[②]在市场经济体制缺失的情况下，这些企业间的横向经济联合在一定程度上有助于资源的有效利用。

为了支持横向经济联合，中国政府同时启动了人事管理上的改革。[③]终身受雇于一个雇主的社会主义“铁饭碗”体制开始改变。合同工被引入企业并被迅速推广，许多地域性劳动力市场开始逐步发展壮大。1986 年 12 月，国务院允许国营企业在总工资水平不变的条件下，根据员工的效绩调整工资与福利。由于劳动力市场变得更加灵活，这些改革措施促进了国营企业之间的整合过程。

与此同时，国营企业的整合带来了额外的收益，国营企业获得了在合同责任制下无法获得的自主权。横向经济联合带来的普遍结果是股份制企业的诞

---

① 彭森与陈立（2008），第 240 页。

② 同上，第 240~241 页。

③ 同上，第 243~244 页。

生。市场经济下的企业并购中，发起收购的一方往往会完全买断被收购方。但在中国情况却并不是这样，双方会互相协商彼此在新成立的母公司中所持股份的比例。尽管最初政府明令禁止股权转让，但从很多其他方面来看，这与现代化的股份制企业非常相似。后来，股份制公司取代合同责任制，成为国营企业改革的另外一种选择而被广泛采用，推进了工业改革的进程。1984 年 4 月，北京的一个国营百货商店获准向公众发行股票募集投资。[①]同年 11 月份，上海飞乐音响公司开始同时向公众和自己的员工销售股票，成为中国第一家公开发行股票的公司。[②]到 1986 年底，中国已经有超过 6 000 家股份制企业。[③]由于具备公开募集资本和多地运营的能力，股份制企业有效地削弱了地方政府的控制力，显著提升了中国企业自主权。

八

就在这个关键时刻，中国政府出现了一系列严重的失误，造成了深远的影响。要解释这个过程，我们需要从银行业的改革入手。[④]1978 年以前，中国只有中国人民银行一家银行，由中央政府所有，接受财政部的监管，其主要职能是为国营企业的生产计划提供资金支持。由于在中央计划经济下，个人手中几乎没有储蓄，国营企业也没有信用额度，中国经济对银行业并没有太大的需求。根据世界银行的估计，1978 年中国家庭储蓄只占全国储蓄总量的 3.4%，其余的部分中有 43.4% 属于政府，53.2% 在国营企业手中。[⑤]改革伊始，银行业的

---

① 彭森与陈立（2008），第 196 页。

② 同上，第 196~197 页。

③ 同上，第 198 页。

④ 关于中国金融系统的改革，参见 Riedel，Jin Jing and Gao Jiang（2007），以及 Allen，Qian Jun and Qian Meijun（2008）。关于 80 年代中期前中国银行系统的概述，参见周小川与朱力（1987）。

⑤ 吴敬琏（2005），第 190~191 页。

局势发生了剧烈的变化。到 90 年代，中国家庭储蓄有了明显的提高，占据了全国储蓄总量的 1/4 到一半的份额。[①]银行业改革在最开始就建立了双层银行体系。中国人民银行成为中国的中央银行，同时四家国有银行接管了逐步发展的存贷款等一般银行业务。1979 年 2 月，负责处理农业相关业务和农村地区业务的中国农业银行恢复成立；同年 3 月，负责对外贸易与投资的中国银行从中国人民银行分离出来；1979 年 8 月，负责处理固定资本投资的中国建设银行脱离财政部的管辖，自立门户；1984 年，中国工商银行成立，负责处理其他三家银行未涉及的所有商业交易。

新的银行体系终结了中国人民银行的垄断，中央银行因此与四大专业银行相分离，四家专业银行将按照商业银行的方式运作。四家专业银行相互公开争夺企业与个人的存款，但在贷款方面有着属于自己的受保护的市场，因为每家银行都被国家指派了特定行业的客户。因此，四大专业银行在筛选和检测贷款质量的基本职责上几乎没有什么压力，投资方向和金额都听从国家的指挥。在分权化的管理体制下，中央政府向地方政府分配的总投资金额被地方当成了公共金库，导致了地方各部门对投资份额和银行贷款额度的激烈竞争。在地方部门的需求之下，中央政府往往会做出让步，要求银行发放投资配额之外的贷款。除此之外，地方政府经常会对国有银行的本地分行施压。长此以往，在其他社会主义国家中常见的“投资饥渴”成为中国面临的一个经常性问题。[②]

然而在中国，地方政府投资的积极性远高于国营企业，形成了中国独特的国情。因此，随着中国管理权力的下放，“投资饥渴症”随着地方政府权力

---

① Kraay（2000）。吴敬琏（2005，第191页）预测90年代的家庭储蓄率高达83%，或许有些过高。但中国家庭储蓄率自70年代末期以来，无论是在绝对意义还是相对意义上，和政府与企业储蓄率相比，都有着稳定增长，并且有据可查。

② 关于该问题的形成以及经典分析，参见Janos Kornai（1979，1980，1986）。关于中国地方政府在投资中所扮演角色的系统性分析，参见黄亚生（1996）。关于最新的讨论，参见史宗瀚（2007）。

的增加而愈演愈烈。自从 50 年代开始，中国一直以农业补贴工业化进程。一种常见的补贴方式是强行压低农产品和原材料的价格，同时提高工业产品的价格。随着改革的开始，虽然工业与农业产品的价格差逐渐缩小，但不平衡的价格体系依旧让工业生产比其他产业更加有利可图。因此，无论地方政府还是企业，尤其是非国营企业，都对工业投资充满积极性。

1984 年中共十二届三中全会之后，第二轮银行业改革开始了。改革的目标是给四大专业银行在发放贷款方面更多的自主权，提高银行业的自主性与竞争力。作为改革的第一步，中央银行规定每家银行每年的贷款额度，然后由银行自行决定发放贷款的具体形式。[①]中央银行计划 1985 年放贷额度将参照 1984 年实际放贷情况。而这个消息在 1984 年第四季度被泄露出来。在这种情况下，所有的银行都尽最大可能地发放贷款。

更糟糕的是，与此同时，劳动部正在筹划工资改革。劳动部决定将 1984 年的工资作为此后几年工资增长的基数，因此国营企业纷纷向银行借钱涨工资，而此时各银行正抓紧一切机会发放贷款。最终，12 月的银行贷款发放数量比 1983 年 12 月增长了 50%，而国营企业向员工发放的奖金增长了 100%，工资总额因此增长了 38%。仅 1984 年第四季度，货币供应量增加了 160% 多。从全年来看，货币供应增幅比 1983 年超出 50%，比经济计划中设定的数额超出了 45%。[②]投资与消费同步增长，通货膨胀的条件已经全部具备。

由于有充足的银行信贷，投资在接下来几年中持续增长。工业迅速扩张，尤其是乡镇企业增长迅猛。在中国最大的乡镇企业集中地江苏无锡，1985 年前两个月的产出翻了一番。[③]与此同时，通货膨胀的压力不断加大。到 1985 年，

---

① 以下叙述基于薛暮桥（1996），第 312~319 页；武力（1999），第 948 页；吴敬琏（2010），第 339~342 页。

② 薛暮桥（1996），第 313 页。

③ 同上，第 316~317 页。

通胀率已经从1984年的2.8%增至9.3%。之后的1986年和1987年，通胀率依旧居高不下（分别是6.5%和7.3%），并且终于在1988年达到了两位数。当时，中国政府认为，适度的通货膨胀是经济增长不可避免的副产品，因此并没有采取相应措施。①

在承包责任制下，国营企业管理者对短期收益高的项目充满了积极性，将长远的问题留给了他们的下任，最终将所有的问题推给了国家。80年代中期，国营企业职工享受着稳定的工资增长，国家却不得不持续地增加投资，以维持国营企业的正常运转。到1987年，投向国营企业的政府补贴已经占到政府开支的1/3。

在这种情况下，中国政府着手启动物价改革，期望帮助国营企业摆脱在价格双轨制下面临的困境。然而，改革的时机可谓糟糕至极。1988年，当中国政府宣布价格体制改革时，通货膨胀迅速加剧。物价指数从1月的9.5%，增长到6月的16.5%，7月的19.3%，最终在8月达到38.6%。这是共和国历史上闻所未闻的状况。1988年2月，恐慌性购买已经在全国主要城市中蔓延。根据报道，武汉的一个消费者购买了200公斤食盐，南京则有人买了500盒火柴。②在这种情况下，物价改革在政治上风险太大，而不得不被束之高阁。物价改革的失败带来了广泛的冲击，经济改革全面停滞，甚至有些方面还有所倒退。9月，政府提出了经济紧缩计划，中国经济因此进入了长达四年的“治理整顿”时期。③

---

① 薛暮桥（1996），第324页。

② 杨继绳（1998），第394页；彭森与陈立（2008），第319页。

③ 彭森与陈立（2008），第321页。

九

任何经济改革都会牵扯到游戏规则的改变，不可避免地影响社会财富的再分配，必定有赢家和输家。而中国的企业改革也不例外。相对或者绝对意义上的输家，都急于抓住一切机会表达他们的不满。中国的经济改革被称赞为“没有输家的改革”。[①]但如果我们比较相对所得，就会发现没有输家的改革是不存在的。即使所有人都在改革中过上了更好的日子，在绝对意义上都是赢家，许多人在收入阶梯的相对位置上却很难不发生改变。从相对收入来看，有些人会觉得自己是输家。另外，80 年代的企业改革给予了许多政治特权阶层轻松赚钱的机会，许多人认为控制国家原材料分配的政府官员与国营企业的管理层利用了价格双轨体制中的套利机会大发横财。政治权力的滥用让反对改革的声音此起彼伏。因此，尽管改革在绝对意义上没有输家，但社会上依旧可以产生广泛的挫败感，很多出人头地的梦想会破灭。此外，经济政策中的失误，尤其是自 1985 年起货币政策的处理不当，最终导致了 1988 年两位数的通货膨胀。社会上对改革不满的情绪在快速蔓延。

1989 年的政治风波至少从短期来看对中国经济改革有着巨大的影响。在接下来的几年里，外商直接投资裹足不前，国际贸易急剧下跌。许多改革措施因此停滞，许多领域甚至有所倒退。私营经济经历了改革以来最为艰难的时期。无论如何，中国政府并未关上面向西方的大门，中国经济改革并未脱离自己的轨迹。同时，更多优秀的人才加入了自主创业的阵营。但中国依旧在等待邓小平 1992 年的南方视察来重燃市场经济改革之火。

---

① Lau，Qian and Roland（2000）。

十

在整个80年代，抵制市场化改革最强烈的力量既不来自担忧市场竞争的国营企业员工，也不来自党和政府内害怕失去特权的官员，而是来自中国政府继续信仰的社会主义。中国政治很大程度上依旧由社会主义一统天下，虽然中国领导人至少在经济上一直努力摆脱意识形态的束缚；这展示了意识形态顽强的生命力。陈云提供了一个最好的例子。陈云一方面捍卫计划经济，但同时，他又认可市场和私营经济。从这个角度看，1984年《关于经济体制改革的决定》是中国市场经济改革历程中的又一个突破；这份《决定》的内容超越了1978年中共《十一届三中全会公报》所设立的界限。从此之后，市场经济取代社会主义现代化成为中国经济改革的目标。

邓小平将中国经济改革视为一场冒险与试验。在这个以试错为基础的学习过程中，中国人民，尤其是中国领导人，不得不先摆脱根深蒂固的观念和思维习惯，才能学到新的知识。他们尤其需要反省旧有的对市场经济的偏见，以及他们对国家与市场间的分工、国营经济与私营经济间的分工的一些看法。在这个集体学习的过程中，追求自身利益往往是人们学习的主要动力。确实，中国经济改革的一个重要组成部分就是释放利益的力量。在毛泽东时代的中国社会里，极端理想主义和平均主义没有给物质利益留下什么空间。因此，中国经济改革始于观念的革新：贫穷不再是社会主义的美德。邓小平曾说“全民共同致富”。改革之初，邓小平对逐利的肯定不亚于一场意识形态的革命。但经济学教科书或许过度渲染了亚当·斯密关于利益在激励人类行为中的作用，尤其把其他激励机制完全排除在外。这种简化的经济逻辑在人类思想永不改变的情况下会有较好的解释力。但现实中，人们的思想确确实实会随着时间而改变，这种思想或知识的改变往往会带来深远的影响。这种影响让我们重新发现自己，重置自己行动的目标，重绘对与错之间的界限。一直本着试验的态度看待改革，中国政府笃信思想的深远影响远超过利益。这是为什么中国政府坚持不懈地在改革中强调“思想解放”的重要性。用大卫·休谟的话来说，利益是思想的奴隶。[①]

总的来说，制度变迁受思想和利益的双重影响。逐利当然是制度变迁的重要推动力，但制度如何变迁却很大程度上由思想左右。如果不能正确处理利益冲突与思想冲撞，改革往往会因此受阻。[②]在经济学里，解决利益冲突的途径是产权与市场竞争，这些议题长久以来就是经济学界的主要研究问题。相比而言，思想冲撞在经济学里并没有受到什么关注。在制度分析时，即使当学者注意到思想与意识形态的作用时，它们往往被视为非正式制度中的一部分，此外还包括规范、习俗及价值观等。既不正式，又不具备强制力量，非正式制度左右人类行为的影响力经常被轻视，人们往往认为它不像正式制度那样强大或直接。然而，这种误读更大程度上反映了我们讨论制度时所使用的观念和有关理论上的偏见，而非制度的实际情况。

泛泛而言，制度有着两种相互关联却截然不同的社会功能。首先，也是最重要的，制度并非天然的，而是人造的工具；人类社会的生存和长治久安依赖于这些制度。许多制度因人类活动而生，但并非人类有心设计而成；有些是人们有意为之却带来了意料之外的后果，这些意料之外的影响甚至超过了当初期望的目的。制度运作的一个主要方式便是将单独个人组成为社会组织，包括家庭、公司、政治团体以及国家。这些社会组织一旦成立，会有其他规章制度来规范与协调它们的活动，以达到最初设立的目标。正因为制度在现代社会中无所不在，复杂的制度如何影响经济与社会的运作和发展自然吸引了众多

---

① Albert O. Hirschman（1977）引述大卫·休谟，“理性只能是激情的奴隶。”第24页。

② 例如，Coase（1959, 1961）、Alchian（1961）、Alchian and Demsetz（1973）、Barzel（1997）。关于物权经济学在中国经济改革中的影响，参见肖耿（1997）、张五常（2008）和周其仁（2008），亦可参见张军（1991）。

学派的关注。[①]

其次，因为制度深深地影响社会组织的创立与运作，以及社会中界限的划分与强化，制度逐渐有了额外的功能。在这第二种功能中，制度更多的是我们向他人传递的一种信号，告诉他人我们是谁，我们的价值观如何，而不再主要是为我们的利益服务的一种工具。当我们认同一种制度时，我们并不再把制度作为实用工具来管理我们的社会生活或者追逐利益，而是将其作为自己身份的象征。当我们最初制定或选择某个制度的时候，我们看重的是它的实用功能；此后，随着时间的推移，我们可能逐渐认同该制度，把它当成我们身份的标志。一旦如此，我们可以说在我们身上发生了一个蕴意深远的认知变化，它对我们个人和社会都会产生切实的、不可预期的影响。

当毛泽东在50年代中期启动社会主义改造时，社会主义被视为中国走向繁荣富强的最佳道路。苏联迅速崛起为工业强国的历程，让中国领导人们见识了社会主义的优越性；苏联在第二次世界大战中对德国的胜利，更使他们相信社会主义无坚不摧。因此，中国共产党政府将社会主义作为重建中国的蓝图。

悲剧的是，“大跃进”和“文化大革命”带来了灾难性的后果，中国人民开始重新思考社会主义的本质。如果中国的领导者们真的从之前的错误中学到了什么的话，这恐怕是最为昂贵的学费了。幸好，1978年关于真理标准的讨论的一个重要成就就是，它打破了长期以来个人崇拜、教条主义的枷锁对全党的束缚，对于推动社会主义的现代化建设，发挥了直接的促进作用。

此后，中国领导人在处理政治争端上变得越来越耐心，对于辩论中输掉的一方也更加宽容。在整个80年代，中国政治变得更为理性化。

这很大程度上源于下列两大机制的发展，它们的存在缓解了政治辩论中的

---

① 例如，Schotter（1981），Coase（1984，1988）；Williamson（1985）；Bromley（1989）；North（1990）；Ostrom（1990）；Powell and Dimaggio（1991）；Brinton and Nee（1998）；Menard and Shirly（2005）；Mahoney and Thelen（2010）。

紧张气氛。其一是越来越多的学者参与了政治。[①]在毛泽东时代，学者被贬低为“臭老九”；但在改革中，学者们逐渐展现了自己的价值，其专业技术越来越被人们认可。他们开始重新作为政府的顾问出现在政策辩论中，除了他们的专业知识之外，学者们无党派的特征更有助于淡化这些辩论的政治色彩。

从 80 年代初期开始，学者便不时地作为政府的智库直接参与政治。这些智库包括中国社会科学院（尤其是经济研究所）、国务院经济体制改革办公室（成立于 1980 年）、国家经济体制改革委员会（成立于 1982 年 3 月），以及中央书记处下属的农村政策研究室（成立于 1982 年）。这些智库的工作与政府紧密相关，它们或告知政府某些专门知识，或引导有关政策的辩论，或制定经济政策。学者直接参与政策的制定过程，有助于“冷处理”一些过热的政策辩论，避免了党内各个派别的正面交锋。尽管他们中的有些人在政府任职，或者是党内的重要成员，但他们很少直接干预政治。另外，即使这些学者的意见没有被采纳，或甚至将他们革职，也不会影响政局的稳定。学者之间的辩论和不同观点之间的竞争一定程度上变成政治斗争的代理，避免了不同派别之间的直接斗争。

80 年代初期，这些学者在农村改革、企业改革与物价改革的政策辩论中扮演了重要的角色。例如，“指导性经济计划”本是一项行政发明，在不放弃中央计划经济的前提下，“指导性经济计划”可以将市场的力量引入经济体制。当时国务院领导对“指导性经济计划”很有兴趣，期望以此增加政策的灵活性，并避免直接挑战中央计划的权威；而陈云对此持反对意见。中国社会科学院的经济学家们就这项政策进行讨论，并建议政府采用。但当陈云表达了他的反对

---

① 关于改革前与改革初期经济学家在政策制定中的角色，参见Nina Halpern的博士论文（1985）。亦可参见肖冬连（2008），第458~465页、第511~516页。关于90年代的变革，参见Naughton（2002）。关于中国近期智库对政府政策制定的影响，参见朱学锋（2009）。

意见和不愿意让步的姿态之后，经济学家们遭到了严厉的训斥。[①]这就避免了领导者之间的正面交锋。

第二种机制的发展来自中国法律体系的重建。[②]在“文化大革命”中，法律体系被基本废除，以至于共和国的主席都无法维护自己的基本权利。由于邓小平那个时代的中国领导人，尤其是他本人在“文化大革命”中饱受法律缺位之苦，因此他们急于重建中国法律体系。改革开放后，中国政府迅速将精力转向了法制建设。1978 年 3 月 5 日，第三部《中华人民共和国宪法》在第五届全国人民代表大会第一次会议中获得通过，恢复了法院与检察院。

邓小平成了“法律民主”的积极推广者。在 1979 年 6 月 28 日会见日本代表团时，邓小平告诉来访的客人们：[③]

> 民主和法制，这两个方面都应该加强，过去我们都不足。要加强民主就要加强法制。没有广泛的民主是不行的，没有健全的法制也是不行的。我们吃够了动乱的苦头。前一段时间上海发生冲击领导机关的事，那是不能允许的。这实际上是属于“四人帮”打砸抢、武斗的思想体系。
>
> 我们好多年实际上没有法，没有可遵循的东西。这次全国人大开会制定了七个法律。有的实际上部分地修改了我们的宪法，比如取消革命委员会，恢复原来的行政体制。这是建立安定团结政治局面的必要保障。没有安定团结生动活泼的政治局面，搞四个现代化就不行。这次会议以后，要接着制定一系列的法律。我们的民法还没有，要制定；经济方面的很多法律，比如工厂法等等，也要制定。我们的法律是太少了，成百个法律总要有的，这方面有很多工作要做，现在只是开端。民主要坚持下去，法制要

---

① 杨继绳（1999），第324~325页；杨继绳（2004），第195~199页。

② 关于中国的法律改革，参见Liebman（2000）、Peerenboom（2002）、陈若英（2008）、Potter（2008）。关于中国法院的改革，参见Liebman（2007）。

③ 邓小平，“民主和法制两手都不能削弱”，《邓小平文选》第二卷。

坚持下去。这好像两只手，任何一只手削弱都不行。

在1979年12月13日的政府领导人见面会上，邓小平发表了同样的言论："为了保障人民民主，必须加强法制。必须使民主制度化、法律化，使这种制度和法律不因领导人的改变而改变，不因领导人的看法和注意力的改变而改变。现在的问题是法律很不完备，很多法律还没有制定出来。往往把领导人说的话当作法，不赞成领导人说的话就叫作违法，领导人的话改变了，法也就跟着改变。"①在之后的几年中，大量的法律法规被制定出来，涵盖了刑事、民事、经济和管理等等。其中包括1982年制定的新宪法，并且之后在1988年、1993年、1999年和2004年经过四次修改沿用至今。从1978年到2008年的30年间，中国政府颁布了229部国家级的法规，而1978年前的只有8部依旧在实行。②

在经济领域，法律体系的发展更引人瞩目。1979年7月1日，中国通过了《中外合资经营企业法》，这部法规的颁布被视为"立法系统的里程碑"，③显示出中国对外商投资的欢迎，以及通过法律来增强政府政策可信度的承诺。在80年代，中国政府颁布了如下经济领域的法律法规：1981年12月13日，《经济合同法》；1982年8月23日，《商标法》；1985年3月21日，《涉外经济合同法》；1986年4月12日，《外资企业法》和《民法通则》；1986年12月12日，《企业破产法》；1988年4月13日，《中外合作经营企业法》和《全民所有制工业企业法》；1988年6月25日，《私营企业暂行条例》。同时，法律体系中的其他部分，例如律师和法院，也有同样长足的发展。例如，1979年中国基本上没有律师，但1984年中国已经有1万名职业律师，到2004年这个数量已经达到10万人。④

---

① Raphael Shen（2000），第9页。

② Gilboy and Read（1999），第153页。

③ Clark，Murrell and Whiting（2008），第381页。

④ 关于法制进步中的各种指标，参见朱景文（2007）。

改革开放后中国法律体系的发展被哈佛法学院教授威廉·阿尔弗雷德（William Alfred）称为“具有历史性意义的事件”，[①]促进了中国政治体制的去政治化，并通过法律来限制中央政府的权力。即使到今天，中国的经济与社会领域中对法治的需求依旧普遍存在。无论如何，自 1978 年中国政府一直在追求法制（rule by law），为地方政府官员寻求经济发展和其他目标提供了法律保护。一个极好的例子就是 1980 年 8 月 26 日全国人民代表大会通过的《广东省经济特区条例》。[②]这是史无前例的由全国人民代表大会通过、由省级立法机关制定的一项法规。经济特区的创举如此激进，以至于地方政府必须在中央政府颁布的法律的支持下才能放心实施。这项法规给予经济特区永久的法律保护，使其独立于地方监管机构的管理，因此对外部投资者更有公信力和吸引力。然而，这项法规也给予地方政府同样的法律保护；手握“尚方宝剑”，特区和广东省政府可以放心地投入特区的建设。

改革开放前，政府官员有时因为“反党”或者“反革命”言论被降职或者入狱。由于判断的标准较为随意，“反党”、“反革命”的判定往往具有很大的主观性。尽管毛泽东试图分散权力，地方政府官员却很少敢独立行事，因地制宜地制定地方经济发展政策。中国在改革开放后法律体系的发展给地方官员一把“尚方宝剑”；从这个角度讲，法律体系的改革是非常成功的。

在此我们也要强调，由于法律的强制力基本掌握在地方政府手中，法律的发展也代表了中央政府向地方政府的权力下放。而这种下放在下一章中会提到，它为区域竞争铺平了道路。

同时，中国领导人对于法律和秩序的理解与西方的法治（rule of law）有着本质性的不同。法律民主在中国的主要目标是维护政治稳定。在“文化大革命”之后，中国政府依靠法制来保护政治体制免受两大威胁的侵扰，这两大威

---

① Alfred（1999），第 193 页。

② 陈宏（2005），第 19~23 页；肖冬连（2008），第 766~768 页。

胁曾经一度将中国政治体制推向崩溃的边缘。这两大威胁一个来自政治权力结构的最上层，另一个来自最底层；它们分别是政治领导人的鲁莽决定，和毛泽东所谓的“大民主”。在毛泽东时代，这两大威胁都没有受到法律的制约，导致政治秩序缺乏制度保障。由于没有有效的、常规化的制度来疏通大众的情绪，让大家表达意见，大众直接参与政治都是通过政治运动的形式。这些政治运动形式上往往急风骤雨，心态上无不急功近利，企图以暴力化的革命手段解决日常政治生活中的种种问题，因而破坏有余，建设不足。毛泽东通过“大民主”来消解中国政治官僚化的目标彻底失败了。实际上，民主和秩序在法律缺失的情况下都无法实现。中国政治混乱的两大根源在“文化大革命”时相互缠绕，使政治体制彻底瘫痪。这是邓小平等领导人经历的最大梦魇。

由于中国权力分散的政治结构可以使各地方政府一手遮天，他们异想天开的决定带来的政治风险成倍放大，中国急需法制。在法制下，中央决策必须遵循法律法规，地方政府则可以在法律规定的范围内自由决策。但这与法治形成了鲜明对比，因为法治侧重于人与人之间或者部门与部门之间平等的政治与法律地位。

此外，由于中国的立法权集中于中央政府，法制在规范中央政府的行为上更为有效。法制在维持政治稳定性上的作用令人印象深刻。从 1949 年到 1976 年，在没有权力交接的情况下，北京似乎时时都有被政治混乱淹没的危险；在后毛泽东时代，数次权力交接，但除了天安门事件之外没有严重的政治混乱。对法制的追求同样加强了地方政府相对于中央的地位。由于中央政府不愿意分享其独有的政治权力，也不愿意让其自身受制于法，中央政府被迫使用法律体系之外的力量对地方政府施加影响，往往依赖于法律之外的行政手段和人事控制。这很大程度上是通过中国共产党的各种机构实行的，尤其是通过权力巨大的组织部。[①] 所以，经济改革并没有让共产党的存在变得无关紧要。与之相反，共产党成为支撑中国经济改革的复杂体系不可分割的一部分。然而，如何将共产党整合到法律体系之中依旧是一个尚待解决的问题。如果共产党的权力在法律之上，法律就无法规范那些以共产党之名行使权力的人。这将不可避免地损害中国的法律体系和党的领导地位。

当经济改革进入 80 年代时，中国仍坚定地信奉社会主义，共产党的领导力也得到进一步加强。随着时间的推移和改革经验的积累，中国领导人的思维在逐步开放，意识形态的束缚逐渐减弱。这在经济领域尤其明显，因为私营经济领域面对国营经济的优势过于明显以至于无法忽视。尽管中国人民受益于开放的心态和实用主义的思潮，陈旧的思维方式依旧难以去除，实践有时过于模糊以至于无法产生正确的决定。中国必须承担改革的风险，尽管错误无法避免。但无论如何，中国的伟大试验依旧在继续。

① 关于中国干部管理系统和中央通过人事任免来控制地方政府的方式，参见 Manion（1985）与 Chan（2004）。许成钢（2009）创造了一个新的名词，“地方经济分权的权威主义体制”，用以指代中央政府对地方政府严格的人事控制以及经济的分权化。

第五章

走出传统社会主义：中国特色的市场经济

20世纪80年代末，经过近10年的经济强劲增长后，中国经济体制改革遭遇了第一个真正意义上的全面危机。1989年，这场经济危机进一步加剧，并延长了其持续时间。1988年至1992年，中国经济体制改革遭遇的危机尤为突出。从字面上看，“危机”一词有两层含义，即“危险”和“机会”。在这四年中，改革进程险象环生，极有可能会被全盘否定。

1988年9月，中国政府启动了一项紧急财政紧缩方案，旨在遏制不断攀高的通货膨胀（当年7月通胀率高达19.7%），消除全国各地爆发的恐慌性提款及抢购。[①]8月，全国零售总额较上年增长了38.6%，大大加剧了通货膨胀的压力。[②]该紧缩方案包括收紧银行信贷及货币供给，同时对一些选定的，尤其是与私营部门有关的改革措施进行压制，甚至反其道而行。这项意在遏制经济过热、控制通胀的方案对不断加速前行的经济起到了刹车的作用，大大延缓了经济体制改革的步伐。6个月后，1989年3月，《卫报》头条刊登了一篇题为“北京改革陷入停滞”的文章。[③]《新闻周刊》杂志刊登了一篇题为“邓小平的大倒退”的文章，[④]《经济学人》杂志也发表了一篇以“巨龙因何陷滞胀之困”

① 彭森与陈立（2008），第321~323页。

② 武力（1999），第980页。

③ 《卫报》，1989年3月21日。

④ 《新闻周刊》，1989年6月19日。

为题的分析报道。[①]《华盛顿邮报》则从美国中央情报局最新发布的一份文件中引用了这么一句话："中国的经济陷入了严重的衰退，并且没有任何减缓的迹象，此次衰退正威胁着中国社会的稳定。"[②]

事实确实如此。在紧缩政策的强烈冲击下，中国所有的农村地方政府都面临着银行信贷短缺的问题。1990 年夏，由于缺乏财政支持，各地方政府被迫要以记账单来抵农民的粮食款（"打白条"），引起了农民的普遍不满。

此外，中国的个体企业（不多于 7 名雇员的私营实体）数量在 1989 年下降了 15%。而私营企业（雇员超过 7 名）数量则从 1988 年的 20 多万减少到 1989 年底的仅略高于 9 万，降幅超过 50%。这个水平一直持续了 1990 年一整年，直到 1991 年才略微上升至 10.7 万。[③]

另外，政治话语的主流趋势似乎也与之前大相径庭。如果说 20 世纪 80 年代末中国的经济体制改革是"僵持"于计划经济与市场经济之间——正如一些学者所准确观察的那样，那么当时的政治趋势则正在将经济往回拉。[④]1989 年 11 月 23 日，德国《世界报》主编曼弗雷德 · 舍尔对时任国务院总理李鹏进行了独家采访。在被问到关于中国对于经济体制改革及开放政策时，李鹏解释说："中国的改革是社会主义制度的自我完善。从经济上讲，将计划经济与市场调节结合并不会使中国走向资本主义。"[⑤]正如我们在前面一章所探讨的，"计划经济为主，市场调节为辅"的原则是长久以来在中国社会主义中根深蒂固的指导纲领。这一思想于 1956 年由陈云首先提出，并在 1978 年后得到中国领导人的广泛拥护。该原则在改革初期对中国领导人起到了良好的指导作用，然而，

---

① 《经济学人》，1989 年 10 月 28 日。

② 《华盛顿邮报》，1990 年 6 月 29 日。

③ 马立诚（2008），第 149 页。

④ 例如，Susan Shirk（1993）、Gordon White（1993）。

⑤ 李鹏接受德国报纸采访，《BBC 国际广播摘要》，1989 年 11 月 25 日，可通过 LexisNexis 获取相关信息。

这个原则教条式地迷信计划经济的优越性，因而在1984年被抛弃。自此，发展市场经济便成了中国经济体制改革的目标。但1989年之后，由于市场化改革失去了政治依靠，陈云的经济思想又被重新搬上舞台。

这次改革方向的逆转对经济政策造成了直接的影响。在1989年12月11日召开的全国计划工作会议上，中国政府许诺，将会继续——但以另外一种方式——推行经济体制改革和开放政策。[①]这段讲话主要传达了他们对财政紧缩方案的决心，并重申了中国政府的社会主义立场；换言之，中国政府将会始终拥护公有制及中央计划经济。会上同时还提出了控制非国营经济增长及重新回到价格控制的具体措施。第一，乡镇企业——改革之初到现在最为活跃、增长最为迅猛的经济力量——将会被纳入国家计划之中。实际上这一想法早在20世纪70年代末就曾被提出过，但从未受到重视。

> 乡、村政权要认真组织和领导集体经济和各种服务体系，而集体经济应当成为巩固乡、村政权的基础。认真按照调整、整顿、改造、提高的方针，积极引导乡镇企业健康发展。对乡镇企业的作用要予以肯定。它们是发展农村经济，改善农业生产条件，增加农村人口就业的一个重要经济形式。对乡镇企业某些不健康的做法要加以纠正和克服，对积极的一面要加以保护和支持。(关键是引导乡镇企业执行国家产业政策，) 提高产品质量，降低物质消耗，适应市场的需要。1990年各级银行要对乡镇企业的流动资金给予适当的支持。

第二，把所有私营部门统统收归国有。这是中国政府发起的另一个宏伟计划，若被落实，私营部门将会被迅速摧毁殆尽。

---

① 后面三段话均引自李鹏总理在全国计划工作会议上的讲话，《BBC国际广播摘要》，1989年12月29日，可通过LexisNexis获取相关信息。

> 个体经济和私营经济，是对社会主义经济的有益的、必要的补充。应当对它们加强管理和引导，鼓励它们在国家允许的范围内继续发展，发挥它们在发展生产、方便生活和扩大就业等方面的积极作用，限制其不利于社会主义经济发展的消极作用。

第三，与之前灵活的价格政策相比，中国政府更推崇将价格控制作为对抗通胀的手段。

> 严格加强市场物价管理，控制物价上涨幅度。逐年降低通货膨胀率和物价上涨幅度，是治理整顿的一项基本任务。实现 1990 年控制物价上涨幅度的任务是很艰巨的。继续控制社会总需求，是控制物价上涨的根本措施。要从严控制部门和企业的自行涨价。对群众基本生活必需品的价格和劳务收费，采取基本稳定的政策，其中有些生活必需品要明确规定不涨价。要认真清理各种收费标准，严格取缔和禁止滥涨价、滥收费。要强化市场物价管理，加强物价的监督检查，特别是要发挥群众与社会舆论对物价的监督作用。继续实行物价控制目标责任制。1990 年仍然要把控制物价上涨幅度作为考核各级政府工作的重要内容。

一

经济政策的逆转得到了一系列政治运动的增援。1990 年，反对市场导向改革的政治运动席卷全国。新兴的私营部门成了众矢之的，被视为资本主义意识形态的经济堡垒。1990 年 2 月 22 日，《人民日报》头版刊登了一篇题为“关于反对资产阶级自由化”的文章。作者在文中指出，私营部门是“资产阶级自由化”的经济根源，而“资产阶级自由化”正是走向资本主义的必经阶段。[①] 这篇文章引发了一场长达一年的对市场化改革的政治讨论。对老派的马克思主义者和毛泽东主义者而言，私营部门是资本主义的温床。在他们看来，西方妄图通过“和平演变”不费一兵一卒地引诱中国步入资本主义。为了保证社会主义政权的稳定，政府不得不扼杀资本主义于摇篮之中。

随着苏联解体和东欧的剧变，中国反对市场化改革的政治情绪进一步加剧。对于刚刚从一场政治危机中缓过来的中国领导人而言，这一系列的政治变故让他们备感震惊。前苏联国家不久后便投向资本主义，这引起了中国政府及中国共产党的高度警惕，让他们越发意识到资本主义与社会主义之间的矛盾。这种不安使他们对市场的顾虑在90年代初变得异常强烈。

同时，一个看似合理实则错误的经济判断却让原本已经根深蒂固的针对私营部门的意识形态偏见愈加恶化。自从经济体制改革在1989年开始遭遇严重挫败之后，经济学家和政府官员开始审视他们在1988年通胀失控前所实施的改革政策。政策制定者认为，1984年以来市场力量的不断壮大正是导致物价上涨及恶性通胀的原因。1984年后，非国营部门——尤其是乡镇企业——在地方政府、价格双轨制及信贷宽松政策的支持下得到迅猛发展，同时也加大了通胀压力。1985年9月初，“巴山轮会议”在长江上召开，中国经济学家代表团与来自世界各地的杰出经济学家们会面，并就中国宏观经济问题进行了探讨。[②] 与会的西方代表包括匈牙利经济学家亚诺什·科尔内，剑桥大学教授阿莱克·凯恩克劳斯，牛津大学研究员弗拉基米尔·布鲁斯以及耶鲁大学经济学教授、1981年诺贝尔经济学奖获得者詹姆斯·托宾等。双方一致认为，投资与薪金的同步增长，是中国经济走向恶性通胀边缘的成因。然而，正沉溺于不

① 《人民日报》，1990年2月22日。

② 此次会议在众多中文文献中均有记载。可参见张军（2010），第41~65页。

断追求经济高速增长的中国政府对这个警告并未予以重视。[①]1984 年，中共中央十二届三中全会通过了《关于经济体制改革的决定》，该决定的发布实际上表明了中央对市场经济的拥护态度。然而，在经历了 1988 年恶性通胀及 1989 年政治风波之后，中国一些经济学家开始相信，造成这些灾难的罪魁祸首正是这份曾被寄予厚望的决定。他们认为，市场化改革在造成经济困境和政治风险上负有不可推卸的罪责。

1990 年 7 月 5 日，中共中央政治局邀请了十几位经济学家共同探讨眼下的经济事务及政策战略问题。与会的经济学家由于意见不一而分成了极不平均的两派。人数较多的一派认为，1984 年以来的市场化改革是导致 1988 年恶性通胀及 1989 年动荡的催化剂。他们极力主张回归 1984 年之前的改革定位，重新推行“计划经济为主，市场调节为辅”的方针。而少数派对市场化改革的抗争，则完全被多数派的声音所淹没。市场化改革的坚定支持者、86 岁高龄的薛暮桥也参与了此次会议，并站在少数派一边，在对方的猛烈攻击下，老人愕然无语。[②]

整个 1990 年，关于改革方向及社会主义本质的争论始终占据着中国政治舞台的中心，在北京尤甚。而在中国的南方则完全是另一番景象，那里的市场化改革比其他地方走得更为深远。然而，在当时的中国只能听到一种声音。1990 年 12 月 17 日，《人民日报》刊登了一篇充满火药味的文章——《社会主义必定代替资本主义》，该文章被认为是诠释中央精神的最佳范本。[③]它把 80 年代末以降中国遭受的所有经济困难和政治动乱的成因都归咎于 80 年代初期实行的市场化改革，同时还强调中国应当回归传统社会主义路线，从而解决所有政治和经济问题。作者在文中宣称：“市场经济，就是取消公有制，这就是

---

① 薛暮桥（1996），第 319~326 页。

② 吴晓波（2010），第 147~148 页；薛暮桥（1996），第 336 页。

③ 《人民日报》，1990 年 12 月 17 日。

说，要否定共产党的领导，否定社会主义制度，搞资本主义。”如果当时这种观点被完全采纳并写入经济政策，那么中国的市场化改革必定会胎死腹中。

二

20 世纪 90 年代初，中国充满了不确定性和自我怀疑，经济体制改革陷入停滞。幸运的是（当然也因为决心和远见），中国很快重新找到了回归市场体制改革的道路，把摇摆不定的政治抛到身后。到 90 年代末，一个生机勃勃的市场经济体制开始在中国运转。2001 年，中国成功地加入了世界贸易组织，进一步巩固了国内的市场化改革，并扩大了在经济全球化中所起的作用。中国便是从那时起彻底走上了市场经济之路。2008 年，金融危机在华尔街爆发，引起了严重的经济衰退，西方开始怀疑全球市场秩序是否依然稳固。而此时，中国却仍能在市场和经济全球化中屹立不倒。2010 年 1 月 1 日，中国与东盟在之前签署的自由贸易协定框架下所组建的自由贸易区正式启动。该贸易区是世界上人口最多的自由贸易区，生产规模全球第三，仅次于欧洲经济区及北美自由贸易区。

我们也许会问，到底是什么让中国领导人对市场产生了如此强大的信念，使他们能在充满不确定性的暴风雨中坚持前行？其实，这个问题问错了。中国领导人绝非有什么先见之明或对市场抱有强大的信念，相信市场能够带领他们走出低潮并最终实现市场经济。在 20 世纪 70 年代末 80 年代初中国改革伊始，一连串的边缘革命将私营部门及市场力量引入经济中。这两者的引入，不仅使由国家主导的改革举措黯然失色，同时还为改革指明了市场方向。90 年代初的市场化改革，也以类似的、出乎中国政府意料的方式存活了下来。

中国的经济体制改革和对外开放政策一直密不可分，相辅相成。1989 年之后，尽管中国政府中止甚至撤销了许多改革计划，但它坚持对外开放的态度

始终如一。早在 1989 年 6 月 9 日，邓小平就曾告诫过当时的中国领导人：[①]

> 重要的是，切不要把中国搞成一个关闭性的国家。实行关闭政策的做法对我们极为不利，连信息都不灵通。现在不是讲信息重要吗？确实很重要。做管理工作的人没有信息，就是鼻子不通，耳目不灵。再是绝不能重复回到过去那样，把经济搞得死死的。

一星期之后，在中央委员会新成员班子会议上，邓小平又提到：[②]

> （国务院）要多做几件有利于改革开放的事情。外资合作经营要搞，各地的开发区可以搞。多吸引外资，外方固然得益，最后必然还是我们自己得益。税收方面可以收一些税，为外资服务的行业可以搞一些，我们自己也可以在那里搞一些有利可图的企业，这样就可以搞活。现在国际上担心我们会收，我们就要做几件事情，表明我们改革开放的政策不变，而且要进一步地改革开放。

1990 年 11 月 28 日，中共中央总书记江泽民在深圳经济特区建立十周年庆祝大会上明确重申了改革的社会主义方向："我们的改革是社会主义制度的自我完善和发展，是要克服过去体制中存在的各种弊端，使社会主义制度的优越性充分发挥出来。"[③]他同时还重申了中国的对外开放政策："我们的对外开放，是要积极开展对外经济技术合作和交流，学习外国包括资本主义发达国家的先进技术、科学管理经验和进步文化成果，同时抵制资本主义社会那些消极腐朽的东西对我们的侵蚀，继承和发扬中华民族一切优良的思想、道德、文化

① 邓小平（1989年6月9日），《邓小平文选》第三卷。

② 邓小平（1989年6月16日），《邓小平文选》第三卷。

③ "江泽民在深圳经济特区建立十周年招待会上的讲话"，《BBC国际广播摘要》，1990年11月28日。可通过LexisNexis获取相关信息。

传统。”[①]江泽民肯定深圳模式在引进现代科技和管理上对中国改革做出的贡献，或用他自己的话说，是“在改革开放中发挥了排头兵作用”。江泽民在他的讲话中进一步确认说：“对外开放是我国一项长期的根本政策，这项政策是不会改变的。”[②]当时，市场化改革在北京备受争议，深圳试验及开放政策被允许继续进行，可谓幸运至极。

在改革被普遍质疑为背叛社会主义的政治环境下，把改革和开放政策区分开来是明智之举，并取得了良好的成效。相比而言，对外开放的政治敏感性较低，因此也没那么容易受到政治上的攻击。中国渴望并且有必要学习西方先进科学技术及进入西方资本市场，在这点上，即使是社会主义最坚定的支持者也不会有异议。同样值得注意的是，江泽民完全改变了毛泽东激进的反传统主义政策。江泽民强调，“继承和发扬中华民族一切优良的思想、道德、文化传统”对中国“搞好社会主义物质文明和精神文明建设”至关重要，同时还要“学习外国包括资本主义发达国家的先进技术、科学管理经验和进步文化成果”。[③]进入90年代之后，中国不再闭门造车地建设社会主义，也不再像毛泽东时代，尤其是“文化大革命”10年，鄙弃自己悠久的历史传统。

20世纪80年代末、90年代初，对外开放政策的持续实行，使一小部分经济改革在无常的政治环境和财政紧缩的双重冲击下得以幸免。1990年4月成立的上海浦东开发区是中国对外开放在90年代初期最为显著的发展标志。上海便是从这时起开始复兴，并逐渐成为中国的金融和商业中心。[④]两年后，即1992年，国务院正式批准建立浦东新区。不到10年，浦东就成为中国经济现

① “江泽民在深圳经济特区建立十周年招待会上的讲话”，《BBC国际广播摘要》，1990年11月28日。可通过LexisNexis获取相关信息。

② 同上。

③ 同上。

④ 彭森与陈立（2008），第353~356页。

代化发展的橱窗。这个与上海仅一江之隔的弹丸之地，通过对深圳模式的借鉴，成功地从一片稻田转变为经济盎然的一方支柱，成为90年代中国对外开放的焦点。如果说深圳是中国80年代对外开放的象征，那么浦东则可谓90年代对外开放的典范。不久，上海周边的长江三角洲地区便成为中国经济增长的第二引擎，与南方的珠江三角洲并驾齐驱。

三

上海证券交易所的成立，是上海在1990年的另外一个重大发展。1990年12月19日，经过一年的紧张准备之后，上海证券交易所在一个充满不确定性的政治环境中正式宣布对外营业。①过去，由于被普遍视为资本主义的象征，债券和股票交易一直是中国经济的禁区。20世纪80年代中期，一些国营企业通过企业改革转变成为股份制公司。它们将出售债券和非流通股票给自己的职工和大众作为筹集资金的一种新方式。1989年8月，首个公司债券和股票二级市场存在的交易所试点在沈阳出现。位于中国东北部的沈阳是个重工业老城，在改革前拥有众多国营企业。②该交易所的出现为国营企业职工交易债券和股票提供了一个平台。尽管基础设施简陋，空间狭小，但作为中国首次二级债券和股票交易市场的尝试，它受到了各界，尤其是境外媒体的关注。3个月后，另外一家交易所在上海开业。1986年11月，时任纽约证券交易所主席约翰·菲尔霖受邀参加了由中国人民银行在北京召开的一个会议，并与邓小平会面。其间，他强烈要求参观上海证券交易所——实际上只是一个面积仅12平方米的小房间。③

---

① 彭森与陈立（2008），第360~364页。

② 同上，第254~259页。

③ 同上，第256~258页。

然而，第一个对经济造成真正影响的交易所却是在深圳。[①]1986年以后，股份制公司在深圳兴起，到80年代末，股份制公司数目增长到200多家。1988年6月，深圳市政府组建了一个证券交易所领导小组，研究成立证券交易市场的可能性。尽管多次向北京申请许可均以失败告终，深圳最终仍然成立了证券交易所，并在随后的时间里，尤其是在1989年之后，发展相当活跃。到1990年中，深圳全市可供人们交易股票的办事处就已超过300家，尽管当时实际上并没有获得官方许可。[②]

事实上，像这种监管滞后的情况，在中国的经济体制改革中非常常见。用一个比较贴切的说法来形容，那便是“先上车后买票”。这种实践先于制度的做法看起来似乎是政府监管部门的责任缺失甚至是失职。但是，如果没有实践先做出尝试，监管者又如何知道该怎么去监管呢？不管怎样，每一个新颖的实践在做出首次尝试时都必然会出错，尤其是在一个监管缺位的环境中，这就会让政治反对者有足够的理由扼杀它们。要使这种方法奏效，政府必须要有耐心，要保持思想的开放，并要学会迅速地采取行动——建立利于实践发展的规章制度或能在情况恶化时及时叫停。然而，如果过早地掐断有发展前景的实践，或者未能及时终止糟糕的实践，承担责任的还是政策制定者。更重要的是，由于实践的效果深受制度环境的影响，监管环境中任何微小的变化都有可能对其成败产生决定性影响。同时，哪怕是做出细微的调整，都有可能使一个正处于颓势的实践迸发生机。因此，一个新实践能否被政府认可，很大程度上取决于双方的较量。一方是它的支持者，在实践的试验阶段他们会尽力让其正常运转，然后不断地进行修正，并在可控的政治范围内调整对其有利的制度环境。另一方是批评者，他们迫不及待地要揪出试验过程中的差错，并以此为理由向支持者发难。对于希望通过引进新颖可行的实践来推动改革的人而言，最有效的方

① 彭森与陈立（2008），第364~368页。

② 同上，第366页。

法就是尽可能多地试验，在有限的时间里找出切实有效的因素，但同时也要清醒地意识到风险所在——试验的次数越多，错误也必然会越多。实际上，这也是邓小平的名言“不争论，大胆地试，大胆地闯”背后的逻辑。

在对股票交易市场的态度上，由江泽民领导的中国政府也持类似的立场，但理由有所不同。1989 年上任的江泽民并没能消除市场化改革所遭受的政治敌意，也无法以官方立场承认股票交易所这种存在形式。与此同时，他不愿意或者无法采取严厉措施打压已经进行的地方性试验。因此，在没有法律条例或官方认可的情况下，深圳股票交易所继续运营，这实际上是一种走钢丝的冒险行为。直到 1991 年 7 月 3 日，深圳证交所才正式获得了北京的批准。[①]

四

尽管改革在 1990 年取得了一些令人鼓舞的成绩，但紧缩政策依然占据着上风，市场化改革所处的政治环境依然错综复杂。综观整个改革历程，每当政治辩论发生，几乎很少能够听到正反双方能活跃地交换各自的观点和论据。通常只能听到一种声音。任何与之相左的声音都会被冲淡，会被主流的政治力量视为谬误或无足轻重。然而，正如历史所显示的那样，这些反对的声音只是在等待一个合适的时机。在经受了整整一年持续不断的攻击之后，支持市场化改革的声音总算得以释放。1991 年 2 月 15 日，上海《解放日报》发表了一篇署以笔名的评论，文章题为“做改革开放的‘领头羊’”。随后，又有三篇评论相继于 3 月 2 日（《改革开放要有新思路》）、3 月 22 日（《扩大开放的意识要更强些》）及 4 月 12 日（《改革开放需要大批德才兼备的干部》）发表。所有这些评论都传递了一个明确的信息——重启市场化改革势在必行。[②]

① 彭森与陈立（2008），第 368 页。

② 杨继绳（1998 年），第 509~510 页。

当时很少有人知道，这一系列的评论文章实际上是对邓小平在上海视察期间（当时他正在上海过中国的农历新年）讲话精神的响应。因而，这几篇评论很快便遭到了其他报刊的责难。这些媒体大多来自北京，它们对这四篇评论所表达的观点逐一进行了非常直接的质问。邓小平曾提出过一个流行一时的观点，他认为，不管是资本主义的还是社会主义的，只要有助于经济发展的措施都要坚决拥护。4 月 20 日的北京《当代思潮》月刊发表了一篇措辞激烈的政治长文——《改革开放可以不问姓“社”姓“资”吗？》，文章对邓小平的观点进行了抨击。① “不问姓‘社’姓‘资’,”文中警告说，“必然会把改革开放引向资本主义道路而断送社会主义事业。”②

随着不同的观点开始相互较劲，政治争论不再由一种声音主导，这是中国另一个少有的时期，与1978年对真理标准问题讨论时的情形非常相似。1991年，薛暮桥在《中国社会科学》杂志创刊号中发表了一篇题为“关于社会主义经济的若干理论问题”的文章。③在文中，他批评了人们过去对社会主义根深蒂固的错误理解，即把社会主义等同为完全没有市场的中央计划经济。正如薛暮桥所说，中国的经济体制是建立在生产资料公有制基础上的有计划的市场经济，计划本身必须遵循市场原则和经济规律。国家计划的范围应仅限于控制宏观经济平衡——包括社会总需求和总供给的平衡，以及国民经济不同部门间的比例关系。薛暮桥还着重强调，生产以及所有商品和服务的流通都应交由市场处理。

然而，哪种声音占据上风是显而易见的，尤其是在北京。9 月 2 日，《人民日报》发表了一篇题为“当前改革的三个问题”的评论。④文中主张“改革开放必须沿着正确的方向进行”。同时它还解释道：“要实行改革，我们必须坚

① 彭森与陈立（2008），第375页。
② 同上。
③ 薛暮桥（1996），第356页。
④ 《人民日报》，1991年9月2日。

持四项基本原则，必须远离资产阶级自由化。若我们实行经济私有化，仿效西方的多党派政治制度，并在意识形态上抛弃马克思列宁主义及毛泽东思想的多元指导，我们的党和国家将会陷入混乱，党和人民在过去70年所取得的成就将会毁于一旦。在对社会主义生死存亡的问题上，我们必须要有坚定不移的立场，决不能有一丝的疑惑和动摇。”①而在10月23日同样发表在《人民日报》的另外一篇题为“正确认识社会主义社会的矛盾”的评论则措辞更加激进，认为当前中国的阶级斗争——姓“社”还是姓“资”——比以往任何时候都要激烈。②

五

中国面临再一次陷入意识形态困境的危机，中国经济体制改革的未来形势空前严峻。在这种情形下，已经88岁高龄的邓小平决定出手介入。那时的邓小平已经没有任何正式的党政军职务。他也失去了改革初他赖以依靠的左膀右臂，不能再直接给党和政府下命令。为了拯救改革，邓小平不得不另辟蹊径。1992年1月17日，在家人和随行人员的陪同下，邓小平坐上了开往南方的专列，他要去亲眼看看市场化改革最为深入、与北京紧缩政策抵触最大的地方，如今是一片什么样的景象。③

次日，列车到达第一站，湖北武昌。趁着列车补给的20分钟间隙，邓小平在月台上与时任湖北省委书记及省长进行了简短的会面，其间他对所关注的

---

① 《人民日报》，1991年9月2日。

② 《人民日报》，1991年10月23日。

③ 关于中国对邓小平南方视察的第一次报道，参见《东方风来满眼春——邓小平同志在深圳纪实》，该文于1992年3月26日在《深圳特区报》首次发表。更为全面的资料，尤其是邓小平在武昌和长沙的讲话，参见吴志菲和余玮（2008）。邓小平的讲话被收录进“在武昌、深圳、珠海、上海等地的谈话要点”，《邓小平文选》第三卷。亦可参见Wong and Zheng（2001）。

问题进行了阐述：[①]

> 现在有一个问题，就是形式主义多。电视一打开，尽是会议。会议多，文章太长，讲话也太长，而且内容重复，新的语言并不很多。重复的话要讲，但要精简。形式主义也是官僚主义。要腾出时间来多办实事，多做少说。毛主席不开长会，文章短而精，讲话也很精练。周总理四届人大的报告，毛主席指定我负责起草，要求不得超过 5 000 字，我完成了任务。5 000 字，不是也很管用吗？我建议抓一下这个问题。

在回到车厢之前，邓小平给他的拜访者——他们在努力消化其批判形式主义的讲话精神——提了最后一条建议："要多干实事，少讲空话。"[②]当天下午 4 点，列车到达湖南省会长沙，同样，邓小平与时任湖南省委书记进行了会面。在听完省委书记对湖南所作的经济增长报告后，邓小平感到非常欣喜，并告诉他们："改革开放的胆子要大一些，经济发展要快一些。"[③]

1 月 19 日，邓小平抵达深圳。[④]这距离他上次 1984 年的到访已经过去了 8 年。邓小平迫不及待地想知道这个自己最为大胆的试验到底进展如何，特别是，深圳是否真如他的批评者所言，已经沦为资本主义。

在随后几天里，邓小平参观了整座城市，视察了不少工厂，还与广东省领导干部及深圳当地官员进行了会面。在这 8 年的时间里，深圳已经发生了翻天覆地的变化，高楼耸立，车水马龙，股市蓬勃。这一切都让邓小平感到非常欣慰。在 22 日与深圳市政府官员的讲话中，邓小平敦促他们要保持思想开放，

① 邓小平（1992），"在武昌、深圳、珠海、上海等地的谈话要点"，《邓小平文选》第三卷。

② 《邓小平南巡中鲜为人知的故事》，新华网，可访问 http://news.xinhuanet.com/misc/2008-09/27/content_10119788.htm。

③ 同上。

④ 同①。

并鼓励他们继续向前迈步：[1]

> 改革开放胆子要大一些，敢于试验，不能像小脚女人一样。看准了的，就大胆地试，大胆地闯。深圳的重要经验就是敢闯。没有一点闯的精神，没有一点“冒”的精神，没有一股气呀、劲呀，就走不出一条好路，走不出一条新路，就干不出新的事业。不冒点风险，办什么事情都有百分之百的把握，万无一失，谁敢说这样的话？一开始就自以为是，认为百分之百正确，没那么回事，我就从来没有那么认为。每年领导层都要总结经验，对的就坚持，不对的赶快改，新问题出来抓紧解决。

当时人们普遍关注一个问题，即中国的经济体制改革是否过多地引进了资本主义手段，使中国偏离了社会主义轨道。在回应这个问题时，邓小平反复地提到了他一直以来所推崇的一个理论：[2]

> 计划多一点还是市场多一点，不是社会主义与资本主义的本质区别。计划经济不等于社会主义，资本主义也有计划；市场经济不等于资本主义，社会主义也有市场。计划和市场都是经济手段。社会主义的本质，是解放生产力，发展生产力，消灭剥削，消除两极分化，最终达到共同富裕。就是要对大家讲这个道理。证券、股市，这些东西究竟好不好，有没有危险，是不是资本主义独有的东西，社会主义能不能用？允许看，但要坚决地试。看对了，搞一两年对了，放开；错了，纠正，关了就是了。关，也可以快关，也可以慢关，也可以留一点尾巴。怕什么，坚持这种态度就不要紧，就不会犯大错误。总之，社会主义要赢得与资本主义相比较的优势，就必须大胆吸收和借鉴人类社会创造的一切文明成果，吸收和借鉴当今世

① 邓小平（1992），“在武昌、深圳、珠海、上海等地的谈话要点”，《邓小平文选》第三卷。

② 同上。

界各国包括资本主义发达国家的一切反映现代社会化生产规律的先进经营方式、管理方法。

认识到资本主义和社会主义拥有共性的人，邓小平并非第一个。早在20世纪50年代到60年代，东欧许多学者就对“市场社会主义”——在这种经济制度下，所有企业均为国家所有，但企业可以在竞争市场中销售它们的产品——进行了长时间的争论和试验。在中国，顾准、孙冶方及其他一些经济学家在较早的时候就曾强调过，社会主义制度作为一个可行的经济制度，应当多遵循基本的经济原则。然而，作为一个政治领导者，邓小平的所做所想，远远超出了市场社会主义的范畴。社会主义不能无条件地拥护任何“主义”和教条。[①]在他看来，社会主义应当是一种开放的制度，应当要“懂得利用一切文明成果，善于从其他国家包括资本主义发达国家身上学习”。社会主义不再仅仅只是公有制和中央计划的代名词。相反，“社会主义的本质”是“最终实现共同富裕”。当中国的领导层还在为姓“资”姓“社”之争而焦头烂额时，邓小平快刀斩乱麻，干净利落地把那些毫无意义而扰人心神的意识形态争论撇在一旁，心无旁骛地致力于推动中国经济向前发展。

离开深圳后，邓小平继续他的南方视察。23日，邓小平抵达珠海。珠海是广东另外一个经济特区，毗邻澳门。邓小平在此逗留了一周，视察了许多高科技企业，并与当地官员进行了会面，敦促他们要继续搞好经济发展：[②]

看起来我们的发展，总是要在某一个阶段，抓住时机，加速搞几年，

---

① 邓小平长期以来都坚持社会主义的实用主义观点。邓小平在80年代一次接待非洲政治领导人时曾告诉他们：“我劝你们现在不要搞社会主义，先集中精力把国民经济搞上去，只要经济搞上去，人民生活改善了，满意了，叫什么主义都可以！”而这些话由于被认为太过激进而未被收录进《邓小平文选》中。参见《财经》杂志对杜导正（2008）的采访，《今天怎样看待邓小平》，可访问http://www.caijing.com.cn/2008-12-08/110036057.html。

② 邓小平（1992），“在武昌、深圳、珠海、上海等地的谈话要点”，《邓小平文选》第三卷。

发现问题及时加以治理，尔后继续前进。从根本上说，手头东西多了，我们在处理各种矛盾和问题时就立于主动地位。对于我们这样发展中的大国来说，经济要发展得快一点，不可能总是那么平平静静、稳稳当当。要注意经济稳定、协调地发展，但稳定和协调也是相对的，不是绝对的。发展才是硬道理。这个问题要搞清楚。如果分析不当，造成误解，就会变得谨小慎微，不敢解放思想，不敢放开手脚，结果是丧失时机，犹如逆水行舟，不进则退。

在谈到党内“左”倾、右倾之间根深蒂固的紧张关系时，邓小平着重强调一定要警惕“左”的危害，这与自建党以来中共领导人所持的观点背道而驰。[①]

现在，有右的东西影响我们，也有“左”的东西影响我们，但根深蒂固的还是“左”的东西。有些理论家、政治家，拿大帽子吓唬人的，不是右，而是“左”。“左”带有革命的色彩，好像越“左”越革命。“左”的东西在我们党的历史上可怕呀！一个好好的东西，一下子被他搞掉了。右可以葬送社会主义，“左”也可以葬送社会主义。中国要警惕右，但主要是防止“左”。右的东西有，动乱就是右的！“左”的东西也有。把改革开放说成是引进和发展资本主义，认为和平演变的主要危险来自经济领域，这些就是“左”。我们必须保持清醒的头脑，这样就不会犯大错误，出现问题也容易纠正和改正。

1月30日，邓小平离开珠海，前往此次南方视察的最后一站——上海。不到两年以前，浦东开发区还只是一片农田。作为1949年以前中国的经济和金融中心，上海如今已明显落在了深圳身后，而深圳在改革开始之前，只是一

① 邓小平（1992），“在武昌、深圳、珠海、上海等地的谈话要点”，《邓小平文选》第三卷。

个默默无闻的偏僻渔村。对此，邓小平向他的接待者表示了歉意：①

> 我国的经济发展，总要力争隔几年上一个台阶。当然，不是鼓励不切实际的高速度，还是要扎扎实实，讲求效益，稳步协调地发展。比如广东，要上几个台阶，力争用二十年的时间赶上亚洲“四小龙”。比如江苏等发展比较好的地区，就应该比全国平均速度快。又比如上海，目前完全有条件搞得更快一点。上海在人才、技术和管理方面都有明显的优势，辐射面宽。回过头看，我的一个大失误就是搞四个经济特区时没有加上上海。要不然，现在长江三角洲，整个长江流域，乃至全国改革开放的局面，都会不一样。

邓小平南方视察之际，中国正处在经济体制改革的关键时期。新的中国领导集体形成于 1989 年之后，他们谨小慎微，精神上饱受国内经济和政治动荡的困扰，同时也因苏东剧变而迷失方向。北京方面对 1991 年《解放日报》的评论进行了猛烈抨击，这让邓小平寝食不安。就在千钧一发之际，邓小平责无旁贷，亲自肩负了重新点燃中国市场化改革之火的重担。从本质上来说，邓小平南方视察主要传达的信息就是鼓励进一步深化改革，拯救中国的第二次革命。前国务院副总理（1983~1993）田纪云在 2004 年发表的一篇文章中写道：“邓小平冷眼观察了三年，眼看他倡导的改革开放事业可能毁于一旦，他再也不能沉默了。他下决心去南方视察，发表了震惊中外的南方谈话。”②

邓小平南方视察在当时是保密的，中国所有媒体在这件事上均缄口不言。邓小平回京一个多月后的 3 月 26 日，《深圳特区报》才刊登了一篇关于他南方视察的长文。紧接着在 3 月 30 日，新华社对这篇文章进行了全文播报。第二天，许多全国性报纸及地方报纸也刊载了这篇文章。当天晚上，中央电视台也在其

---

① 邓小平（1992），“在武昌、深圳、珠海、上海等地的谈话要点”，《邓小平文选》第三卷。

② 田纪云（2004）。关于田纪云所著的改革文集，参见田纪云（2009）。

晚间节目中播报了全文。邓小平南方视察及其谈话很快便引起了国内的关注。当时，市场化改革仍然遭受着猛烈的政治攻击，邓小平明确支持市场改革，对深化改革直言不讳，都意在迫使北京采取行动。但是，由于邓小平已经没有任何正式职务，他的谈话要想对中央政府政策产生真正的影响，就不得不先获取北京的支持。[①]随着邓小平谈话精神的广泛传播，反对市场化改革的声音开始逐渐减弱，但还依然存在。4 月 14 日，《人民日报》发表了一篇火药味甚浓的长文——《坚定、准确、全面地贯彻党的基本路线》。[②]文中强烈要求中国必须时刻“警惕资产阶级自由化”，避免重蹈东欧和苏联的覆辙。面对这样的舆论情形，1992 年 4 月 25 日，时任国务院副总理田纪云率先挺身而出，支持邓小平，并对其南方谈话作了详尽阐述。[③]在中央党校的一次讲话中，田纪云毫不避讳地对反对市场化改革的“左”倾势力及“风派”人物进行了猛烈抨击。田纪云不无风趣地说，应该让反对改革的人待在“左倾特区”里，让他们尝试一下，生活在一个纯粹的计划经济里，充斥着限定配额和物质短缺，会是什么感觉。田纪云的讲话被私下制成了录音带出售，很快，叫卖声便在北京的大街小巷不绝于耳。

回京三个月后，邓小平于 5 月 20 日视察了首都钢铁公司。在向首钢管理人员及市政府官员的讲话中，邓小平评论道：“对我说的话，有人顶，有人拖，有人是真心地办。”[④]

从邓小平南方视察的多次谈话中可以看出，他全身心地致力于已停滞不前的经济体制改革，同时也急切呼吁更加大胆的举措，重燃改革生机。但中国

① 关于邓小平在1992年南方视察后所引发的党内辩论，参见杨继绳（2004），第476~517页；也可参见Joseph Fewsmith（2008），第68~72页。

② 《人民日报》，1992年4月14日。

③ 马立诚（2008），第158~159页。

④ 同上。

面临着另一个更为根本性的挑战：如何让改革开放政策与社会主义制度和谐共处？这让许多中国领导人及普通大众感到困惑，一方面要在政治上继续恪守社会主义，另一方面要坚持市场化改革，而这本身似乎就是矛盾的。对于在社会主义社会成长起来的那一辈共产党员而言，市场化改革必然对其政治信仰造成巨大挑战，也使他们的心智备受困扰。要想“保持清醒的头脑”，邓小平不得不和旧有观念打一场恶战。

在珠海的讲话中，邓小平直言不讳地告诫当地领导者，要认识到中国社会主义制度的最大威胁不是右，而是“左”。这与当时中国领导者的认识完全相反，在他们看来，资本主义（在中国的政治术语中即是“右”）才是社会主义的头号敌人。作为一名忠诚的共产党员，邓小平对于马克思主义的政治信仰从未动摇。然而，他创造性地重新定义了马克思主义，不仅使其能够适应中国的市场化改革，还让它成为一个必不可少的认知要求：①

> 学马列要精，要管用的。长篇的东西是少数搞专业的人读的，群众怎么读？要求都读大本子，那是形式主义的，办不到。我的入门老师是《共产党宣言》和《共产主义ABC》。最近，有的外国人议论，马克思主义是打不倒的。打不倒，并不是因为大本子多，而是因为马克思主义的真理颠扑不破。实事求是是马克思主义的精髓。要提倡这个，不要提倡本本。我们改革开放的成功，不是靠本本，而是靠实践，靠实事求是。农村搞家庭联产承包，这个发明权是农民的。农村改革中的好多东西，都是基层创造出来，我们把它拿来加工提高作为全国的指导。实践是检验真理的唯一标准。我读的书并不多，就是一条，相信毛主席讲的实事求是。过去我们打仗靠这个，现在搞建设、搞改革也靠这个。我们讲了一辈子马克思主义，其实马克思主义并不玄奥。马克思主义是很朴实的东西，很朴实的道理。

---

① 邓小平（1992），“在武昌、深圳、珠海、上海等地的谈话要点”，《邓小平文选》第三卷。

这段话间接引用了陈云的名言，“不唯上，不唯书，只唯实”，充分展现了邓小平务实的心态。作为社会主义的忠实捍卫者，陈云在党内备受尊崇，因此邓小平向他伸出了合作之手，希望与他一道重建政治联盟以推动改革的发展。尽管实践在马克思主义中占据着非常重要的地位，唯物主义的指导思想也在马克思主义者中备受推崇，但从未有马克思主义者能像邓小平一样如此注重实事求是。

诚然，早在1937年，毛泽东便已经就实践问题发表了极富影响力的《实践论》。这篇文章在当时被广为传颂，邓小平想必也对其进行了认真的研习。在文章的末尾，毛泽东写道：[①]

> 通过实践而发现真理，又通过实践而证实真理和发展真理。从感性认识而能动地发展到理性认识，又从理性认识而能动地指导革命实践，改造主观世界和客观世界。实践、认识、再实践、再认识，这种形式，循环往复以至无穷，而实践和认识之每一循环的内容，都比较地进到了高一级的程度。这就是辩证唯物论的全部认识论，这就是辩证唯物论的知行统一观。

然而，毛泽东的实践论却被他的阶级分析肢解得七零八落。毛泽东坚信，作为先进的政治阶级，无产阶级在实践和知识水平上都要优于资产阶级。阶级斗争的理念便是从那时渗透进了共产党的血液中。在解放战争中，中国共产党正是凭借着这种理念，成为中国人民的先锋。在中国共产党于1949年夺得政权以前，毛泽东对建立革命统一战线做出了不懈努力，多种阵营的联合在一定程度上平衡了阶级斗争的极端发展。然而，在取得政权之后，阶级斗争的意识形态很快便遍布到中国社会的各个角落。任何被视为阶级敌人的人都会受到暴力和恐怖的制裁。“文化大革命”便是其中最为荒诞的形式。“文革”期间，凡是资产阶级所拥有的知识，统统被贬责为无用和不可靠的谬论。当时的人们认

---

① 毛泽东（1967），《毛泽东选集》第一卷，第380页。

为，宁愿做无产阶级白丁，也不愿向资产阶级学习。邓小平否定了“以阶级斗争为纲”的指导思想，强调“实践是检验真理的唯一标准”，这些都为中国经济体制改革的起步奠定了良好的认识基础。

重新皈依实用主义，邓小平试图用他理解的马克思主义去调和毛泽东思想，同时继续淡化阶级斗争的观念。毛泽东在发扬“实事求是”的精神上扮演了非常重要的角色，他曾在1937年将“实事求是”定为抗日军政大学的校训，随后又在1947年将其定为中央党校校训。毛泽东曾寓居岳麓书院，当时书院有块扁额上便写着“实事求是”四个大字。差不多同一时期，北洋大学，即现在天津大学的前身，也将“实事求是”定为了自己的校训。其实，在中国历史上，“实事求是”这一说法由来已久。该词最早出现在东汉历史学家班固所编撰的《汉书》里。而南宋理学家朱熹提出的“格物致知”及“理在事中”，实际上也是对它的别述。与实事求是指导思想相得益彰的另一句话，是儒家思想传承者孟子提出的“尽信书不如无书”。这两者的结合，在中国人的思维习惯中形成了一股强大的反教条思潮。要想在具体问题上达成决议，正如这些指导思想所阐述的那样，第一步必须要对事实进行全面而详尽的调查，这实在是一个再浅显不过的道理。

改革伊始，中国领导人便陷入了一个让其备感束缚和困惑的意识形态困境——社会主义制度何以能与市场化改革共存？邓小平对马克思主义的重新阐释与儒家实用主义精神的契合，为身受桎梏的中国领导人提供了一个脱身之道。邓小平以深入浅出的方式把马克思主义的精髓归纳为“实事求是”四个字，将原本晦涩的政治思想转化成了浅显易懂的真理。

六

邓小平要求深化改革的呼声得到了私营部门快速而热情的响应。在1988

年实行了紧缩政策之后，私营部门就一直受到意识形态的围攻，如今，在邓小平的支持下，私营部门得以强势回归。到 1993 年，私营企业的数量便已回到了 1988 年时的水平，达 23.7 万家。到 1994 年，该数字上升至 43.2 万家。在 1992 年到 1995 年间，私营企业总注册资金数增加了近 20 倍。①复苏的私营部门沉浸在欢乐当中，同时也吸引了越来越多的国有部门人才。这引起了社会态度的极大转变。20 世纪 80 年代，私营部门备受轻视，在私营部门工作被视为是不稳定、不体面，甚至不光彩的事情。尽管胡耀邦在 1983 年时曾大力支持发展私营经济，并称之为"光彩事业"以期提升其社会地位，但公众的偏见依旧。邓小平南方视察之后，人们开始纷纷离开国营部门转向私营部门。其中最引人瞩目的现象当属"下海"——政府官员、国企员工和负责人以及科研院校的学者扔掉了手中的"铁饭碗"，弃公投商。中国人事部的统计数据显示，在 1992 年有多达 12 万政府公职人员辞职从商，而停薪留职从商的更是超过了 1 000 万人。②后来加入者不乏教授、工程师以及大学毕业生等。甚至连《人民日报》也发表了一篇题为"要发财，忙起来"的文章鼓励人们下海经商。③

随着邓小平南方谈话精神在全国的传播，反对改革的思想开始消退，政治氛围再一次被改变。1992 年也因此被称为"改革开放年"。④时任国务院总理李鹏在 3 月 20 日宣布，财政紧缩政策的任务已经完成，治理整顿的阶段正式结束。这为改革的进一步深入打开了一扇大门。经过三年的收缩，一旦再次松手，改革的钟摆必定能摆得比以前更高。

经过近一年的准备，中国共产党第十四次全国代表大会于 1992 年 10 月 12 日召开。邓小平关于进一步深化改革的指示得到全面拥护。江泽民也在会

① 马立诚（2005），第 194 页。

② 同上，第 201 页。

③ 同上，第 199 页。

④ 彭森与陈立（2008），第 400~403 页。

上强调说，要“加快改革开放和现代化建设步伐，夺取有中国特色社会主义事业的更大胜利”。最重要的是，此次会议第一次正式把建设社会主义市场经济体制确立为中国经济体制改革的最终目标。遭受了多年反市场舆论和政策的冲击后，江泽民对市场经济支持的态度重新燃起中国市场体制改革之火。相比中共十二届三中全会《关于经济体制改革的决定》对中国经济体制改革中市场经济存在的认可，江泽民的讲话无疑大大提高了市场经济的地位。但是，他并未完全采纳邓小平实用主义的立场。江泽民在讲话中提到，中国的市场经济符合“社会主义”特征；但社会主义制度与市场之间的矛盾仍然存在，并有可能在未来几年里偶尔爆发。尽管如此，在毛泽东去世（1976 年）16 年后，在社会主义改造（1956 年）的第 36 个年头，中国终于回到了（或重新回到）市场经济的怀抱。

20 世纪 80 年代，中国经济体制改革最严重的缺陷，在于缺乏价格改革，导致了市场价格混乱不堪，大量资源分配不当，经济失序。尽管中国政府意识到了价格改革的迫切性，但错过了最佳时机，反而选择了价格双轨制作为折中方案。1988 年，政府试图强制推行价格改革，但当时的宏观经济条件已非常不利于价格改革，改革以失败告终。对扭曲的价格体制进行改革成为中国市场经济发展最迫切的需要，这并不令人意外。实际上，这些问题在改革之前便一直存在，然而，80 年代初价格双轨制的实行，无疑给混乱的价格体系雪上加霜。

1992 年，中国政府做出了一系列彻底解除价格管制的决定。在中央政府颁布的价格管理目录中，涉及原材料、生产资料及运输服务的项目由原来的 737 项削减至 89 项（到 2001 年被进一步削减至 13 项）。[①]到 1992 年末，全国的粮食市场已完全放开。另外，国家计划委员会将 1993 年的指令性生产计划减少了一半，大大增加了市场力量的发挥空间。同时，中国也从 1992 年末开

---

① 彭森与陈立（2008），第409页。

始大幅降低进口关税，所涉税目商品超过 3 000 种。随后几年里，价格放开的过程一直在持续。1993 年，钢铁和机械产品价格双轨制被取消；1994 年，煤炭和原油价格也实现了并轨。到 1996 年，工业物资的价格双轨制彻底成为历史。①1978 年，以市场价格进行交易的生产资料所占比重几乎为 0，1985 年上升至 13%，1991 年为 46%，而到了 1995 年，该比重已达 78%。

十几年来，私营部门的运行一直帮助中国经济形成一套有效的价格机制。价格管制的解除，得到了私营部门强有力的支持。从这一点来看，价格双轨制帮了大忙；在价格管制解除之前，无论是私企还是国企都或多或少地处于市场的影响之下，并愈趋熟悉市场力量的运作。价格双轨制的实行使经济参与者得以熟悉市场，从而降低了（尤其是国营企业）适应和学习市场的成本。但其导致的负面影响是，总体价格混乱的持续时间被延长，这不仅造成了严重的经济扭曲，还使企业难以对价格信号做出准确反应。除此之外，非国企所遭受的价格歧视还导致了资源分配的不合理。但是，如果没有双轨制作为过渡，很难评定价格改革是否会更顺利，这也就意味着几乎不可能对双轨制实行期间所产生的净福利进行全面评估。尽管如此，经过了几年的过渡后，价格改革在 1992 年得以实施，并且比中国政府期望的更为顺利，也未对社会造成太多值得关注的负面影响。

在整个市场体制发展的进程中，1992 年的价格改革是最为关键的一步。曾一度无法正常运作的价格信号如今已能够像其他市场经济中的价格信号一样，去指导企业生产符合消费者需求的产品，并使资源得到合理配置以满足利用最大化。生产资料的价格开始趋同，除了极少数例外，几乎所有企业，不论是国营企业还是私营企业，都可以以相同的价格购买所有的生产资料。曾经在双轨制下兴盛的原材料黑市急剧减少。私营企业如今也能自由平等地获取所有

---

① 彭森与陈立（2008），第409页。

原材料和中间投入品（银行贷款除外）。

然而，价格放开并未因此形成一个在整个市场中普遍适用的价格机制。价格管制的解除，将市场上的价格乱象一扫而空，同时也为建立一个以市场为基础的价格机制提供了土壤。但该机制发展的时机和方法取决于诸多因素。总的来说，曾经历过双轨制的商品很快就出现了市场价格。从经济学教科书中可得知，市场价格由供给曲线及需求曲线的交点决定。经济学家阿尔弗雷德·马歇尔将这两条曲线形象地描述为“剪刀的两翼”，两者需要同时作用才能达到效果。但供需曲线并非实物，至少不像企业一样真实存在。供需曲线是一种理论概念，它们背后真正的推动者是消费者和企业组织。经济学教科书会惯常地强调供给和需求在市场上的推动作用，但如果仅从字面上去理解，会很容易被误导。实际上，供给和需求的形成是供需双方不断招投标竞争的结果，他们对不断变化的市场机遇保持着高度的敏感。价格放开之后，有些商品和生产要素原本就存在供需关系，在此基础上，形成市场价格并不费工夫；供需双方在双轨制时期便积累了讨价还价的经验。但对于在社会主义制度下从未涉入市场的资本资产来说，则完全是另一回事。例如，要如何评定一家亏损国营企业的价值？要为之前从未被纳入市场评估的商品和要素制定市场价格，供需双方要学习的还很多，面临的风险也更大。

七

价格放开帮助消除了许多价格扭曲，并为企业清除了不少市场交易障碍。但在中国的经济体制中，国家和企业之间还存在另外一种障碍。20世纪80年代，经营承包责任制在国企中的广泛采用，阻碍了市场秩序的建立。

经营承包责任制的应用，是早期“放权让利”的规范化，其目的原本是为了让企业拥有更多的自主权。80年代初，家庭承包联产责任制在中国农村实行，承包责任制的概念被迅速传播，很快便为人们所熟悉，国企及其监管机构很轻易地便推行了这种承包制。这也解释了为什么它在80年代的企业改革中能得到如此广泛的应用。

然而，家庭联产承包责任制解放了中国的农村生产力，却没能让国企从官僚的繁文缛节中解放出来。随着承包责任制的流行，每个企业与国家或其地方代理机构之间都达成了各自独立商议的责任制合同。因此，每个企业都受一系列非常特殊的条件约束——生产要素的种类和补贴价格及税款等都有着明确规定。[①]这是除价格双轨制外造成中国经济体制价格扭曲的另外一个重要原因。两者的共同作用，导致中国经济体制下的企业在整个80年代都缺乏统一的价格机制。

在经营承包责任制时期，每一个企业——包括私企都有着各自不同的商品购买价格和税率。实际上，在1983年以前，对国营企业而言并不存在税收的说法，因为它们的所有利润完全上缴国家，国家的收入也主要来源于此。到1983年，国营企业开始按税率缴税，一部分利润得以保留。这一现象标志着新中国成立以来实行的税收制度的结束。然而尽管如此，问题依然存在。在承包制合同中，企业所需缴纳的税款额有着明确的规定，而税率也因行业和企业的不同而不同，这种情形在1983年税制改革之后依然没有变化。[②]

除此之外，在整个80年代，中央政府都是利用承包制从各省级政府中收取税款。这种方法于1980年第一次实行，目的是为了给予地方政府更多的自主权和激励。尽管经历了反复的变动，但在1994年税改之前，中国始终未能形成统一的税收制度，中央与地方政府之间的财政关系也是建立在各地经济状

① 杨继绳（1998），第356~361页。

② 许善达（2008），第525~537页。最初，财政部只允许在经营承包制下商定所得税，而营业税则仍然由财政部直接管控。但在经营承包制实行时，国务院对规定的执行并不热心。例如，在北京首都钢铁公司签订并经过国务院批准的合同里，就仍然包含所得税和营业税的相关条款。

况的基础之上。一些省份需要上缴固定额度的税款（或者接受固定额度的补贴）给北京；其他省份则按一定的税率上缴税款，该税率每隔几年便会由各方商议重新设定。这种对税收的区别对待引起了某些省份的长期不满，在那些经济发展水平相当，但因税收标准不一造成负担不均的省份中，这种情绪尤为明显。对于一个税收负担较轻的省份来说，当地政府对其辖区企业征税的压力自然小得多，这样的税收制度是导致中国 80 年代价格机制混乱的重要成因。①

旧的税收制度还有一个缺陷，至少在北京看来是如此。自改革开始以来，政府的收入急剧下降。更糟糕的是，中央财政收入在整个财政收入中的比重也在下降。例如，1979 年，中央财政收入占国内生产总值的 27%，1986 年下降至 21%，1992 年则下降到了 14.5%。同一时期，中央财政占整个财政收入的比重从 1979 年的 46.8% 下降到了 1992 年的 38.6%，而流入地方政府的收入比重却在增加。②其结果是，在改革期间，中央财政大多数时候都处于赤字状态。

为了应对价格扭曲及持续恶化的财政状况，中国政府在 1993 年决定对建立在旧有财税制度基础上的承包制进行全面修订。在此之前的 1992 年，已经有 9 个省市作为试点率先实行了改革。动员北京和各省级政府支持及重新商定新财税制度的担子，落在了当时分管经济事务的副总理朱镕基身上。1993 年上半年，朱镕基在北京召开了多次会议，与所有涉及财税政策的部长及中央政府机构共同商讨改革方案以期达成一致意见。③尔后，朱镕基在 9 月 9 日至 11 月 21 日对 17 个省级政府进行了调研，以确保能获得它们的支持。12 月 25 日，国务院宣布从 1994 年 1 月 1 日起实行新的税收制度。④

1994 年实行的全面税改对消除价格扭曲起到了极大的作用，标志着中国

---

① 关于1994年中国税制改革前后的详尽分析，参见楼继伟（1998）。

② 杨继绳（1998），第426页。

③ 彭森与陈立（2008），第441~445页。

④ 同上，第445~450页。

在经济建设过程中又迈出了关键的一步。[1]此次改革措施由三个主要部分组成：简化税制、税收分成及税收管理。其中最值得注意的是，它废弃了原来复杂的多层级营业税收制度，取而代之的是对所有制造业公司统一征收17%的增值税（少数为13%）。对于服务业，则根据商业性质征收占其营业额3%~5%的营业税。新的税法对原来极为复杂的税收结构作了简化。例如，在原有税制下，产品税税率多达21种，从3%到60%不等，而营业税税率也有4种，从3%到15%不等。新的税法还取消了之前对外资企业征收的多个税项，其中包含税率从1.5%到69%不等的税种40种。经过一系列的简化，原税制造成的严重价格扭曲被消除，低税率部门的过度投资及人为造成的高额利润亦不复存在。

税改的第二个内容是成立了国家税务总局，大大提高了国家征税的能力。政府税收占国内生产总值比重由1995年的约10%上升到2002年的15%，并在此后一直维持在15%~20%的水平；其中约有半数税款被收归中央政府所有。[2]

税改的第三个内容是结束了中央政府与省级政府之间分别协商的税收分成制度，转而采用一种新的统一分税制。在新税制下，消费税、关税及从金融机构中收取的企业所得税被划归中央政府征收。其他税种则被划分至地方政府，其中包括城市土地使用税、土地增值税、财产税，以及增值税中未涵盖的营业税。有些税则由两者共享，其中包括增值税（中央75%，地方25%）。

尽管任何形式的税制都会引起不同程度的价格扭曲，但新的分税制政策对消除之前存在的市场扭曲仍起到了关键作用。新税制带来的最根本变化是，它让中国的企业摆脱了中央财政政策对其直接而快速的影响，同时将微观经济环境从政府的宏观经济政策中分离了出来。在旧有税制下，不同的企业遵循不同的财税标准，这种基于分别商议的财税政策是当时中国企业所面临的主要约束之一。而1994年的税改不仅改善了过去的情况，还为中国的企业创造了一个

① 吴敬琏（2005），第269~274页；吴敬琏（2010），第七章。

② 楼继伟（2008），第334页。

富有竞争性的微观经济环境。这其中包含两个步骤。

第一，在原来的收入分成制度下，所有的税款均先由各省级政府收缴，然后再根据各自商定的标准上缴一定比例或一定数额的税款给中央。而新税制实行的统一征税标准消除了地区偏袒现象，对所有省份（及其辖区企业）均一视同仁。第二，通过取消产品税，新的税收分成制度弱化了地方政府实行保护主义的诱因。①产品税是1983~1984年税改时设置的一个税种，它以销售额为计税依据，企业不管赢利能力如何都必须按此标准向地方政府纳税。这也是当时地方政府收入的主要来源。在新税制实行之前，地方政府为了保证其收入水平不受影响，想方设法地避免外部竞争，国内经济也因此变得支离破碎。只要企业还在运转，哪怕没有任何赢利，都必须上缴产品税。新税制实行之后，政府的主要收入来源被增值税取代，企业只有在赢利的情况下才需要缴纳增值税。这些措施对缓解市场扭曲起到了很大的作用。1994年税改的影响是深远的，它将由原本地方各自为营的混乱局面转化成为一个高效而可持续的竞争环境，刺激了区域经济的发展动力。如今，各地方政府都将着力点放在了改进基础设施及商业环境上，以期在招商引资的竞争中脱颖而出。区域竞争——我们将在后面进行详细探讨——成为中国在90年代中期经济强劲发展的主要功臣。在本章后半部分，我们将会集中讨论这种局面的形成过程，以及地方政府在其中扮演的角色。

八

1992年的价格改革及1994年的税制改革都对消除价格扭曲起到了很大的作用，并为单一价格体系及全国市场的建立铺平了道路。与此同时，新一轮的

① 此处关于产品税的信息，由曾于20世纪90年代初在某县级税务局任职的周卫兵提供，我们对此深表谢意，并对此解读负责。

企业改革也在整个中国蔓延开来。1992 年，中国确立了将实现市场经济作为经济体制改革的最终目标，企业改革的支持者也因此有了一个新的任务：把国营企业转变成为独立、自主并以市场为导向的经济实体。这一决定超越了“放权让利”的基础及经营承包责任制，把中国的企业改革推上了一个全新的舞台。建立一个脱离政府干预并由市场监管的现代企业制度，便成了企业改革下一阶段的目标。

乍看之下，这个想法似乎违背直觉。国企如何能不受国家干预？企业改革内部存在着一个困境：国企不可能完全与国家脱离。一个归国家所有的国企如何变成自主逐利的商业企业？一个比较现实的想法是，减少各种官僚机构及相关的繁文缛节，简化政府和国企间的关系，同时让国企参与市场竞争。此外，由于大部分国企已经处于亏损状态，给国家造成了巨大的经济负担，因此有必要削减国企的数量。我们将会在后面看到，这恰恰是中国政府有能力实现的做法。

从某种程度上讲，社会主义制度下的国企与资本主义制度下的上市公司有些相像。对这两者而言，企业所有者的概念都是模糊的。国企属于“全国人民”，而上市公司属于股东。同时，它们的管理与所有权都是脱钩的。这种相似性也常常被中国的国企拥护者强调。但一个被忽略的事实是，上市公司的运作遵循一整套较为完善的法律和经济制度，这些制度在西方国家已经发展了超过数百年。尽管如此，管理层滥用职权、违背诚信、侵犯股东权益的丑闻在西方企业世界中仍层出不穷。相比它们自身的缺点，中国的国企面临的困难更多在于国家没有建立一个合适的监管框架。尽管中国政府在 1992 年已经接纳了市场经济，但这并没有，也无法抹杀人们思想中的计划经济观念，许多中国领导人、经济学家及普通大众的思维方式依然受其根深蒂固的影响。“社会主义市场经济”这一说法便是由此而来。正因为有着这样的思维传统，公有制在中国社会中依然被广泛认为是共产党政权的经济基础。这种强烈而执着的政治取向使私有化几乎不可能在企业改革中实行。除了意识形态上的偏见，文化上的偏见同样根深蒂固。在中文的语境中，“公”常被认为与公共精神及牺牲精神相关，而“私”则被认为是陷入道德低地的体现。在整个20世纪80年代和90年代，“私”的话题在公开言论中几乎是一种禁忌。例如，当谈话涉及国营企业的对立面时，人们会用“民营企业”来替代“私有企业”。无论是政治上还是文化上，人们对私有化总是充满强烈的敌意。

而另一方面，经过十多年的企业改革后，到90年代中早期，越来越多的国企陷入亏损的境地，政府的经济负担不断加重。1988年的报道称，国企的亏损面为10.9%。该比例到1989年上升至16%，到1990年为27.6%，到1993年超过了30%，到1995年达到40%。[①]1994年，由9个国家部委联合组成的调查组对上海、天津、沈阳和武汉等16个大城市进行调查，结果显示这些城市国企的亏损面已达52.2%。[②]与此同时，国企在工业生产中的比重大幅下降，由1978年的77.6%减少至1990年的54.6%，到1995年更是只有34%。[③]1980年，政府财政收入中用于补贴国企亏损的部分占3.1%；到1994年则已上升至9.3%。对此，经济学家和政策制定者们不禁自问：之前的一系列企业改革到底出了什么问题？为什么国企不能像民营企业和乡镇企业那样成长？是什么阻碍了国企的发展？

在改革初期，国企呈现出来的最为明显的症状，是缺乏活力。自主权的扩大及经营承包责任制的实行都是刺激职工和管理者积极性的手段，初衷是为了给国企注入更多活力。在社会主义制度的指导下，改革并未触及所有制结构。从法律的角度看，国企应为全体人民所有。但对所有人开放的经济资源却不属于任何人，在公有制中这种情况被中国经济学家们称为“所有者缺失”。作为

① 张文魁与袁东明（2008），第79页；彭森与陈立（2008），第515页。

② 张文魁与袁东明（2008），第81页。

③ 该数字是基于武力（1999，第1525页）提供的数据计算所得。

现代经济学的一个思想派别，产权经济学在当时发展迅速，其理论发展的主要贡献者为阿尔钦、张五常、德姆塞茨、诺斯以及科斯。当时中国的经济学家们从中获得了不少理论启发。在产权经济学中，权利界定是建立市场经济的先决条件，这对中国的经济学家及政策制定者而言，意义尤为重大。①中国要想向市场经济继续迈进，就必须明确所有产权的归属问题。产权经济学这一基本思路为中国的市场经济提供了一条便捷的通道，公有制结构也因此得以保全。

为了防止国企倒闭，中国政府费尽心机，经济学家也为产权问题争论不已。而就在这时候，诸城——山东省一个县级小城——却已悄无声息地完成了一系列改制举措，将辖区 288 个国企或集体企业中的 272 个变成了股份合作制企业。这些改制分别于 1992 年末至 1994 年中完成，其背后的推动者是陈光。②陈光于 1991 年担任诸城市市长，1993 年成为党委书记。就任市长之后，陈光很快发现，诸城的绝大多数国企都处于亏损状态，一直靠政府补助生存。然而，诸城市政府已经无力继续补助持续亏损的国企，陈光决定将这些国企出售以缓解政府的经济压力。1992 年 12 月，诸城市国营电机厂被变卖给其职工，成为第一家被改制的国企。当时国家政策明确规定不得变卖国有资产，为了避免与政策抵触，诸城市政府最初提议政府保留 51%的股份，剩下的部分则出售给企业负责人和职工。然而，这个提议被企业职工拒绝了，他们想要的是所有股份。最终，职工们还是买下了整个企业，其中管理层 9 人每人出资 9 万元，中层职工约 20 人每人出资 2 万元，普通职工约 250 人每人出资 6 000 元。新公司以“股份合作制”的形式进行了重新注册。然而，直到 1993 年十四届三中全会之后，股份合作制才被正式承认为国企重组的手段之一。在陈光大刀阔斧的改革之下，诸城市绝大多数国企要不被转为股份合作制，要不被直接关闭。随后，

---

① 这一思想最先出现在 Ronald Coase（1959），亦即张五常所强调并介绍给中国读者的科斯定理，参见张五常（2009）。

② 陈光的事迹在中国广为人知，参见马立诚（2005），第 203~208 页。

陈光撤销了5个企业主管局。由于大多数国企已不复存在，陈光的这个决定几乎没有遇到太大的阻力。

差不多在同一时期，其他一些中小型城市也在进行类似的企业改制活动，其中包括广东顺德、辽宁海城、四川宜宾、黑龙江宾县、山西朔州、河南桐柏、福建宁德以及江苏南通。[①]但这些先行者们并未引起媒体的太多关注。在90年代的后几年中，陈光与诸城仍然是人们对企业改革争论的矛盾中心。在1995年初北京公布的一份政策文件中，陈光被指责为“私有化的先锋”，是“复辟资本主义的带头羊”。[②]直到2001年，北京的一份杂志仍在批判陈光的改革是“破坏社会主义”的罪行。[③]而同年（1995年）7月，山东省政府在诸城召开了全省县一级企业改革会议，会议肯定了诸城的改革成效。1996年1月，时任国务院总理朱镕基派出9个部委共23名官员组成的联合调查组对诸城进行了为期一周的调查。[④]他们在调查报告中对诸城国企改制的经验给予了充分认可。3月，朱镕基本人亲自带队赴诸城进行调研，考察了许多当地的改制企业。调研结束后，朱镕基指出了诸城在企业改革中的几点不足，但同时也对其成效表示赞赏，认为诸城模式值得在全国推广。

而有着众多大型国企的上海，走的是一条别样的改革之路。从19世纪末，上海一直被誉为中国的经济中心，即便到了社会主义时期，其光芒依然闪耀。80年代深圳及珠江三角洲的迅速崛起，对上海的经济地位造成了很大冲击。此外，浦东经济开发区的建立以及江浙两地经济的高速发展，也给上海带来了前所未有的挑战。上海要想有所突破，必须进行改革。上海的国企不论在数目还是规模上均在全国名列前茅，它们之中的大多数都是毛泽东时代的产物，都曾

① 周天勇与夏徐迁（2008），第50页。

② 马立诚（2008），第175页。

③ 同上。

④ 同上，第176页。

是国家的骄傲。为了对其进行改革，上海市政府组织了一个由当地官员组成的访问团，对一些西欧国家进行了参观考察，希望借此学习它们对国有资产的管理方法。[①]访问归来后，他们针对上海的情况制订了一个全新的计划。

该计划的革新之处在于成立了一个新的政府代理部门——国有资产监督管理委员会（简称“国资委”），它一改过去不同部门各管一摊的局面，统一接管所有的国企。同时，国资委还成立了几家国有资产管理公司，每一个公司都将成为多家国企的投资者及所有人。少数极为重要的国企被划归国有资产管理公司单独或共同所有。对于规模较大，但为数不多且重要性较低的国企，国有资产管理公司持大多数股份，同时也欢迎私人投资。而所有其他国企，也是目前所占比例最大的部分，则将被转化为有限责任制公司以及股份制公司，这些公司的所有者结构一般较为多样，包括其他一些国企、境外投资者以及国内企业和个人。在整个过程中，有许多中小型国企被直接清算。经过这一系列的改制措施，国企的数量直线下降。保存下来的国企也不再受政府直接管控，取而代之的是国有资产管理公司。基本上，国有资产管理公司扮演的是类似私人投资者的角色，并受一定的政治约束。另外，由于它们直接对国资委负责，省去了大量烦琐拖拉的审批程序，大大提高了管理效率。

诸城和上海的实践被十四届三中全会上通过的《中共中央关于建设社会主义市场经济体制若干问题的决议》接受。这意味着它们的实践策略——在当时被称为“抓大放小”——已经成为国企改革的重要手段之一。然而，在此之前，尽管私营部门成长速度迅猛，而上一轮企业改革也未能振兴国企，但中国政府坚决抵制私有化的态度仍丝毫没有动摇过。

① 香港大学许成钢教授在当时任职于伦敦经济学院，并直接参与了此次上海官员对西欧国家访问学习的组织工作。此处信息由他本人提供，我们对此深表感谢。

九

除了意识形态上的偏见之外，还有一些现实因素同样足以阻碍国企改制的发展。其中最主要的因素，便是对可能出现的大规模失业以及严重的社会和政治后果的顾虑。在国企改制的过程中，大批工人可能面临下岗，而在 80 年代和 90 年代初，中国并没有一个健全的劳动力市场能够吸收和再培训如此庞大的下岗工人群体。因此，当时的政府明令禁止国企在改制过程中裁员。1994 年在北京召开的一次会议中，时任国务院副总理朱镕基向与会的 12 名国内外经济学家提出了一个难题——如何在进行企业改革的同时避免大规模失业的发生？任何人只要能解决这个问题，用他的话来说，都绝对有资格获诺贝尔经济学奖。[①] 虽然中国于 1986 年底通过了第一部破产法，但出于维护社会稳定的考虑，在该法颁布后的 5 年时间里，全国宣布破产的企业仅为 27 家。[②] 对中小型国企而言，为了在改制过程中避免或尽可能少地裁员，一个常见的办法是将企业出售给其管理者和职工。从本质上看，这种做法与之前企业改制中的“国转股”并没有太大差别。截至 1991 年底，中国已经拥有 3 200 多家股份制公司，其中超过 85%的企业为职工大量持股。这种形式避免了大规模裁员，有利于缓和长期困扰国企的激励问题。但尽管如此，这种方法仍有其自身的局限性。

第二个因素，是国企的“铁饭碗”制度。在国企工作，意味着一辈子不需要为失业发愁，同时还能享受各种福利，例如住房、幼儿托管、教育、医疗及养老金等。许多职工甚至能在退休后直接将工作转给他们的子女。此外，职工的社会及政治生活都围绕着企业进行。这也解释了为什么国企职工，尤其是大型国企职工都对其单位有着强烈的归属感和认同感。“铁饭碗”制度从根本上将中国的工人及企业维系在了一起，从职业生涯的第一天开始到生命结束，职

① 许成钢教授在对本书早期版本的评论（2010 年 4 月 7 日）中描述了这段插曲。

② 彭森与陈立（2008），第 460 页。

工都将与他们的企业共存。毫不夸张地说，中国国企职工，实际上是为其单位所有。这样的制度致使国企职工几乎不可能与其所在的企业分离。与此同时，在经营承包责任制的约束下，工人很少有机会表达他们的意愿，就连选择退出的余地也极为有限。

为了支持国企向现代化企业转型，中国政府采取了一系列措施建立劳动力市场，以解决下岗职工再就业的问题，还为退休职工及失业人员建立起了社会保障体系。该社会保障体系的第一个内容便是建立待业保险基金，并于1993年开始实行。①1994年，由于中国政府正式承认了“失业”的说法，原来的“待业保险”因此变为“失业保险”。②到1995年，失业保险在全国国企职工中的覆盖率超过了70%。与此同时，原来由企业负责的职工养老金逐渐剥离出企业，而是由国家养老基金统一接管。住房改革也于1994年开始启动，并在90年代末基本完成；国企职工允许以低于市场价的价格购买现在居住的企业福利房，意味着他们不需再为变更工作而丢失住房权利担忧。

在1997年召开的中共十五大上，非公有制经济作为社会主义市场经济的“一个重要组成部分”被多次强调，股份制公司也得到了正式的认可。会议过后，国企的改制和精简工作开展得如火如荼，但同时也造成了大规模的失业潮。在前几轮的企业改革中，每当北京放宽限制，许多地方都会积极响应，争做改革的先锋。而在这一轮改革中，湖南长沙以其独特的做法迅速吸引了全国的眼光，成为企业改革在千禧年中闪亮的一点。③

股份制改造在1997年获得批准后，在对国有资产——许多资产的市场价值非常低，甚至为负值——进行重组时，国企职工再安置问题让政府官员感到

---

① 彭森与陈立（2008），第460页。

② 同上，第463页。

③ 该信息得到长沙理工大学教授朱锡庆及长沙市副市长刘晓明的帮助，我们对此深表感谢。他们两人出席了2008年芝加哥大学中国经济改革研讨会。参见刘晓明（2008）。

非常头疼。针对这个问题，长沙研究并推行了一种将产权置换与职工身份置换相结合的改革模式，即“两个置换”模式。这个模式由两部分构成：首先，政府放弃国企唯一所有人的身份，自主降级为小股东，同时邀请外部投资人或企业职工作为大股东；其次，对在改制过程中丢掉“铁饭碗”的职工实行一次性经济补偿——补偿金额以工龄为准——以置换他们的全民身份。事实证明，长沙的模式是卓有成效的，它成功地解决了前面改革所未能解决的两个纠结不已的问题——公有制和失业。

“两个置换”得以奏效的一个关键因素是，政府在改制过程中为国有资产赋予了市场价值，并将其与所有的国企财产（价值已经得到极大的提高）聚拢到了一个公共池子里；这意味着无论企业亏损与否，其职工都能从中获益。由于实行的是统一标准，所有职工不论单位所属都能得到相应的补偿，这种一视同仁的做法也受到了职工的广泛接纳。把资产集中也有利于建立一个资产市场，从而为资产的转移提供便利。由于长沙的成功运作，“两个置换”模式很快便在全国范围内得到推广。①

在新千年，中国出现了一种特殊而值得关注的企改形式——首次公开募股。为了在国内证券市场（深交所和上交所）和境外证券市场（最受推崇的是香港证交所）上市，一些国企进行了重组。上市不仅为企业提供了另外一种集资方式，还刺激了国内证券市场的发展。1992 年成立之后，中国证券监督管理委员会便很快意识到，证券市场将为国企提供一种特权，使它们直接向公众募集资金。事实确实如此，绝大多数上市公司都是国企，或以国企为大股东的公司。直到 1998 年，中国才出现第一家民营上市公司。即便到了今天，经过 20 年的运作后，中国的证券市场依然相对落后；作为一种市场制度，它缺乏足够的能力对上市公司的管理进行规制，从而导致了它在中国快速增长的资本市场

① 张文魁与袁东明（2008），第 132~138 页。

中只能扮演微不足道的角色。①

2000 年之后，国企经历了另一轮更为激进的改制狂潮。2001 年到 2004 年间，国企数量下降近半。此外，国务院在 2003 年 3 月决定采用之前上海实行的改革措施，成立了一个部级代理机构——国资委，剩余的 196 家中央所属的国企（到 2012 年 2 月 3 日已下降至 117 家）统一归国资委负责管理。②随后，所有经营着国企的省市政府同样也设立了类似的但行政级别较低的委员会。经过这一轮改制，所有国企都统归一个监管机构管理，极大地简化了政府和企业之间的关系，但相比民营企业，国企依然拥有许多特权，包括行业垄断等。2003 年 10 月，十六届三中全会召开，会议阐述了中国经济体制改革的下一阶段目标，并明确表示国企改革作为中国经济体制改革的“中心环节”从此结束。③

这最后一轮企业改革开始于 1992 年到 1993 年间，为了防止地方财政因补贴入不敷出的国企而滑向无底洞，地方政府采用了股份制、“抓大放小”和其他手段改制国企。2003 年国资委的成立，意味着改革的结束。作为最后的一轮企业改革，从某种程度上衡量，它是成功的。④它不仅对国有部门起到了巩固作用，还保证了其余国有企业的财务健康。这一方面归功于企业自身对成本的

---

① 关于对中国市场转型中的金融体系所作的系统分析，参见 Riedel，Jin and Gao（2007）。国有资产交易中心的崛起是造成中国证券市场发育不良的一个重要原因。2009 年，这些中心所交易的资产总额达 5 000 亿元，远远高于上海和深圳证券交易所募集的资金总和。关于中国国有资产交易发展的最新资料，参见曹和平（2009）。

② 国有资产监督管理委员会网站主页提供其代理机构、相关政策及其管辖的国有企业的更新信息，可访问：http://www.sasac.gov.cn。

③ 马建堂（2008），第 356 页。

④ 国资委目前面对的最大挑战是要监管整个国有资产交易市场。考虑到国有资产的庞大数额及仍在不断增长的规模——截至 2010 年底，120 家中央政府所属企业的总资产达 24 万亿元，比上年增长 16%——该市场能否高效地运转将直接影响整个经济效益。该数据发布于 2011 年 12 月 20 日，可从国资委官方网站上获得。

有效控制以及生产能力的提升，另一方面得益于它们余留的垄断势力及政治影响力。中国政府认识到，公有制的根本问题在于没有一个良好的激励机制来刺激国企管理者及职工的积极性，因而其在改革期间实行的所有措施，都是围绕这点进行的。中国政府对农村家庭联产承包责任制取得成功的官方描述，也同样反映了它对激励机制的政策倾向；承包制更好地刺激了农民的积极性，得到了农民的广泛拥护，从这点上看，该政策确实是成功的。然而，对于国企业而言，其运作失败的原因则复杂得多。

前面提到的激励机制只是国企的一个败因，至少还有其他两个主要原因。首先，也是最重要的一个原因是，处在市场经济环境中的企业永远面对市场选择；经不起市场考验的企业将被迫退出，其劳动力和资本将会释放到市场中进行重新整合。没有什么秘诀能让企业屹立不倒。“物竞天择”是市场的唯一法则，无法在竞争中生存的企业将破产，经济资源只在更懂得利用它的企业中流动。国家所能做的便是促进新企业诞生，不断加入竞争的行列，迫使所有企业优胜劣汰。同时，国家还能促进破产企业的清算，让它们原来控制的资源更容易地找到新雇主。然而，对中国的国企来说，一旦被创建，基本上就不会倒闭。因为没有退出机制，国企无法与在严厉的市场纪律下经受磨炼的乡镇企业和民营企业竞争。除此之外，由于难以倒闭，也就意味着创建新企业会不可避免地变得非常困难。市场经济一个普遍而关键的动力就在于新老企业的不断更替，但这在当时的中国并不存在，在国有部门中则更不可能。

毫无疑问，管理不善对国企不尽如人意的表现负有一定责任。然而，国企内部人员，包括管理者及其监管者，对企业资产的非法倒卖是导致企业失败的另外一个重要原因。由于缺乏外部监管，一些管理者私自建立个人买卖渠道从企业中攫利。这种大规模的资产倒卖行为肯定与公有制有关，而公有制本身也是造成企业难以倒闭的原因之一。但这些因素都与激励机制没有直接联系。

一般认为，股份制能够解决激励问题。诚然，这是个非常关键的优势。国企改制后被出售给原来的管理者，管理者便成为企业所有人及企业剩余价值的最终权利人。如此一来，他便有了更大的动机为企业谋利。他也许会更努力工作，做出更合理的经营决策。激励机制的改善通常会带来生产力的提高，但这仅仅是股份制的一个优势，甚至还不是最主要的。股份制和股份化能带来的好处远不只是激励机制的改善。

首先，股份制能促进资源的有效分配，提高生产力。权利的界定让经济资源的转移变得容易，企业通过竞争获取这些资源，力求以效益最大化的方式利用这些获得的资源。因此，股份制有效运作的程度，取决于它能将多少经济资源释放到一个自由的资产市场中。如果缺乏一个功能完善的资产市场，股份制在对公有制造成的经济问题面前，也将一筹莫展。在通常情况下，实行股份制就是为了废除中央计划，并创造这么一个资产市场。但如果没有一个运行良好的市场来重新分配资源以便它们能被更好地再利用，股份制的经济效益也会非常有限。①

其次，在市场经济中对资源进行分配实际上是个哈耶克式的探索过程。并没有什么神奇的方法能让资源从一开始就被最有效地利用，资源的有效利用在任何经济里都不是给定的前提。除了通过试错，挖掘使用资源的新途径和新方法，逐渐学习如何合理分配资源外，企业家们别无他法；在不断创业、追求高额利润的过程中，他们便已经无意地将资源运用在了能产生高回报的地方。因此，现实世界中的资源分配，与经济学教科书中将其定义为通过有限手段实现既定目标的说法是截然不同的。换句话说，资源分配与在不断变化的经济环境

---

① 一份详细的实证研究（甘杰、郭研和许成钢，2010）证实了这一观点，该研究结果是基于一个对全国企业进行的调查而得，而该调查的内容是中国在2002~2006年间中国的股份制改造情况。研究结果表明，在经过了股份制改造的企业中，那些进行了重组（例如更换核心管理团队、采用国际会计准则和独立专业的审计方法以及建立董事会等）的企业效益都得到了显著提高，而没有经过重组的企业则表现平平。

中对资源利用的探索是必然相关的。在这个过程中，会有许多新产品被作为试验品不断投入市场，会有新企业出现，也会有旧企业被淘汰，约瑟夫·熊彼特对这种过程给予了一个准确的描述——“创造性破坏”。[①]

在计划经济下，生产要素由国家所有，并通过中央计划进行统一分配，因此，市场体制转型的一个关键步骤，是要提升要素市场的地位，取代中央计划的资源分配职能。在中国的市场体制转型中，要素市场的崛起首先是从地方开始的，随着地方政府参与度的提高，竞争逐步向区域化发展。张五常认为，县与县之间的竞争，是理解中国经济奇迹般崛起的关键。[②]当然，区域竞争并不只限于县级竞争，各省到各镇之间都存在竞争。但是，地方政府究竟为了什么而竞争呢？回答这个问题，可以让我们由表及里，对中国市场体制转型的本质有一个深入的了解。

十

让我们先从争议性较小的企业间竞争开始。在经济学教科书的描述中，完全竞争市场是指，企业为消费者提供同样的产品，消费者以他们愿意付出的价格购买产品，企业完全没有讨价还价的余地。然而，事实上，企业间最重要的竞争也许在于产品创新，即设计新产品以及提供新颖优质产品的能力。当企业无法生产独一无二的产品时，便只能通过削减成本降低价格与对手竞争。这种在教科书中描述的竞争方式实际上是企业在万不得已时才会使用的手段。此外，在要素市场中，企业也会为了获取有利资源及顶尖人才而竞争。除非企业能够保证生产要素的供给，否则它无法在产品市场的竞争中获胜，哪怕它有着

---

① Schumpeter（1942）。关于熊彼特的近期简介及其对经济学的持续贡献，参见Thomas McCraw（2007）。

② 张五常（2009）。

出类拔萃的产品。

需要强调的一点是，形形色色的产品以及要素市场在企业竞争中扮演了非常关键的角色，没有这两者的参与，企业竞争无从谈起。市场为企业提供了一个平台，使它们能在这个平台上争夺资源和消费者。企业在竞争中的表现优劣，主要取决于市场（包括要素和产品市场）的开放程度，以及企业间竞争的自由度。而企业的效率，在本质上则取决于生产要素在应对竞价时转手的速度、要素和产品跨界（物理环境和社会环境）流通的难易度，以及建立新企业和发明新产品的难易度。第二点，也是与市场运作相关的一点，是要为企业活动提供反馈，即奖励那些成功满足消费者需求的企业，同时也要惩罚失败的企业。这就需要保证赢得了消费者眷顾的企业，可以在要素市场上获取它所需的生产资料。然而，若在一个经济体中只有开放的产品市场，而没有与之相对应的开放的要素市场，就会产生严重的问题。

因此，在市场经济中，企业与市场需要分工合作，协同作战，才能让资源利用最大化。它们所面临的这个挑战往往涉及开发新产品、淘汰过时的旧产品、创立新企业、关闭资不抵债的旧企业。市场的运作不是免费的，而交易费用的存在呼唤企业的诞生——如果交易费用为零，所有人只会各干各的，并完全依赖定价机制进行交流——但企业的存在并不意味着市场失败。[①]企业本身无法替代市场，也无法降低其重要性。相反，企业的建立和运作需要开放和竞争的市场，否则企业不会知道该生产什么，也不知道该如何经营。列宁主义者认为，可以把整个国民经济当成一个大型企业来运营，而不需依附任何市场。这种论断只是一种幻觉，所有依照这种模式进行的尝试最终都输得一败涂地。中国的实践已非常清楚地表明，没有各种市场力量的不断支持和约束，企业是无法正常运作的。另一方面，任何市场的出现也并非自动的。许多现代市场遵循复杂

---

① Coase（1937）。

的规章制度，其运作方式也会随着时间的推移而发生显著的改变。为了维持市场的健康运作，国家会强制实施许多制度来规范企业活动。正如其他人类行为一样，人们在建立市场上花了很多心思，但通常到头来都会由于种种原因而失望收场。譬如，市场运作会因买卖双方信息的不对称而受到阻碍，市场秩序会因太多或太少的管制而无法保持稳定，或者由于诸多因素限制了市场交易量，而使运作市场的商家血本无归。企业、市场和国家这三者如何通力合作来维持一个灵活而富有弹性的生产结构？这个问题依然耐人寻味。①

而地方政府间的竞争很显然是为了争夺资本投资。地方政府官员到处开会，甚至跑到国外招商引资，陪各种商人吃饭唱歌，都是为了拉拢他们到自己辖区的工业园投资。

1980 年四大经济特区的建立，1984 年 14 个沿海城市对外资的开放以及 1990 年浦东新区的发展，都极大地刺激了区域性经济的增长。1992 年以来，各式各样不同级别的工业园——有时也叫高新经济区、自由贸易区、出口加工区及经济技术开发区等——在中国各地如雨后春笋般地出现。②在这一轮对外开放进程中，国务院在全国范围内审批通过了数十个国家级经济技术开发区的建设项目。较为著名的两个项目是 1994 年建成的苏州工业园区及昆山高新技术产业开发区，其中苏州工业园区由中国及新加坡两国政府共同运营。截至 2010 年 10 月，中国的国家级经济技术开发区多达 90 个，它们在整个国民经济中起着非常重要的作用。③平均来说，国家级工业园的经济增长率大概为全国国内生产总值增长率的 3 倍。除了国家级工业园，还有数以千计的省市县级工

① 关于这个问题的初步探讨，参见 Coase and Wang（2011）。

② 下文关于工业园的描述是基于王宁对浙江、上海、安徽、广东、福建、湖北、江苏、湖南、四川及北京的实地考察而得。

③ 中国经济技术开发区的最新名单可在中国商务部网站上获得。此处数据来自 http://www.mofcom.gov.cn/xglj/kaifaqu.shtml，2010 年 10 月 23 日。

业园遍布中国各地。许多乡镇政府甚至拥有不止一个工业园。地方政府一般会将工业园设址于更接近高速公路的郊区，以利于它们更好地发展。在很大程度上，工业园在中国扮演的角色与80年代的经济特区非常相似，都是为了给国企占主导的经济结构之外的企业家提供更多的机会。不同的是，经济特区的数目有限，并主要集中在沿海地区，而工业园则随处可见。

为了吸引更多的潜在投资者，地方政府对工业园的规划可谓费尽思量，园区内各种设施包括水电、下水道、宽带及通信设备等一应俱全，投资者甚至还可以自己修建办公室及工业建筑（租用亦可）。一旦园区建成，地方政府便会承受不小的招商压力。因此，在区域竞争中，为争夺资本投资，各地方政府可谓煞费苦心。它们往往会尽心打造良好的地方基础设施和商业环境以谋求商界投资的青睐，从而增加工作岗位，创造税收，并拉动当地的经济发展。但由于工业园的数目庞大，无处不在，相互间的竞争激烈异常。许多地区甚至实行了“配额制”，要求所有的政府单位（包括教育和环保部门）必须完成一定量的引资任务。

在一个工业园中，有一些企业是被积极招募进来的，包括一些行业领头羊以及高科技产业的后起之秀。大多数企业则是通过公开申请的方式进入的。这些企业中创业型公司占绝大部分，只有小部分企业是从别处迁移过来的。在它们当中，有一些也许是已经存在的企业的分拆或移植部分。例如，在90年代，有许多沿海企业为了避开不断上升的劳动力成本而迁移到了内陆。随着内陆省份商业环境的日益改善以及交通设施（包括高速公路、航空及铁路等）的惊人发展，广东、福建、浙江和江苏等沿海省份的许多企业纷纷转驻内陆，这些企业也成为内陆工业园招商的主要对象。由于前景看好，新兴的合资型高科技创业公司在风险投资的支持下正不断增加。

工业园的行政制度各有不同，但大体框架还是能辨识的。一般来说，一个工业园由两个职能部门监管，但这两个部门的人员配备是一样的，也就是所谓的“两块牌子一套班子”。其中一个部门相当于为工业园专设的政府分支机构，它能提供企业建立和经营所需的所有政府服务，包括注册、许可审批及监管。这种一站式的服务省去了企业为获得各种许可而在不同政府机构间奔波的劳苦。另外一个部门则是非政府性质的，通常被称为工业园管理委员会。该委员会主要负责监管园区的日常运作，并为园区内的企业提供行政服务。与传统的政府部门不同，工业园的管理者一般都比较年轻，受过良好教育，富有进取精神，并熟悉经济事务。园区企业和管理部门之间更像甲方乙方的关系，与国有企业及其主管机构之间压抑的官僚关系鲜有相似之处。

尽管如此，由于旁边还挂着政府分支机构的牌子，因此在性质上，园区的管理部门和一般的业务开发部门有着天壤之别。在招商引资上，地方政府总是会主动出击，而不是守株待兔般等投资自己找上门。从商人的角度来看，企业选址最关键之处是商业环境，包括政府服务的效率以及获取所需生产资料的难易程度。在市场经济中，一个功能完善的地方政府的称职表现无非就是能保证地方公共品的供给，而中国的地方政府做得远远比这要多。

要理解中国地方政府所起到的积极作用，我们首先必须认识到，像中国这样庞大而多元化的国家，价格管制的解除及股份制改造并不会自动生成一个全国性的生产资料市场（资本资产市场则更不可能）。1992 年的价格改革废除了价格管制，价格机制得以运作。随着消费者主权的盛行，一个全国性的产品市场也随之兴起。但要素市场则不然。在计划经济时期，所有的生产资料都掌握在国家手中。尽管国企改制成功地将生产资料从政府手中释放了出来，但这并不意味着它们能在一个竞争的环境下被出售。

从本质上而言，地方政府所做的，是提供一种组织服务，即让所有的生产要素组织起来更好地为企业所用。但这并不表明地方政府有什么信息优势，在资源利用上有更为高明之处，我们在后面很快便能看到。经济学教科书对生产函数的描述会给人一种暗示，即我们只要将生产要素集中起来，它们便能自动转化成产品，但在真实的经济中，情况并非如此。生产要素向产品和服务的转化需要在一个生产结构中实现，该生产结构通过各种安排——包括非人为操控的定价机制、契约及非契约性人际关系——对生产要素进行组织协调，最终将生产要素转化成商品。[①]在这个巨大而我们又依然知之甚少的领域里，组织是关键。阿尔弗雷德·马歇尔甚至将组织视为一种“独特的生产要素”。[②]但是，不发达经济体的典型特征正是组织不力。的确，在经济不发达地区，组织能力通常会比资本投资更为欠缺。在中国，组织真空被地方政府填补，它们在调动资源方面仍能发挥巨大的力量。

随着工业园不断增多，为了赢得投资，各地方政府不得不使出浑身解数去说服投资者选择自己的园区。每一个地方政府都会声称自己的园区拥有保障企业成功的所有要素，但企业种类繁杂，要满足各方需求并非易事。一些企业选择工业园只是为了享受政策优惠，例如低劳动力成本和宽松的管制等。20 世纪 90 年代末期，中国政府就对在西部落后地区投资的企业给予了极大的税收减免及其他优惠。其中一些是外企或沿海企业，它们希望在内陆地区寻找合作伙伴以扩大经营范围。还有一部分企业是创业型公司，它们怀揣着前景无限的商业计划或新技术，但却缺乏资金、管理人才或技术团队。

因此，工业园常常会针对不同的企业提供不同的服务以满足它们各自的需求，比如提供便利的劳动力及地方供应渠道，协助企业获取银行贷款和招聘高级人才等。这就表明，在某些企业的组建过程中，地方政府的参与程度很高，尤其是对那些有可能带来巨额税收的企业或能产生溢出效应（例如吸引其他企业入驻或提高园区知名度）的企业。为了得到这些企业的青睐，地方政府往往会与它们紧密合作，为其甄选当地供应商，协助其招聘人才，有时甚至会不惜成本从别的城市招揽人才，并帮助其获得银行贷款。然而，一旦企业进驻并开

① 例如，Coase and Wang（2011）。

② Marshall（1920），第 115 页。

始经营，地方政府便功成身退，给企业完全的自由。

十一

20 世纪 90 年代中期以来，中国的地方政府和企业之间出现了一种新的关系。80 年代，地方政府是国营或集体企业所有者，也往往是台前幕后的经营者，从而催生了“地方统合主义”（local corporatism）。①到 90 年代中期，随着越来越多的国企面临亏损，地方政府开始放弃它们对当地企业的所有权控制。这一举动从根本上改变了地方政府与其辖区内企业关系的本质。当地方政府经营企业时，即便条件允许，它们也很难能做到公平对待其他的民营企业，尤其是那些竞争对手。此时，全国只有不到三分之一的国有企业能保持赢利。而地方政府（省级及以下级别）手中国企的财务状况要比中央所属企业糟糕得多。在许多县级城市中，通常只有很小一部分国企资能抵债。当手中的国企成了财政负担，地方政府便迫不及待地以发展工业园作为新的财政收入来源。这也就不奇怪为什么当 2001 年国务院号召“政府职能转型”时，地方政府会如此热烈地响应。它们很快就把自己从监管者的角色中脱离出来，砍掉各种繁文缛节及政府管制，摇身一变，开始为企业提供各种商业服务。

随着竞争的日益加剧，地方政府很快便意识到，要想更有效地吸引投资，园区建设必须有自己的特点和专向，要选择一个具有长期效益的产业集中发展，而不应该大撒网。这个政策转变促进了地方化经济或产业集群的形成，为中国的区域经济开辟了一个新局面。产业集群是工业化进程中的普遍现象，但中国的情况却有些特殊。我们先以美国为例。在美国，很多创业型的IT企业会选择硅谷作为大本营。像Facebook（脸谱网）的几位哈佛高才生创始人就选择

① Oi（1992）；林南（1995）。

了硅谷，而不是他们的学校所在地波士顿。在市场经济环境中，企业家尤其是行业新进入者，往往会将自己的企业设址于现有的行业中心区，这样做有利于直接分享行业中心区的各种溢出效益，而新加入的企业又能为中心区的持续发展和扩张做出贡献。这种良性循环无疑强化了产业集群，保障了地方化经济持续稳定的发展。

然而，中国的地方化经济有着一条与众不同的发展道路。地方化经济本身并不意味着产业只集中在一个地区发展。中国辽阔的疆域给了雄心勃勃的工业园足够的空间去挑战现有的行业中心。表面上看来，重复投资似乎是中国经济体制改革的一贯特点。这种现象也常被诟病为中国经济效率严重低下的表现。然而，实际情况其实更复杂。首先我们要明白一点，重复投资并不是一种新现象。早在20世纪50年代毛泽东致力于地方分权之后，分权化便已经是中国经济的常态，并在60年代达到高峰。当时，每一个县级或以上的地区都以建立一个包罗万象、自给自足的产业结构为目标。然而，这种为满足自给自足政策而造成的重复投资，与区域竞争造成的重复投资在性质上是不同的。中国目前的消费品市场涵盖了市面上大部分的消费性产品，企业也因此不得不遵循相同的市场纪律。这与毛泽东时代各地区间自给自足、互不相干的情况形成了鲜明对比。

尽管如此，中国重复投资现象的存在仍然令人费解。在劳动分工及贸易的基本经济逻辑下，人们只专注于生产一种或极有限的几种产品，而自身所需的大多数消费品则从别处获得，亚当·斯密对此进行过非常深入的描述。大卫·李嘉图在此逻辑的基础上添加了地域因素，形成了我们所熟知的比较优势法则，即各个地区根据自身优势发展与之对应的产业，而自己不生产或无法生产的产品则通过进口获取。通过专业分工和贸易往来，不同地区间形成了符合各自优势的产业集中区。由此推理，中国许多地区出现的重复投资现象被认为是政策扭曲所致，背离基本的经济逻辑。

我们拿汽车产业为例。在经济体制改革之前，中国的汽车产业由两家中央直属的国营企业主导，分别是1953年在长春建立的中国第一汽车制造厂，以及1966年在十堰建立的中国第二汽车制造厂。两家制造厂的主要产品都为卡车。20世纪80年代，许多外国汽车制造商进入中国市场。1984年，克莱斯勒公司与北京汽车公司合作成立了中国第一家整车合资企业。随后，广州、南京和上海也陆续发展成为中国汽车产业的中坚力量。90年代中期，中国卡车制造的产能利用率仅为36%，公交车为30%，轿车相对较高，为65%。此时，上海政府决定加入已经拥挤不堪的汽车产业，为上海汽车工业公司建立了一条全新的汽车零部件供应链。[①]2000年，湖南省省会长沙也挤进了这个产业圈，目的是为了吸引新企业进驻其辖区的经济技术开发区（该开发区创建于1992年，在2000年获批成为国家级的经济技术开发区）。上海和长沙都是汽车零部件制造业的新进入者，而长沙在90年代末还只是圈子里无人问津的一个小角色。

这种重复投资的负面影响受到了广泛关注。有评论家批评道："（重复投资的）结果是，各地区并没有按照其比较优势进行分工。相反，它们将投入都集中在了相似的产业和产品群中，致使不同地区间产业结构趋同。"[②]重复投资造成的产能过剩及低利用率都表明，中国的经济体制在资源分配上效率低下。但我们不得不承认，区域竞争在某种形式上必然会造成重复投资。绝大多数外国汽车制造商在中国的合资企业都不止一家，通用汽车就是一个例子。2011年9月，它在上海的第11家合资企业正式营业。[③]若没有一定程度的重复投资，区域之间的正面竞争便不可能形成。在市场经济中，经济活动者必须弄清楚两个问题——生产什么以及如何组织生产。如果我们将市场经济的发展看作一个开放的学习过程，那么企业在重复投资中造成一定"浪费"则不可避免。

---

① Eric Thun（2006）。

② 黄亚生（2003），第261页。

③ Rachel Tang（2009）。

此外，重复投资虽然导致了有形资本的浪费，但它对生产技术在中国的传播以及工人技术的提高起到了相当大的作用。可以说，它对人力资本的贡献超过了它对有形资本所造成的损失。从另一个角度看，重复投资可以称得上是社会学习的一个有效机制，能迅速地将工业化撒播到以农业为主的实体经济中。70 年代末，当中国首次宣布对外开放时，一些诸如圆珠笔、石英表或微型录音机等简单的商品都需要进口。在重复投资正面效应的刺激下，中国的制造业取得了非凡的进步，到 90 年代末，中国的企业已经能够生产范围极广并在价格上极具国际竞争力的工业产品。中国对外出口的转变也经历了类似的阶段。1980 年，占中国出口比重最大的是以石油产品为主的主要原材料。工业制成品的出口占比不到 50%，其中纺织品的占比超过 50%。这样的出口结构持续到 80 年代中期，而后工业制成品成为出口重头。到 2000 年，工业制成品在中国出口商品中的比重已达 90%，其中纺织品比重则下降到了 25%。中国的制造能力——包括实体投资、个人技能及管理水平——无论在速度上还是规模上都得到了惊人的提高，这也被公认为中国全球制造业大国崛起背后的驱动力。

规模经济的传统观点认为，有形资本的未充分利用是经济效率低下的表现之一。正因为如此，重复投资被指责为导致规模经济损失的罪魁祸首。然而，我们在对中国工业园及区域竞争进行研究时，却发现了更为微妙的一面。我们知道，任何制造业或工业的发展都需要足够的资金和劳动力投入。而对规模经济的传统分析只着眼于资本层面，也就是阿尔弗雷德·马歇尔所说的“内部经济”，而劳动力因素，也即“外部经济”，则被忽略了。[①]发生在中国的重复投资及其造成的资本投资的低利用率，使得产业化得以广泛传播，并引起了人力资本在现代制造业中的爆炸性增长。譬如，有许多外来务工人员原来在工厂里打工，通过学习掌握了一定的技术及管理经验后，纷纷辞职自己开起了小公司。

① Marshall（1920），第 221 页。

通过这种方式，内部规模经济（资本）的损失在外部规模经济（劳动力）方面得到了补偿。

在这个过程中，地方政府所起的作用非常明显。我们在前面提到过，在常规的市场经济中，企业不得已设址于现有的行业中心，从而加强了地方化经济的发展。任何试图“自立中心”的行为都是徒劳的，甚至在大多数情况下，与自杀无异。而地方政府则不然，它有能力挑战现有的行业中心，而另辟蹊径，新开辟一个中心。前提是它能说服足够多的企业入驻其辖区工业园，并使工业园在短时间内达到一定规模。但如果没有民营企业的支持和参与，它们不可能成功。本质上，地方政府在工业园运营上所起的作用，就是为企业搭建发展平台，通俗地说，即“政府搭台，企业唱戏”。此外，激烈的区域竞争促进了行业洗牌，无法得到业界支持的政府举措将被迅速淘汰出局。

值得重点强调的是，在中国经济体制改革过程中出现的区域竞争，主要在于地方的积极参与。1992 年的价格改革和 1994 年的税制改革消除了价格扭曲，并帮助建立全国公共市场；类似地，国企的股份制改造也促进了人才及资本资产的释放，使地方政府从监管者的角色转变成为服务提供者，为企业打造了一个更公平的经营环境。然而，区域竞争中的主角，则是地方政府，及其身后的民营企业。

关于中国分权化的政治结构及其对中国市场转型造成的深远影响的文献汗牛充栋，并且继续爬高。①正如我们在前面讨论的，毛泽东行政分权的影响一直绵绵不绝。但毛泽东的想法来源于历史悠久的郡县制。中国有句广为人知的俗语：“天高皇帝远。”所谓的郡县自治，实际上在很久以前便已经是中国政治结构的典型特征。

---

① 文献中最为著名的文章很可能是Montinola，Qian and Weingast（1995），亦可参见Jin，Qian and Weingast（2005）的更新内容。关于各种批评性资料，参见Cai and Treisman（2005~2006）及陶然和杨大力（2008）。关于更新资料及分权争论复杂的形成过程，参见许成钢（2009）。

但财政和行政的分权并不一定能形成区域竞争。毛泽东时代便是个很好的例子。当时，毛泽东对分权的努力及对地方经济自给的追求是自上而下的，以期打造一种细胞经济，让每个地区都拥有相似而又独立的经济结构。然而，区域竞争必然是自下而上的。分权化的政治结构本身只能为区域竞争提供一个舞台或平台。我们必须从别处寻找激活这个系统的催化剂，是它在中国这个分权化的政治结构中制造出了富有生气的经济动力。

这个不可或缺的催化剂实际上是思想层面的，或者说是知识层面的。如果我们把毛泽东和邓小平两个时期中国的经济状况作比较，便很容易理解这句话的含义。毛泽东对他的经济政策非常自信，决心之大以至于不惜反对一切阻力也要将其实行到底，而邓小平则直陈自己在社会主义经济体制改革上缺乏经验，两者的态度大相径庭，对比鲜明。中央领导层对自身认识缺失的坦诚使改革的试验性举措成为可能，同时也使中央政府有意愿向地方政府下放权力。如果将中国的这些试验性改革与其他转型经济作比较，我们会更容易明了其后的天机。波兰制度转型后，莱舍克·巴尔采洛维奇成为负责波兰转型的中心人物，曾两次担任副总理（1989~1991、1997~2000）。他说："我们没有钱去试验，那些富国如果想试验就让它们去吧。对于我们来说，最好的办法就是跟着可行的模式走。"①而邓小平在对待改革问题上则很坦率地承认道："我们现在做的事都是一个试验。对我们来说，都是新事物，所以要摸索前进。既然是新事物，难免要犯错误。我们的办法是不断总结经验，有错误就赶快改，小错误不要变成大错误。"②

在地方实行试验性改革的另一个好处是，当试验出现问题时，问题只局限于地方，代价和破坏性都比较小。③这种富有竞争性的地方试验在经济体制改

① Sachs (1994)，第 6 页。

② 邓小平，"答美国记者迈克·华莱士问"，1986 年 9 月 2 日，《邓小平文选》第三卷。

③ 钱颖一与许成钢（1993）。

革伊始便取得了成效，对农业改革的作用尤为明显。一旦北京放弃垄断经济政策的权力，允许并鼓励地方试验性政策的出台，区域竞争便如火如荼，在神州大地迅速展开。

中国中央领导层的这一思想转变意义深远，正是这个转变，催生了有中国特色的市场经济。经济自由已完全被接受，甚至还受到中央和地方政府的推崇，即便是基于不同的原因。对北京而言，经济的自由让地方政府有足够的积极性进行各种改革试验，这一点也被证明是推进改革前行的可行之策。对地方政府官员而言，当地的经济表现则是事关自身晋升的关键依据。中国所有地方政府的一把手都是由中共中央组织部直接任命，从20世纪90年代初开始，经济业绩便是官员晋升机制中的关键一环，多年来，这一标准的重要性日趋突出。[①]

区域竞争还有另外一个重要维度至今未受到学者的广泛关注，而这一维度有助于揭示中国市场经济的重要一面，并从新的角度阐释了我们在这一部分开头所提出的问题：在区域竞争中，地方政府究竟竞争什么？毫无疑问，地方政府间竞争的一个目标，是投资。但是，当地方政府在竞相招商引资，打造它们的工业园区时，它们同时也在另一个层面上竞争：地方政府把它们发展当地经济的想法也放在台面上竞争。如果将这个竞争放在一定的历史背景之下，我们会发现这一微妙而又极其重要的维度将变得越来越清晰。

在毛泽东时代，经济上的分权必然也为地方经济实践提供了一定的空间。然而，在当时政治运动的背景之下，这些实践持续的时间都不长，并且很快被政治运动所绑架。许多在后来被归咎为导致经济决策失误的实践活动，最初都是地方实践的产物。例如公共食堂最先是在河南兴起，最早的人民公社也出现在河南，而著名的“大寨模式”则是在山西诞生。在应对各自所面临的问题上，这些地方实践都有一定的合理性，在当地产生了一定的效果。然而，一旦某个

---

① 关于该政治体制的详细和深刻的分析，参见许成钢（2009）。

实践得到中央首肯，便会被贴上“普遍适用”的标签，然后在全国范围内进行推广和强制施行。由此导致的灾难性后果如今可谓尽人皆知。

而邓小平时期，中央政府对待地方实践，则采取了不同的方法。除了包产到户，北京对把地方实践推向全国的做法表现得非常谨慎。通常情况下，一旦某个地方实践获得北京批准，其他各地政府会主动拜访该地区进行了解和学习。但大多数时候，这些地方政府都会根据自身情况自主判断和决定是否采纳这一措施。

由于各级政府（从省市到乡镇级别）都在尝试寻找最适合自身经济发展的方法，整个中国变成了一个大实验室，各种不同的经济试验遍地开花。各地城镇因此发展出了许多以地名命名的发展模式。在地方竞争中，不同的制度安排、加快地方经济发展的不同想法以及对新产业前景或现有产业未来的判断，在同一时刻不同的地方经济试验中全部付诸实践。辽阔的幅员加上地区属性的巨大差异，都为地方试验和竞争创造了有利的条件。与此同时，90 年代中期形成的价格和税收统一制度与全国公共市场共同缔造了统一的市场纪律，保证了区域竞争的有效进行，总体上对提高地方效率起到了积极的作用。中国在空间上的优势也因此被直接转化成经济发展的速度，“空间换时间”，而这正是理解为什么中国市场转型速度如此惊人的关键所在。与毛泽东时代中央政府强制“大力推动工业化”的发展战略不同，中国在 90 年代推行的策略是发展工业园，数以千计的工业园拔地而起，体现出各地经济发展的前景及产业化的积极性。毛泽东“百花齐放，百家争鸣”的美好愿景，如今至少在经济领域得以实现。

十二

随着中国市场经济体制的发展，大量外来资本进入中国，这一现象成为中国区域竞争的另一特征。对各地工业园来说，境外投资，尤其是《财富》500

强企业，一直都是它们竞相争夺的重要目标。中国政府从一开始就不断强调“开放”政策是中国经济体制改革中极为关键的组成部分。正因为如此，中国长久以来都是外商直接投资的理想之地。来自香港和台湾的外商直接投资在80年代便大批涌入，但别的地区或国家的投资则是到了90年代才开始流入中国。80年代，中国的外商直接投资额平均为每年20亿美元。邓小平南方视察之后，投资额激增，到90年代中期后保持在年均400亿~600亿美元。

由于外商投资的企业遍地开花，一些学者担忧中国会对外商投资过度依赖。①1994年，外资对中国投资额占全国固定资产投资总额的17%，到2000年，该比重下降至10%左右，在随后的时间里，尽管投资额在不断增长，该比重却持续下降。但实际上，在中国经济体制改革刚开始的时候，外资便在中国经济，尤其在制造业中占据了主导地位。许多产业都被外企主导，这种现象在任何领域都非常普遍。例如，80年代，台湾企业在服装和鞋类行业中的持股权比重为71.8%，竹制品和木制品为75.7%，皮革制品为79.6%。与日本和韩国不同，中国的汽车产业虽然发展迅速，但一直以来都是被世界各国的企业所主导，包括美国的通用汽车、福特和克莱斯勒，日本的本田、丰田、日产和马自达等，韩国的现代起亚，以及欧洲的大众、菲亚特和标致雪铁龙。其中，大众汽车多年来一直占有中国最大的市场份额，直到2007年，通用汽车后来居上，取代了它的地位。

对一个国家来说，外商直接投资至少能为其带来三方面经济利益。首先也是最重要的是，对于缺乏国内资本的国家而言，外商直接投资提供了现成的替代品。在中国改革开放之初，正是香港和台湾对广东的大力投资，才成就了日后珠江三角洲地区的兴盛。第二，外商直接投资往往附带着先进的科学技术和管理技能，有助于促进接受国对现代科技及商业管理技术的吸收。第三，引进

① 例如，杨继绳（2003），第20页。

外资的同时，接受国还有机会接触到投资方所在国的市场，对发展出口大有裨益。在中国，如果外资企业是出口导向型企业，吸引外资的企业还能获得特殊奖励。所以，当了解到中国出口总额的三分之一都是外企贡献时，也许你就不会感到那么吃惊了。在某些行业中，外企甚至还是占据着主导地位的重要出口商，也正因如此，中国的贸易地位从1978年的全球排名第30，蹿升到了2009年的全球第一；而现在，中国则成了世界上最大的出口国，以及世界第二大进口国。

在许多关于外商直接投资的文献著作中，国内经济是否以及在多大程度上得益于外资技术外溢效应，一直是个具有争议的问题。许多学者试图通过计量经济学的方法，去研究某个行业或城市中的外资在多大程度上能够提升国内相同行业企业（或相关上下游企业）的生产能力。其中一些研究表明，外资对国内企业生产力并没有明显的带动效应，有些研究则发现了一些相关性，但并没有普遍预期的那么显著。中国能吸引大量外资靠的是低廉的劳动力成本和相对宽松的监管环境，因此，外资是否对中国技术进步起到了实质作用，人们对此普遍持怀疑态度。

然而，即便并未带来高新科技，外商投资在中国的普遍存在，仍对技术的传播和推广起到了重要的作用。拿广东为例，20世纪80年代，广东鞋类制造业的兴起主要得益于台湾企业的投资。尽管缺乏高科技支持，但知识技术在中国工人间仍得到了广泛传播。上海的国营制鞋企业在技术上甚至可能比台湾的企业更好，但这并不能说明鞋类制造业的外资没有对中国的技术进步做出过贡献。当一家台湾企业进入后，它会在中国大陆农村招工，也就意味着这些本来身无长技的工人能够在工作中习得生产技术。而工作几年后，他们也许就能够自行创业。过去30年里，中国民营企业在学习现代化技术及提高产品质量上的进步速度之快，已经成为带动中国工业化发展的重要因素，对此，外资功不可没。

与此同时，境外投资者也获得了高额回报。在华西方企业数量越来越多，对它们而言，中国的市场甚至比本国的市场还要庞大。《华尔街日报》在最近的一份报告中预测，一些西方的汽车品牌在中国市场的销售额很快便能赶超它们在本土市场的销售额，其中包括梅赛德斯-奔驰、奥迪以及通用汽车的几款车型。[①]中国市场的发展为世界顶尖汽车制造商创造了一个千载难逢的机遇。从一个产业到另一个产业，中国俨然成了全球发达市场经济用来展示成果的陈列室。

十三

1992 年初邓小平开始南方视察之时，社会主义意识形态控制了当时的政治辩论，中国的私营部门遭遇了低谷。尽管此前它在 20 世纪 70 年代末到 80 年代间曾经历了长达 10 年的高速增长期，私营企业饱受意识形态的诟病。经过十多年的改革后，非国营部门的惊人增长为中国的经济雪中送炭，带来了活力和强劲的发展动力，国企则仍然深陷资不抵债的不良境地。苏联和东欧的剧变让中国政府对不断壮大的私营部门及其对社会主义制度潜在的侵蚀表现出了前所未有的警惕。随着东欧社会主义国家的剧变，党内某些圈子如同条件反射般地“强公遏私”，唯恐中国会不知不觉地陷入资本主义“和平演变”的圈套之中。然而，邓小平却有着不同的想法。邓小平认为，中国共产党能在 1989 年的风波中幸存的主要原因，是此前的经济体制改革提高了人们的生活水平。因此，邓小平极力主张要把改革开放作为中国实现社会主义强国的可行之策继续推进。在这一关键时刻，邓小平凭一己之力，将岌岌可危的经济改革从悬崖边上拉了回来。

① “China’s Auto Sales Run Hot”，《华尔街日报》，2010 年 10 月 23 日。

邓小平南方讲话中对进一步深化改革的要求，对中国第二轮经济体制改革起到了积极的推动作用，经过几年（1988~1992）倒退后，中国的经济体制改革得以重新起步。此轮改革主要由三方面力量主导：全国公共市场的发展、国企的股份制改造以及区域竞争的崛起。全国公共市场的形成及国企改制的实现，使民营企业间的竞争公开化。当区域竞争席卷全国的时候，企业之间的竞争已变得更为激烈和有效。三者的结合，造就了极具中国特色的市场经济。

中国在过去30年的市场转型历程中所取得的辉煌经济成就，让中国领导人和普通大众对市场经济的信心陡增。但必须谨记，市场之所以存在的最终原因是人性的弱点。如果中央计划者真如社会主义经典模式所假定的那样无所不知无所不能，那市场将确实只是一场浪费资源的游戏。目前正在进行的中国市场转型研究忽略了非常重要的一点，即毛泽东之后的中国领导层——尤其是邓小平，对他们在市场经济建设上经验的欠缺有着充分的认识。既无现成的模式可循，也无周详的计划可依，他们只好采用试验的方式进行改革。在区域竞争中，作为一种学习的有效途径，这种试错策略的确行之有效。然而，成功孕育着失败，当人们以为他们已经非常幸运地得到了一个能永远适用的防错公式时，失败的种子便已悄然发芽。

第六章

从单一市场经济到多元市场经济

当2008年中国市场转型芝加哥研讨会于7月18日闭幕时，罗纳德·科斯在总结演说中提出了“中国的奋斗，就是世界的奋斗”的论断。[①]2008年12月10日，《时代周刊》发表了一篇关于中国市场化改革30年的评论，强调了邓小平在这个传奇故事中英雄般的作用。在结尾处，该评论指出：“这是我们时代的伟大故事。它是我们所有人的故事，不仅仅属于中国。”[②]

在毛泽东1976年逝世之后，这个传奇故事翻开了第一章。后毛泽东时代，中国政府坚决地改弦易辙，放弃了阶级斗争，将社会主义现代化作为实现社会主义优越性的渠道。中国政府终于意识到了从50年代中期便开始占据统治地位的极端意识形态的错误和危害，这种认识上的转变让常识与务实的态度在制定政策时有了一席之地。中国在领导权与政策上的变化放松了僵化意识形态的控制，为之后的经济改革打下了基础。在毛泽东时代，一次次政治运动并没有将中国带向承诺中的共同繁荣社会。强烈的沮丧和不满的气氛在社会中蔓延，对于在毛泽东时代丧失权力的党内老干部，被打为“右派”的知识分子，以及

① Ronald Coase（2008），2008年中国市场转型芝加哥研讨会上的总结演说。

② Michael Elliott，“Thirty years after Deng: the Man Who Changed China”，《时代周刊》（2008年12月10日）。

大部分在农业集体化之后艰难求生的 8 亿农民来说，这样的感受尤其明显。他们迫不及待地要求变革。

当中国政府放弃阶级斗争，选择了社会主义现代化，终于结束政治斗争的负和博弈，开始了经济发展的正和博弈。毛泽东宏伟的社会主义试验所带来的苦果，已经教会了中国人民对任何伟大蓝图和改革方案保持怀疑的态度。与此同时，由于长期与外界隔绝，除社会主义之外，中国领导人对任何别的发展方式几乎一无所知。这让他们别无选择，只能从实际出发，或是改进，或是修补现行的经济体制。依旧团结在社会主义理想之下，他们试用各种不同的方式来解决现实中的问题。然而，到 20 世纪末，中国并没有像 1978 年中共《十一届三中全会公报》中所宣称的那样庆祝自己成为了一个基于集体所有制和中央计划的“伟大的社会主义现代化强国”，而是一个民营创业精神高涨、市场力量生机勃勃的市场经济。中国的故事恰恰体现了亚当·弗格森指出的“人类行动的后果而非人类精心计划的结晶”的精髓。①一个中国谚语将这个故事描述得更加诗意：“有心栽花花不开，无心插柳柳成荫。”

一

中国的经济改革，从始至今，从来都没想到放弃社会主义，而转向资本主义。相反，改革的目标是“社会主义现代化”，改革被看作第二次革命，一次新的长征。中国政府一直矢志完成毛泽东尚未实现的发展经济的遗愿，正如 1978 年中共《十一届三中全会公报》中所指出的一样，让中国“在本世纪（20 世纪）末成为一个社会主义现代化强国”。由于共产主义自称为资本主义命中

---

① Adam Ferguson [1980 (1767)]，第 122 页，弗格森最初的表述是：“人类行动的结果，而不是任何人类设计的精确执行。”哈耶克（1967，第六章）进一步阐释了这句话：“人类行动的结果，而非人类设计的结果”。

注定的掘墓人，人们普遍认为共产党无法与市场经济改革并存。但我们不能犯下将政党本身（共产党）和政党的意识形态（共产主义）画等号的错误。每个人都会具有多重身份（例如男性、教授、丈夫、经济学家以及亚当·斯密的崇拜者），同样，政治组织也有多种可变化的身份。任何一个马克思主义的个人或者团体都不仅仅是一个马克思主义者。①虽然共产主义和资本主义是针锋相对的意识形态，但一个共产主义政党在其生死存亡的时刻，也可以进行包括市场经济在内的各种试验。

由于没有把共产主义与共产党划分开来，许多人在考虑经济转型这个问题上误入歧途。一种错误的想法认为，市场化改革的一个必要前提条件是把共产主义，从组织到信仰，从一个社会主义国家彻底地清除出去；转型经济必须与过去的社会主义制度一刀两断，才能放下所有的历史包袱，走向全新的市场经济。因此，对现行体制进行修补的渐进型做法在改革伊始就被这些国家所放弃，转而采用了人们称之为“大爆炸”的改革策略。②与此同时，许多为转型国家领导人做智囊团和顾问的西方经济学家认为，他们对于现代经济学的充分掌握足可以让他们建设一个全新的市场经济体系，但前提是要抹去一切社会主义的痕迹。这种观点，认为市场经济通过理性设计而建成，正是哈耶克所批判的建构理性主义中的“致命的自负”。③早在几十年前，哈耶克就曾在他的诺贝尔经济学奖获奖发言中提到：“我们以为自己拥有足够的知识与力量建设自己想要

---

① Archie Brown（2009）最近关于共产主义兴衰的新书中提到：“对于个人来说，他的共产主义者身份并没有太大意义”（第1页）。关于身份的变移性和复杂性的概述，参见Sen（2006）。

② 例如，Murphy, Shleifer, and Vishny（1992）和Sachs（1992）。关于渐进主义和休克疗法的对比的相关文献，参见Gèrard Roland（2002）。渐进主义倾向于最优排序而非大爆炸政策。双方都将经济转型看作一个技术性问题，并且没有正确认识到转型本质上是一个哈耶克式的经济问题（Hayek，1945）。

③ Hayek（1988）。社会主义成为“致命的自负”源于科学社会主义者们一方面希望彻底根除传统的影响，另一方面则要求彻底重新设计社会体系；他们认为只有这样，才可以从头开始理性地重建人类社会。

的社会，而其实那些知识我们并不具备，这会给我们造成巨大的伤害。”①

中国能有幸逃脱致命的自负仅仅是一个偶然。在经济改革起步之时，中国并没有选择（实际上也没有可能）摈弃社会主义从头开始。相应的意外结果就是，中国的改革并没有以一个全新的蓝图开始，而是延续着对旧体制的修补。

但中国并没有因对社会主义的坚持而蒙蔽了自己的双眼，她也认识到了社会主义的不足。毛泽东逝世后的一场公开辩论，讨论了中国社会主义的本质与前途、毛泽东到底犯了什么样的错误，以及中国以后将何去何从等问题。1981年取代华国锋成为中共中央主席、1982年成为总书记的胡耀邦，在接受意大利共产党日报《L'Unità》采访时向自己和中国共产党提出了一个问题："自从十月革命以来，60年过去了。为什么众多的社会主义国家没有在发展上超越资本主义国家？到底是哪里出了问题？"②

中国领导人对社会主义的信仰也没有阻止他们重新评估甚至欣赏他们在出访中所见的资本主义制度。当时负责工业发展的国务院副总理王震曾经在1978年11月6日到17日出访英国。王震被英国工人阶级所享受的高度发达的经济与社会发展水平震惊。③在出访之前，王震对于英国资本主义制度的认识大部分来自马克思的作品。王震一度以为自己会在伦敦看到贫民窟以及贫穷与剥削。然而出乎意料的是，他发现自己的工资仅仅是伦敦一个垃圾收集工的1/6。在访问结束之时，王震已经对英国的资本主义制度和中国对社会主义的坚守有了更加准确的认识。④

---

① Hayek（1974），"The Pretense of Knowledge"，诺贝尔经济学奖获奖发言。

② 1984年9月30日，《L'Unità》采访胡耀邦。《对外广播信息服务》(FBIS)，1984年10月10日，第194期。

③ 如下叙述基于于日（2002）的著作。王震的叙述在中国引起了大量的关注，这种关注一定程度上是由于王震后来坚决抵制胡耀邦和他的自由化政策。

④ 同上。

我看英国搞得不错，物质财富极大丰富，三大差别基本消灭，社会公正，社会福利也受到重视，如果加上共产党执政，英国就是理想中的共产主义社会。

王震所理解的共产主义，等同于他所见的英国的发展程度辅以共产党领导，体现了一种脚踏实地地面对资本主义与社会主义的态度，以及对共产党的忠诚。如果没有这种务实的心态做后盾，中国对社会主义的信仰将会扼杀任何真正的市场经济改革。

中国经济改革过程中最非凡的特征或许在于，中国共产党在市场化转型的30年中不但没有消亡，而且发展得更加强大。这既非源于共产党本身的坚不可摧，也不是因为社会主义的优越性，而是体现出共产党在失败的社会主义试验之后所展现出的组织灵活性与适应性。[①]但中国改革更为卓著的特征是，为了挽救社会主义而进行的改革却在不经意间为中国带来了市场经济。在这个中国故事里，特洛伊木马实际上是“实事求是”的微言大义。当转型中的中国成为一个巨大的经济试验室时，市场竞争的力量开始展现它的魔力。在尝试性的探索中，资源流向了能让其产生最大利润的领域，制度与组织结构的改革促进了集体学习的进程。中国在对毛泽东遗留下的体制修修补补的同时，不断在坎坷曲折的道路上前行，最终在30年后发现，挽救社会主义的改革，引领中国进入了市场经济时代。在柏林墙倒塌之后，前苏联国家摒弃了社会主义，中国则开始了以拯救社会主义为目标的改革。饥饿的村民在自己的村庄里搞起了家庭联产承包，乡镇企业的表现超越了国营企业，个体户和创业者的兴起比国营企业的改革更能给城市带来活力，最终，市场经济完胜计划经济，市场终于春回神州大地。中国经济改革的故事是坚强的民营企业家的故事，是勇敢的零星社

① 近期对共产党和中国政府韧性及顽强生命力的讨论，参见杨大力（2004）和Shambaugh（2008）。进一步的深入探讨可参见裴敏欣（2006）。

会试验的故事，也是谦逊又刚毅的中国人民为了美好生活奋斗的故事。

二

要更好地理解中国的改革之路，我们必须认识中国市场经济转型过程中共存的两种改革。首先，后毛泽东时代的中国政府对政府领导的改革进行了明确的尝试。毛泽东时代重重经济灾难让在内战中赢得政权、一度踌躇满志的共产党内充满了迷茫。当中国领导人亲眼看到亚洲周边国家以及西方发达国家战后高速的经济发展，他们不得不承认自己走了一段弯路。但他们也被在国外见到的科技创新和经济繁荣所激励。他们认为，只要向世界开放，向经济发达国家学习，中国就可以迎头赶上。中国的领导人知道眼前的路没有设计好的路线图，他们甚至不清楚这次旅程将带领他们走向何方。但无论如何，他们是无比坚定的改革者，渴望让停滞的中国经济重新起航。

由政府引导的改革始于1976年华国锋重启四个现代化，这个鼓舞人心的计划最初由周恩来于1964年提出，但迅速由于毛泽东的“社会主义教育运动(四清运动)”以及两年之后的“文化大革命”而束之高阁。在华国锋的领导下，中国迅速结束了自我毁灭性的阶级斗争，着手社会主义现代化建设。一年之后，充满雄心壮志的“洋跃进”开始了，希望利用外资来建设二三十个重工业相关的项目。但“洋跃进”运动并没有持续下去，1979年就被终止。“洋跃进”的失败一方面由于其内在的缺陷，另一方面则因为1978年中共十一届三中全会后，随着邓小平和陈云重新回到政治中心，华国锋逐渐失去了权力。

随着陈云重新执掌中国经济，中共中央委员会在1979年4月提出了“调整、改革、整顿、提高”的八字方针，迎来了后毛泽东时代中国政府的第二轮国家引导的经济改革。[①]新的经济政策叫停了“洋跃进”，尽管改革的字眼被纳入其中，但新的政策本质上是经济紧缩，最优先的事项则是“调整”。到底中国经济中什么最需要调整呢？答案很简单，就是“洋跃进”。在陈云眼中，“洋跃进”进一步恶化了中国的宏观经济失衡问题，尤其是重工业与轻工业之间、工业与农业之间的结构性失调。

新经济政策的首要目标是调整农业。从政府的角度来看，“洋跃进”的最大缺陷在于它继续了毛泽东时代过分强调重工业的发展模式，而忽视了农业。而农业当时是中国经济的重灾区，1978 年《公报》中也明确承认了农业方面的严重问题。粮食短缺早在毛泽东时代就已经是一个长期广泛存在的问题。《公报》中数次提到了中国农业的凄凉境地，并承诺提高农产品的采购价格，增加对农村地区的投资。中国政府事后声称，改革由农业领域开始，也源自当时对农业发展的重视。在此我们有必要强调，其他领域例如国营企业的改革，实际上是在同一时间开始的。此外，农业改革采取了诸多措施，诸如提高农产品采购价格，减少政府收购的配额，增加粮食进口，提高农民粮食消费的数量，鼓励副业的发展，包括社队企业的发展。这些政策都有助于农业产出的持续提高，并在随后几年里缩小城乡差距。但这些并不是我们今天所知的真正启动中国农业改革的力量。家庭联产承包责任制是草根阶层的穷苦农民和地方干部所做出的创新，这个来自民间的创举真正拉开了中国农业改革的闸门。1980 年，家庭联产承包在全国众多省内秘密施行后终于被有限放开，直到 1982 年才成为全国性的政策。

在工业领域，调整政策的首要目标是降低重工业的发展速度，加速对轻工业的投资，减少在生产领域的资本投入，增加住房和其他非生产领域的政府开支，包括提高劳动报酬。这项政策的经济逻辑在于促进消费，减少经济尤其是

① 陈雪薇（2004）。

重工业对资本投入的依赖。调整政策迅速提高了中国的城乡居民生活水平。①

除此之外，作为经济政策的一部分，1978 年中国政府还采取了另外一项改革措施，“放权让利”，从而实现经济分权，给予地方政府、城市中的企业以及农村的生产队等地方上的经济参与者更多的自主权和积极性。除了在农业领域，“放权让利”的改革方式主要在国营企业、国际贸易和公共财政这三个领域内推行。②在国际贸易方面，这项政策有效地终结了外贸部对海外贸易的垄断，允许地方政府和国营企业自行设立贸易公司。在公共财政领域，新的政策从根本上使地方政府或多或少地掌握了地方财政，不再完全依赖财政部。

毫无疑问，这项改革的关键目标是国营企业。与“洋跃进”致力于建设新工厂不同，新政策致力于改善现存国营企业的状况。尽管在 1978 年的十一届三中全会之前，四川省首先进行了企业改革的尝试，但直到 1979 年改革才成为全国性的政策。为了提高国营企业自主权，政府希望在不进行私有化的前提下，将企业的管理决策权移交给企业。旨在“增强企业活力”的措施标志着中国政府在“洋跃进”之后，再一次试图启动停滞不前的工业改革。由于中国信奉社会主义，企业改革更多地受到来自意识形态方面的限制，而非经济上的考虑。因此，虽然政府希望通过改革为国企注入活力，提高管理者和员工的工作积极性，却并没有将国企从政府的控制中解放出来，两者之间复杂的关系反而变得更加令人困惑。

“八字方针”的总体效果实际上相当有限，尽管所有的方法都指向了正确的方向。例如，中国政府在农业中采取的措施非常成功，迅速而显著地提高了农民的生活水平，但根本上来说，并没有将农民的积极性激发出来。然而，直到曾被政府严令禁止的家庭联产承包兴起之后，政府主导的农业改革的诸多缺陷才显现出来。与之相似的是，企业改革显著提高了工人的积极性，但国企改

① 例如，武力（1999），第 828~830 页；肖冬连（2008），第 541~544 页。

② 陈雪薇（2004）。

革的缺陷依旧明显，只不过直到国营企业开始与私营企业竞争的时候，那些最严重的缺陷才浮出水面。

除了由中国政府引导的改革，当时中国还存在另一条独立的改革渠道。第二种形式的改革是同时由几种草根运动推动的。这些运动有的被政府明令禁止（1982 年之前的家庭联产承包以及 1980 年前城市中的个体工商业），有的不受政府重视（1980 年后城市中的个体商业以及乡镇企业），有的则被政府小心翼翼地监控着（经济特区）。当饥饿的农民背着政府悄悄地开始了家庭联产承包时，当农民为了更高的收入转向非农业生产时，当城市中的无业居民不得不自谋职业来维持生计时，当成千上万的非法移民为了改善生活冒着生命危险也要偷渡到香港时，这场改革已经悄无声息地席卷全国。第二种改革就是我们所称的“边缘革命”。

在 80 年代初期中国的市场化转型过程中，这种自下而上的改革给中国经济带来了充满活力的私营经济与坚韧的市场力量，与此同时国营经济却几乎在原地踏步。四种“边缘革命”的共同之处，在于它们都在政府所掌控的范围之外爆发。四种革命中的主角均来自社会主义中的边缘角色，不同于社会主义的骄傲——被政府精心保护的国营企业——这些边缘角色或多或少地被政府忽视，尤其是政府认为它们的存在威胁不到社会主义时。尽管在现实中有着众多的阻碍和政治歧视，中国农村地区的农民和城市中的无业居民迅速将他们获得的经济自由转化为企业家精神。逐渐壮大的非国营经济逐渐成为 80 年代以及之后经济增长最强劲的推动力。从另一个角度来看，国家领导的经济改革，包括“洋跃进”、“增强企业活力”等计划都没能将国企转化为自由的、有竞争力的企业。

即使是经济特区这个由政府引导的资本主义试验的成功，也体现着第二种改革，即民间改革的边缘化与草根特征。首先，设立经济特区的想法来自于广东省政府，因为当时的“逃港潮”——大量民众冒着生命危险偷渡香港——让地方政府防不胜防，焦头烂额。邀请港商来广东设立工厂，雇用本地工人则是一种非常可行的应对偷渡的办法。其次，设立工业园或者经济特区理由在于，在一个社会主义经济之外，进行一场充满不确定性与政治风险的试验。这样，社会主义本身不会受到什么威胁，同时可以在社会主义边缘地带试一试市场经济。

在整个80年代，这些边缘力量在迅速成长，国营企业却在艰难求生。因此，中国的经济改革，并不像俄罗斯或者东欧那样在改革一开始便饱受经济衰退之苦；总体经济自改革伊始时就一直维持着强劲的增长势头，尽管国营企业面临的困境越来越严重。当在国家保护下享受特权的国营企业日益式微之时，非国营经济却在茁壮成长。

三

中国经济转型中，国家引导的改革与草根改革的双重存在是毫无疑问的。如果无法正确认识中国改革中的二元结构，我们就很难理解“我们时代最伟大的故事”。第二种改革的草根性往往被人忽视，很多人没有把它与中国政府引导的改革区分开来。对民间改革的错误定位，让不少人在整体上误读了中国改革，错误地以为中国的市场化转型是由政府推动的。有些中国学者因此认为，在中国经济改革的初期，改革是由政府自上而下推行的，完全忽略了民间改革，没有认识到第二种改革有截然不同的性质。[①]吴敬琏教授在其著名的中国经济改革教科书中，指出了国有经济与非国有经济两种改革的同时存在，但是将这两种改革都归结为政府的精心计划。“当国有企业的扩大自主权改革陷入困境以后，以邓小平为首的中国领导人改变了改革的重点，从城市的国有经济转向

① 肖冬连（2004）在另一篇经过深思熟虑的文章中提到：“中国的改革是自上而下进行的”（185页）。Naughton（2008）也将改革的最初形式认定为“自上而下”（第100页）。

农村的非国有经济。”书中继续写道：“中国政府不再以国有经济为改革的重心，开始转向非国营经济，期望把非国营经济建成面向市场的企业，从而让它们推动经济增长。这种新的改革策略叫‘体制外的增量’先于‘体制内的存量’，或者叫‘增量改革’。”①

我们对边缘革命的强调表明，80年代中国市场化经济转型主要是由非国营经济引导的，而国家引导的改革并没有成功拯救失去活力的国营经济。但这种“增量改革”并非来自中国政府的战略。中国政府确实逐步放松了对农民和城市中无业居民的控制，但是很难相信当时中国政府希望让这些人成为经济增长的主要驱动力量，因为政府依旧认为社会主义要依靠国家所有制才能成功。真实的情况是，随着国企改革逐步陷入困境，那些新出现的私营企业提供了国营企业所不能供应的商品与服务，为从土地的束缚中解脱出来的农民提供了工作机会，吸纳了国营企业无法雇用的城市中的无业居民。

中国领导人们坦承在他们的掌控之外，有着第二种改革，即民间改革的存在，将家庭联产承包和乡镇企业称为“中国农民的两个伟大创造”。②但官方的描述没有指明中国经济改革中两类不同根源的改革模式。在1984年10月10日与联邦德国总理赫尔姆·科尔的会面中，邓小平第一次清楚地诠释了中国改革的渐进主义路线和国家的中心地位。

> 我们首先解决农村政策问题，搞联产承包责任制，搞多种经营，提倡科学种田，农民有经营管理的自主权。这些政策很见效，三年农村就发生了显著变化。一九七八年开的是十一届三中全会，过几天我们要开十二届三中全会，这将是一次很有特色的全会。前一次三中全会重点在农村改革，

---

① 吴敬琏（2005），第64页。

② 例如，江泽民所作的中共十四大报告（1992），参见http://www.bjreview.com.cn/document/txt/2011-03/29/content_363504.htm。

> 这一次三中全会则要转到城市改革，包括工业、商业和其他行业的改革，可以说是全面的改革。无论是农村改革还是城市改革，其基本内容和基本经验都是开放，对内把经济搞活，对外更加开放。虽然城市改革比农村复杂，但是有了农村改革的成功经验，我们对城市改革很有信心。农村改革三年见效，城市改革时间要长一些，三年五载也会见效。[①]

邓小平的这段言论把政府主导的改革和民间改革揉二合一，编织成一个宏大的叙事。尽管1978年《公报》提出，“全党应当集中精力尽快推动农业发展”，但国家并未因此解除对家庭联产承包的禁令。1978年《公报》中没有一句话和“搞联产承包责任制”和“农民有经营管理的自主权”相关，相反，《公报》强调了“人民公社、生产大队和生产队的所有权和自主权必须受到国家法律的切实保护”，以及“人民公社要坚决实行三级所有、队为基础的制度，稳定不变”。这些声明实际上完全拒绝了家庭联产承包。把饥饿的农民掀起的农业改革和政府主导的改革混为一谈，会使人错误地认为，家庭联产承包责任制和中国农村接下来发生的变化都是中国政府精心计划的结果。

在这个以政府为中心的叙事里，1978年的十一届三中全会启动了农业改革，1984年的十二届三中全会启动了工业改革，然而这两个论断都经不起推敲。后毛泽东时代的第一届政府启动的经济改革是从国营企业开始的。“洋跃进”运动着眼于重工业，随着“洋跃进”运动被终止，政府工作重心转移到了“搞活国营企业”这项计划中，到1984年时，工业改革早已在进行之中。

在中国经济改革的官方故事里，1984年被看作“全面城市改革”的开始，[②]将1984年之前所有的工业与城市相关的改革称为“试验”和“准备工作”。[③]

---

① 邓小平，“我们把改革当作一种革命”，1984年10月10日会见联邦德国总理科尔时谈话的一部分，《邓小平文选》第三卷。

② 同上。

③ “政府工作报告”，新华社，1984年5月31日。

这种政府中心论显然忽视了乡镇企业的崛起以及城市中个体户与私营企业的回归。由于这两种角色都在国有经济体系之外，他们在中国工业改革或者城市改革的官方叙事里竟然没有一席之地。但是乡镇企业和城镇私营企业是推动中国工业改革和城市改革的先锋，是它们在政府的控制范围之外建立了活力四射的私营经济体系。

四

中国市场化转型中这两种改革的共存，在 70 年代末到 80 年代尤为显著。1992 年的中共十四大之后，当建设社会主义市场经济被官方确定为中国经济改革的首要目标时，主要由边缘革命引入中国的私营经济和市场力量获得了更多的政治认同。曾经的边缘力量终于成为社会主义市场经济的脊梁，意识形态上对于第二种改革的敌视也日益减少。但是，中国市场化转型中的二元改革体制在 90 年代以及之后也一直存在，其中一条道路由中央政府指引，另一条道路则由民间和地方力量驱动。第二种改革的持续存在和它在市场化转型中不可替代的先锋角色，在 90 年代初期上海与深圳股票市场的发展、90 年代中期国企的股份制改造和工业园区的进一步发展中得到了进一步的证实。

对两种改革系统的正确了解，不但可以让我们正确认识中国经济改革（最起码也可以避免一些本质的错误认识），也能让我们更好地理解中国市场化转型的本质，从而更好地探索中国经济转型中最具迷惑性的两个方面：极快的转型速度与中国共产党对中国市场化转型的支持。

在张五常对于制度变迁的最初分析中，制度变迁的成本源自两个方面：寻找替代制度的信息成本和实施改革遇到的阻力，尤其是来自可能在改革中既得利益受损阶层的反对。[①]正是这个简单而又强有力的分析框架和他对毛泽东逝世之后中国改变趋势的深入又不拘一格的观察，让他做出了中国必定走向市场经济的论断。尽管他的分析思路清晰，逻辑严密，但这个框架依旧有它的弱点。它将社会看作同质的实体，将制度变迁看作一个单独的事件，在这个框架中，制度变迁仅仅是一个更优越的制度一举替代另一个较差的制度。20年之后，这种思维依旧是社会科学文献中的主流思想。[②]在这个理论框架里，制度变迁中既没有过程，也不需要时间。[③]

这种静态的制度变迁的观点，如同静态的经济比较分析一样，更加关注制度变迁的结果而不是过程。中国是一个有着如此广袤的领土和显著地域差异的国家，在这块土地上发生的制度变迁不大可能是一件单独的事件。恰恰相反，在中国发生的制度变迁必定在时间上是逐步的，在空间上是不均衡的。这使我们必须将时间与空间结合起来研究中国的制度变迁。早期的变革是否会引起其他地区的效仿，取决于他们对变革结果的判断以及对新的机遇与限制的评估。因此，早期制度变迁的试验到底是成功还是失败都很难预测。在这个发展的过程中，政府由于其政策制定者的角色，及其强行改变经济活动参与者所面临的成本、动机以及选择的能力，成为不确定因素的主要来源。

本杰明·富兰克林曾指出，伟大的帝国好像大蛋糕，最容易从它的边缘消减。改革的二元结构严重影响了这个逻辑在中国边缘革命中的表现方式。有了对这两种改革的正确认识，我们才能看清，随着时间的流逝，两者之间的相

---

① 张五常（1982）。

② North（1981，1990，2005）在这方面的贡献是个特例。他对静态分析的一贯批评和持之以恒推动动态分析的努力在业内凤毛麟角。不管如何，我们依旧离制度变迁的动态理论有着很远的距离。参见Greif（2006）；North, Wallis and Weingast（2009）。

③ 路径依赖理论是一个明显的例外，相关文献可以参见Brian（1994），Mahoney（2000），David（2001）和Pierson（2004）。关于这份文献的评论，见Vergne and Durand（2010）。Desjardins（2011）从生物进化的角度提供了评判。

互作用和两种观点的相互交流。进一步说，改革的二元论让我们可以从一个独特的角度观察中国领导人政治信念的变化，尤其是有关社会主义及其同市场经济和私营经济的关系。正如我们所看到的，在其主导的改革失败之后，中国政府积极调整自己对来自民间的私营经济改革的态度，以适应急速变化的经济环境。正是由于中国领导人在这些信念上的改变，随后的私营经济和国营经济改革才有了更为广阔的政治生存空间。

四大边缘力量——家庭联产承包、乡镇企业、个体经济和经济特区——成为 80 年代中国经济转型的先锋力量。政府能够容忍从草根阶层发起的经济试验，正是因为这些试验是在社会主义经济的边缘地带进行的，政府认为其很难对社会主义政权产生直接的政治影响。由于这些边缘力量被政府视为经济中的次要部分，只要不威胁社会主义的存在，这些边缘化的革命就能享受一定程度的政治自由。一旦农民和城市中的无业居民拥有了发展私营经济的自由，他们会迅速抓住这个机会来证明自己比国营企业更加高效，让信奉实用主义的中国领导人意识到这些试验对社会主义更加有利，而不会造成危害。当这种非正统的实践被官方所认可时，他们不可避免地减弱了僵化的意识形态在中国的影响，拓宽了政治思想的疆域。

和边缘革命形成鲜明对比的国营企业改革，从华国锋发起的“洋跃进”运动到 1978 年开始的经济改革，在很大程度上都是低效的。任何针对社会主义经济核心的改革都不可避免地由政府主导并被严密监管。在这两轮北京主导的改革中，中国领导人都无法放开对经济领域的控制，因为这些经济领域对社会主义经济的安定和政治的稳定至关重要。政府的积极参与意味着这些由政府引导的改革努力严重受制于僵化的社会主义意识形态和繁复的行政控制，从而往往会导致令人失望的结果。国营企业改革的失败，是中国坚持僵化的社会主义意识形态所付出的代价。

幸运的是，在私营经济的改革中，政府更愿意奉行不干预政策。政府更能容忍与社会主义不相容的一些经济行为，一定程度上是由于中国领导人坚信，只要控制了国企，就能在中国继续实行社会主义制度。在较少的政治限制与官僚主义的影响下，在更严格的市场竞争机制的环境中，在社会主义边缘生长的经济力量终于超越了国有经济。

随着时间的流逝，在社会主义经济边缘发生的革命不仅获得了广泛的支持，冲破了政治上的抵制，也成为改变中国政治意识形态的催化剂。边缘革命逐渐改变了社会主义曾经对市场经济的抵制，为未来的经济改革营造了更为宽松的政治环境。因此，国企改革开始接纳市场的力量，其支持者对私营经济的敌意也逐渐消退。由于中国政府控制着诸多经济资源和制定政策的特权，政府实施的改革举措变得尤其重要，不管是否真正达到了目的。

例如，在毛泽东50年代激进地推动社会主义改造，试图完全消灭市场经济时，陈云形成了自己的“计划经济为主，市场调节为辅”的社会主义观，他的观点被看作中国经济改革初期的基本指导思想。随着市场经济的迅速发展和私营经济对中国人民生活水平的改善，中国政府逐渐接受了“商品经济”这种形式。这个马克思主义化的名词让中国政府在避免使用政治敏感的“市场经济”这个名词的同时，逐渐开始接受市场力量。到1987年10月，随着中共十三大的召开，中国经济总量已然是1978年时的两倍。中国共产党自豪地宣布自己兑现了发展中国经济的承诺，提出要以经济建设为中心，坚持四项基本原则，坚持改革开放。这项政策被简要地总结为“一个中心，两个基本点”。[①]由于对中国经济增长的巨大贡献，私营经济的发展得到了政府的鼓励与支持。股票市场——市场经济的显著符号——分别于1990年和1991年在上海和深圳开设。

在改革过程中，由中央政府领导的改革受到了政治意识形态的严重影响。而针对私营经济改革的政策受到的意识形态限制则要远少于前者。中央政府开

① 彭森与陈立（2008），第280页。

始经常性地采纳来自私营经济领域的成功举措，并纳入相关的国企改革措施中。二元结构的改革显然不是政府设计出来的，但它提供了一种灵活有效的制度框架，帮助中央政府将中国引向市场经济，并为中央政府提供了政治上的缓冲，减少了改革的政治风险。改革初期，中国政府依旧认为私营企业和市场经济在政治上是不可靠的，中央政府只能在不影响其对社会主义路线的坚持的前提下容忍着第二种改革。事实上，在中央政府尚未从对社会主义的僵化理解中解脱出来时，第二种改革已经在全国蓬勃兴起。此外，经济改革不可避免政治上的风险。如果政治领导人倡导的改革误入歧途，他们会为此丢掉自己的位子。第二种改革的存在让中央政府有了更大的空间来选择和调整政策，因为中央并不需要承担由地方政府主导的改革措施所带来的风险。这种结构让中国政府拥有了更大的弹性与适应性，能够更快地感受经济上的改变。

改革的二元结构和分权化的政治体系，对促进市场化转型过程中的集体学习起到了关键作用。中国的市场化改革遇到过两大阻碍，一个是意识形态上的，另一个则来自实践。直到 1984 年中央政府才接受“商品经济”这个称谓，很大程度上是因为意识形态上对市场经济和私营经济的敌对态度。除此之外，改革带来的实践上的困难也让人望而却步，80 年代两次失败的物价改革也证明了这一点。随着意识形态上对市场化改革的敌视逐渐消退，市场经济逐渐立足，人们却没能意识到市场经济是一个有生命、会不断发展的体系，存在众多相互依靠的子系统，同时伴随着这种激进改革与生俱来的不确定性。二元制改革让中央政府可以利用地方政府的热情和改革中的经验教训。中央政府可以在认真研究地方的成功经验之后，将其纳入全国性的政策。诸城的产权改革、上海与长沙的国企重组恰恰验证了这一点。有些时候中央政府会更加主动，在地方试验一些政策的有效性，然后再推向全国。比如，中央曾在 1984 年后将经济特区推广到众多沿海城市并在全国建立工业园，以及在 1994 年实行了税制改革。

张五常曾指出，从社会主义计划经济到市场经济的转变是效率的提高。很少有人会质疑这个观点。在中国，对潜在巨大进步的认识会带来变革的诉求。但欲望是一回事，实际的变革过程则是另一回事。中国变革之时，领导人所掌握的信息远远谈不上全面，未来的结果也非常模糊。改革的二元结构缓解了政治压力，降低了实施变革的成本，缓解了中国走向市场经济之路所面临的压力。张五常对中国走向市场经济的预测是正确的，带领中国走向市场经济的则是改革的两条路线。

五

平行存在的二元改革出人意料地让市场经济很快找到回归中国之路，北京政府依旧坚持社会主义。在改革之路上，北京自从 80 年代初期开始采纳了三个关键的改革措施：广泛采用经营承包责任制、价格双轨制，以及税收包干制。在各种角度上，这三个举措都成功推动了经济向前发展。然而，这些措施对于割裂全国经济、造成混乱的定价环境有着不可推卸的责任。其后果之一便是阻碍了市场竞争，削弱了新兴的市场经济。

80 年代初期，为了规范国营企业从其主管政府部门获得的自主权，经营承包责任制被引入企业改革。但在企业股份制改造过程中对合同的使用，则像开启了潘多拉的盒子。每个国营企业都在与政府的讨价还价中形成了自己独特的约束条件，包括原材料的价格与数量以及税负等。通过与政府主管部门的协调，各国营企业自行制定了游戏规则。

与此同时，中国政府拓展了价格双轨制的适用范围，作为物价改革的替代措施。价格双轨制早在 70 年代末就开始施行，当时中国政府允许国营石油企业在满足政府生产配额之后，将超额生产的部分在市场上以更高的价格卖出。因此，国企在不进行股份制改造的情况下接触到了市场信号，并受到了市场规律的规范。同时，价格双轨制允许非国企获取国家控制的生产原材料，为它们打开了与国企竞争的大门。私营企业往往要为了这些原材料付出高昂的价格，但其商业运作却享受着国企无法比拟的自由，比如劳资关系；同时，私营企业也受到更为严格的市场经济规律的规范。因此，到90年代初期，中国工业增长的40%源自乡镇企业，出口的40%也来自乡镇企业。[①]但广泛采用的价格双轨制也把中国经济带入了一片混乱之中。政府定价与市场定价之间的差异过于巨大，实际成交价格不可避免地落入了这个灰色区域。由于不同的企业为原材料所付出的价格千差万别，市场竞争无法区分哪些企业生产效率和经济效率更高。除此之外，价格双轨制也催生了大量的套利行为，不仅导致了资源的错误配置，也引发了全社会对经济改革的不满和抵制。

企业除了要面对混乱的价格，在宏观层面上也面临着各种干扰。这些因素共同创造了一个混乱的定价环境，尤其是降低了市场对国营企业的规范。在整个80年代，中央政府采用包干制来从各个省收取税款。这个制度从1980年开始实施，旨在规范财政系统和提高地方政府积极性。在税收包干体制下，各个省需要单独与中央协商税收的上缴额度。因此，不同地区税负不同，加剧了经营承包责任制和价格双轨制所带来的定价混乱情况。

市场经济和计划经济最根本的区别在于资源分配的手段不同，前者依靠市场定价机制，而后者有赖国家计划。经济学教科书将市场定义为通过物价变化调整供需关系的一种有效的资源分配体制。但从本质上来说，市场也是一个集体学习的机制。市场为参与经济的所有角色提供了一个通过试错方式不断学习、不断挖掘现有机会并开创新机会的平台。

为了使集体学习的过程更为有效，一个先决条件必须满足。经济中的所有个人和企业必须能够自由行动，并且为自己的一切行为负责。可能正是由于这个原因，市场经济一度被广泛称作“自由企业经济”，与计划经济形成鲜

---

① Lin and Yao（2001）。

明对比。这意味着在市场经济中，所有的参与者都受到共同的游戏规则的约束——在公开竞争的要素市场购买所需的原材料，在公开竞争的产品市场销售所生产的产品——只有这样，有竞争力的（或者是幸运的）参与者才能获得更多的资源，以扩大经营，满足更多的消费者；而表现拙劣的（或者是不幸的）参与者则会受到惩罚，被迫从现有的行业中退出。

在中国的市场化转型中，即使在私营企业被允许合法经营之后，两大因素切实打断了这个过程。首先，全国经济割裂成很多分块，以至于各个地方经济基本上同外部世界隔绝，竞争失去了对企业的规范作用，企业也因此失去了对它们至关重要的回馈机制。在这种极端的情况下，不同地域间的企业几乎没有直接竞争。低效率的企业没有改进的动力或者破产的压力，导致了资源错误配置中的静态低效率。同时，那些让企业提升消费者满意度和市场表现的优秀商业运作方式却无法很快得到认可与效仿，导致了集体学习过程中的动态低效率。国民经济的整合与增长，会将更多的企业和人才引入集体学习的过程之中，加快学习过程，最终提高企业的分配效率和适应效率。当一个全国性市场形成时，所有的企业，无论处于经济中的哪个位置，都会成为集体学习过程中的一分子。

其次，如果经济环境中的企业无法在共同的市场规则的制约下竞争，市场竞争与试验性的学习所带来的效果将会大打折扣。在市场经济中，企业被规则所约束，因为竞争会筛除表现拙劣的企业，留下优质的企业。企业进行的试验充斥着各种不确定因素，例如提供什么商品、如何定价等，可能来自对消费者偏好的不了解、其他公司的计划或者原材料的价格，以及政府的监管等。市场规律发挥作用的前提是，只有提供消费者愿意购买的商品的企业才能生存下来；在从消费者手中取得利润之后，企业可以获得更多的生产要素。而如果企业通过像捕捉政治风向这种方式获得生存机会，这个市场体系就会崩溃。

混乱的定价造成的最大危害并非工业原材料价格混乱。尽管有着一价定律的存在，由于信息不对称，众多的公司通常面对不同的原材料采购价格，在市场机制下产生了各种差异化成本。跨区域的重复投资也并非主要问题的所在，真正的问题是全国公共市场的缺失严重削弱了市场纪律，导致与市场竞争密不可分的回馈机制不再有效。这给国营企业造成的问题远超过预算限制软化；预算限制软化是社会主义国营企业的一种宿疾，因为政府出于政治原因不断补贴企业。[①]中国的情况更为复杂，除了软预算约束之外，国营企业面临的许多其他约束条件不仅松软，更糟糕的是，因为企业可以堂而皇之地与政府直接协商种种限制条款，所有国营企业面临的约束条件个个不一，而且可以不时更改。在这种情况下，几乎没有什么规则或者机制来区分不同表现的企业。因此，外界对于国企的真实运营状况几乎是一无所知。久而久之，国营企业因此产生了一种完全扭曲的激励机制——对于国企管理人员而言，与其提高生产效率或者满足消费者，不如与政府主管部门搞好关系，达成一份有利的协议。而这不可避免地导致严重低效的资源配置。与此同时，混乱的定价创造了大量的套利机会，使政府官员和国企高管深陷其中，造成了大规模的再分配效应。

在邓小平1992年南方视察之后，中国采取了一系列措施来巩固市场经济。1992年的物价改革与1994年的税制改革很大程度上解决了价格混乱的问题，促进了全国公共市场的形成。到90年代中期，价格双轨制已经逐渐退出历史舞台，市场终于实实在在成为经济中的重要惩戒机制。企业被迫改进自己的产品以吸引消费者，而不是努力培养和政府之间的关系。中国经济中市场竞争逐渐加剧的一个明显标志，是逐年增加的国企总亏损与总利润之比率。1981~1985年这个比率是5%，在之后的5年里是28.2%，1990~1995年则达到了74.6%，1996年这个比率更是达到了200%。[②]

国企的产权改造也有了发展。在企业改革十几年后，中国政府终于意识

---

① Kornai（1979,1980,1986）首先提出了“软预算限制”的概念。关于最近的研究，参见Maskin（1996，1999）以及Maskin and Xu（2001）。

② 张文魁与袁东明（2008），第89页。

到放权让利并不能让国企更加独立自主。随着越来越多的国企亏本经营，最终成为地方政府的财政负担，经济逻辑逐渐压倒意识形态成为政府抉择的主要依据。地方政府开始抛弃他们对集体所有制的盲目迷信，产权改造的障碍已被扫清。与此同时，私营经济在1992年之后的高速恢复与巩固开始吸引着国家部门的员工“下海”淘金。城市住宅市场的发展、养老金和医疗保险的改革，也开始让国企员工从他们的雇主手中解脱出来。上述这些变革不仅缓和了国企产权改造的进程，也提高了国企改制的政治接受度。

随着国企产权改造，大部分县乡级政府控制的国企荡然无存。由中央、省市级政府管理控制的国企的数量也大为减少。由于只有少部分垄断行业依旧由国企掌控，地方政府不再将国企视为地方经济的支柱和税收的主要来源。相反，政府官员们必须为当地经济提供良好的公共服务，培养有利于经商的环境来吸引投资，这让区域竞争步入了一个新的阶段。

六

在全国公共市场逐步形成与国企产权改造启动之后，区域竞争在90年代重获新生。在之前的10年中，地方保护主义和各种贸易壁垒使国民经济变得支离破碎。当时的中国经济非常分散，但区域之间的竞争却非常有限。随着90年代越来越多的国企成为地方政府的负担，地方政府在与私营经济打交道时逐渐将意识形态放在一边，并且迅速意识到私营经济才是地方经济的基础。从地方财政的角度来看，在1994年税制改革之后，增值税和土地租赁收入成为地方政府的主要收入来源，而这两者都取决于地方经济的增长。同时，全国公共市场的建立意味着区域竞争将面对更为严格的市场纪律。正是在这种情况下，区域竞争自90年代以降开始成为中国经济转型背后的最强推动力。

许多学者将目光投向了中国分权化的政治结构与激烈的区域经济竞争之间

的密切联系。[①]由于地方政府官员本质上是由中央根据地方经济发展的表现任命的，各级地方政府（省市县乡镇五级）与现代企业极其相似。[②]中国政府所扮演的积极角色正如同一个公司的领导层。此外，中国政府依旧控制着许多重要的经济资源，尤其是银行贷款和政府垄断的行业。因此，我们不难理解为什么中国政府在中国经济转型的过程中起到了如此关键的作用。

中国政府在中国市场经济发展过程中的持续强势地位，源于中国经济改革的独特本质。我们曾在之前的章节中提到过，中国经济改革并没有根据一个设定好的蓝图前行，而是由草根发起的改革与政府领导的政策试验共同推进的。中国市场经济的发展并没有沿着产权经济学所指定的常规道路前行。然而，中国市场转型的经验并没有否定明晰的产权是市场经济体制赖以生存的法律基础。乡镇企业的成功也没有否定私有产权的重要地位，因为众多乡镇企业实际上就是私营的。即使那些由当地政府掌握的乡镇企业也比国企有着更明晰的产权结构。但关键是，国企自定游戏规则，置身市场纪律之外，而乡镇企业真正受到了市场纪律的约束、规范和筛选。仅仅关注乡镇企业的产权结构，而忽视其时时面对的市场环境，这样的讨论其实是捡了芝麻，丢了西瓜。

不可否认，中国的产权改革的确有独到之处。中国并没有先划定产权的界限并确定与产权相关的制度规则，然后通过市场力量让出价最高的一方得到产权。与常规不同，当国家把资产控制权交给私人时，这些权利的内容和行使这些权利的限制条件，都一并说清楚。当国家把土地分给农民，把国营企业承包给厂长时，农民和厂长们都明白他们的权限是什么。也就是说，在中国，权利的界定和产权的转移大多是同一步完成的。在改革的前20年中，由于中国一致坚持传统的社会主义路线不动摇，反对国有资产私有化，私人只能通过一对一的协商从政府那里承包得到资产的控制权。在这种条件下，将权利界定

① 许成钢（2009）、张五常（2009）、Sheng Yumin（2010）。

② Oi（1992）、Walder（1995）。亦可参见Nee（1992）。

和产权转移或重新分配一起完成的最大优势，在于它的简便和快速，从而加快了把市场引进中国经济的速度。如果按照常规，首先明晰地界定权利，然后通过产权交易市场决定产权的分配，就必然要把中国政府放在一个考生的位置上——在资产的价值还没有通过市场竞争显示之前，政府必须正确地界定产权的内容，同时也把私营企业家放在另外一个考场上——他们必须等待政府先界定产权。私营企业家面对的是一场耐心的考验，而政府面对的却是一场智慧的考验。在对资产的市场价值一无所知的情况下，政府需要决定产权界定的范围。显然，这个挑战非常苛刻，很容易延缓中国的经济改革，甚至使之误入歧途。

这种改革的途径与我们在经济学中常见的政府角色有所冲突。经济学一般认定政府的主要经济职能在于界定产权，然后从经济活动中撤出，把自由议价的空间留给市场和私人。除非在产权方面发生争执和冲突，政府将始终与经济保持一臂之隔的距离。[①]在中国，由于权利界定和产权转移的过程合二为一，产权的范围——哪些权利重要而应该明确界定——是经济行为人与政府协商的一部分。而且，政府下放的大部分权利在最初都是无法转移的，例如家庭联产承包责任制并不允许农民转移土地使用权，国企管理层也无法转让他们的管理权。因此，每当产权易手时，政府都会回到谈判桌上。此外，随着经济环境的改变，一些最初没有界定而不在谈判之列的权利开始变得越来越有经济价值。即使那些已经被界定的权利，时间也会改变它们的重要性，经济行为人也希望修改有关的协议内容。政府因此要经常修改或者重新界定产权结构。此外，有的协议需要续签：土地合同的有效期一般长达70年；但国企和主管部门签订的合同以及企业与工业园区签订的合同等一般只有5~10年的合约期。因此，政府需要再次回到谈判桌前，重启合同的协商谈判，这不可避免地要牵扯到权

① 关于最小型政府的经典论述，参见Nozick（1974）。

利的重新界定。中国政府因此顺理成章地成为经济中不可或缺的重要角色。[①]

但如果认为中国经济改革代表了政府干预市场的胜利，那就大大误读了中国经济改革的经验。毋庸置疑，中国地方政府涉入地方经济既深又广。在大多数情况下，地方政府在组织各种生产要素上相互竞争，以寻找适合本地经济发展的最佳模式。这种情况下，政府本质上是阿尔弗雷德·马歇尔所说的组织或者企业。当地方政府开办新的工业园并寻找潜在的投资者时，他们所做的工作其实是清理场地，搭建舞台，促进私营企业的建设和增长。地方政府可能会参与工业园的建设和入园企业的选择，但归根结底这是由企业唱主角的一场戏。同时，决定一个工业园命运的，决定其中企业的生存发展的也并非政府，而是市场竞争。

在区域竞争中，地方政府最卓著的贡献在于他们充分利用了中国的领土面积和人口密度。政府的行为将中国的地域优势转化为极高的工业化速度。当中国大陆所有的地方政府沿着这种方式发展地方经济时，无数不同的经济试验在同一时刻进行，多级政府之间相互竞争。广泛的竞争让试错学习的时间大大缩短，优秀的经济发展方式得以迅速扩散。地域之间的竞争不仅发生在要素市场和产品市场，例如在 90 年代中期变得极具流动性的资本和劳动力市场，而且也在其他多个方面，包括提供地方公共物品、重构政企关系以及就地组织生产。在这个过程中，重复投资不仅不可避免，也是竞争的一个重要部分。因为重复投资，资本利用率比较低下，从而引起规模经济受损。但同时，区域竞争极大加速了工业化的扩散进程，迅速将中国在 30 年内转化成了一个强大的世界工厂。阿尔弗雷德·马歇尔所说的“内部经济”上的损失更多地被“外部经济”上的所得所补偿。这是理解 90 年代以降中国市场经济高速转型的关键。

---

① 政府继续在产权的定义与重新定义中扮演至关重要的角色，这种状况也遇到了严峻的挑战。中国的法律尚不完备，极大损害了新兴的私有产权的可信度。由于权力被一些政府官员滥用，给中国政府保护私有产权（2004 年新宪法中承认）造成很大的阻力。

七

今天，中国共产党依旧是中国的执政党。在最近的30年中，许多观察家和评论家曾经希望中国最终会转向西方式的资本主义制度。在这个过程中，中国共产党或许会在市场改革的过程中被边缘化，或许伴随着激进的意识形态走出历史舞台，或者是拥抱民主，走上中国台湾和韩国的道路。但直到今天，我们仍然看不到中国共产党有什么改变执政模式的迹象。拥有着超过8 000万来自各个行业的党员（截至2011年底），吸引了越来越多的私营企业家和大学毕业生的加入，中国共产党前所未有的强大。在中国共产党的持续执政下，中式市场经济在一些人的眼里代表一个异样的政治和经济力量，有着与西方资本主义模式一争高低的潜力。

共产党持续执政中国肯定是中国经济改革中最显著的特征之一，引起了众多观察家对共产党政权在改革过程中所扮演的角色的关注。前苏联国家的经济转型中，曾经的共产党政权相继解体，为市场经济改革让步，而中国因共产党政权与市场经济共存共荣而独一无二。经济自由化与共产党政权之间的复杂合作关系被广泛视为理解中国经济大转型的关键。在一个广为流传的简版故事中，中国市场经济的改革被描述成中国共产党与政府的杰作。中国经济模式被很多人称为“独裁资本主义”[①]，或者“国家资本主义”[②]，强调了中国政府和共产党在改革中起到的重要作用。因为政府干预以及愈演愈烈的特殊利益集

① 例如，史蒂夫·列文斯顿（2010）的书评中指出，“中国的独裁资本主义损害着西方传统价值。”（《华盛顿邮报》，5月30日，http://www.washingtonpost.com/wp-dyn/content/article/2010/05/28/AR2010052801859.html。）史蒂夫评论的三本书分别是Halper（2010）、Bremmer（2010）和Kampfner（2010）。

② Baumol，Litan and Shramm（2007）。但作者对于认为中国是“典型的政府引导经济”（第145页）的观点相当挑剔。

团，中国经济被批评家们称为“裙带资本主义”[①]或者“权贵资本主义”。[②]甚至这些批判也成为论据，用以证明中国政府在经济改革中的中心地位。

如果读者了解我们在本书中对中国市场经济之路的分析，就不会被这种观点蒙骗。把中国经济改革归功于中国共产党并非严谨的学术。即使是中国领导人，尤其是在80年代，也曾经无数次将改革描述为“摸着石头过河”。当挨饿的农民们证明了家庭联产承包和乡镇企业的优越性时，当一度“待业”的城镇居民挣到了比国企员工的铁饭碗还要高的工资时，当深圳迅速从一个小渔村成长为华南地区的中心城市和市场经济枢纽时，中国政府一次又一次被改革所震惊。中国领导人也一次次因为国企改革的失败而感到失望与无奈时，最终不得不迫使上百万国企员工下岗。中国经济大转型绝不是靠一个全知全能的政府，处心积虑、耐心设计的结果。

其实，中国共产党执政的持续性隐藏了两个重要的变化。首先，改革伊始，中国政府在经济中越发式微。从任何角度看，这都是不争的事实。在改革之前，经济自由在中国荡然无存，政府控制着经济的方方面面，从生产到零售，甚至到消费。而今天，私营企业家们已经是中国经济的主要推动力，国有企业在经济中对私营企业的规模优势已经大不如从前。许多国际间的比较分析文献根据国有经济的比重，将中国经济认定为国家资本主义。但在30多年的改革中，中国政府参与经济活动的程度稳步下降，是不可否认的事实。如果要讨论中国政府在中国经济大转型中的作用，那它最大的贡献应该是逐步从经济活动中撤离，而不是它无处不在的政治领导，这是中国市场化转型成功的根本原因。

其次，中国共产党如今不再将自己定位成革命先锋。“天命”或者说人心已经取代了激进的意识形态，共产党和中国政府依靠治国的效率和提高人民生

---

① 黄亚生（2008），第236页。

② 中国经济学家吴敬琏于1998年发明了这个名词，意在批评政治权力的经济特权。参见吴晓波（2010），第196页。

活水平来维持执政的合法性。[1]2002 年在墨西哥洛斯卡沃斯举办的亚太经合组织会议中，当时的国家主席江泽民发表了如下的讲话：[2]

尽管国际社会还面临这样那样的问题，将来也还可能出现这样那样意想不到的困难，但和平与发展的时代潮流不可逆转，各国人民追求美好生活的愿望没有改变。各国人民都盼望世界能保持长期的和平与稳定，都向往实现普遍繁荣和可持续发展。保持世界和平，促进共同发展，需要各国政治家顺应人民的意愿，拿出推动历史前进的胆识与勇气，需要国际大家庭加强协调与合作。亚太经合组织应一如既往，顺应时代潮流，发挥自身优势，开展广泛合作。

总结我们成功的经验，关键是要根据各成员的不同关切，尊重多样性，存小异以求大同。世界是丰富多彩的，亚太地区尤其如此。对各成员历史文化多样性的尊重，对各成员不同发展道路和模式的尊重，是我们实现共同发展和繁荣的重要基础。在历史发展的长河中，各种文化相互交融和相互影响，构成了人类文明发展的动力。我们应遵循历史前进的规律，更加积极主动地开展各种文化的相互交流，更加自觉地汲取不同文化的精华，以推动人类社会的共同进步。

现任中国国家主席胡锦涛在 2008 年 4 月 12 日召开的博鳌亚洲年度经济论坛的开幕式上，同样强调了经济发展的重要性。[3]

在改革开放的伟大实践中，我们深刻认识到，在当今世界日趋激烈的竞争中，一个国家、一个民族要发展起来，就必须与时俱进、改革开放、

① 赵鼎新（2009）。

② http://www.mfa.gov.cn/eng/wjb/zzjg/gjs/gjzzyhy/2604/2606/t15288.htm.

③ http://news.xinhuanet.com/english/2008-04/12/content_7966431.htm.

> 着力发展、以人为本、促进和谐。
>
> 世界上没有放之四海而皆准的发展道路和发展模式，也没有一成不变的发展道路和发展模式，必须适应国内外形势的新变化、顺应人民过上更好生活的新期待，结合自身实际、结合时代条件变化不断探索和完善适合本国情况的发展道路和发展模式，不断增加全社会的生机活力，真正做到与时代发展同步伐、与人民群众共命运。

然而，很少有新的党员是单纯被共产主义教义吸引而入党的，他们甚至不熟悉共产主义。当加利福尼亚大学圣迭戈分校的理查德·迈迪森教授于2007年至2008年间到复旦大学访问时，他发现他的班里有一位优秀的学生加入了共产党，却几乎没有读过《共产党宣言》。[①]当一个共产主义政党已经放弃了无产阶级与资产阶级之间的阶级斗争以及社会主义与资本主义之间的敌对时，这已经不是西方通常意义上的共产主义政党了。

其实，即使改革之前，中国到底在多大程度上是社会主义国家也值得考虑。至少，毛泽东时代的中国远比单纯的社会主义复杂得多。考虑到中国数千年绵绵不绝的历史和儒家文化两千多年的影响，激进主义在中国的历史犹如转瞬之间。在刚刚过去的毛泽东时代，社会主义位居官方意识形态，它目前对中国经济和社会的影响仍然处处可见，不像是一个只有90年历史的主义。但是，中国政治思想有几千年的历史积累，如果把中国历史看成一个蛋糕，激进主义必然是顶层上华丽夺目的修饰。

而且，正如邓小平所言，毛泽东和他的同志们很少有功夫专研大部头的马克思主义原典。[②]那些曾经在莫斯科仔细研读过马克思主义的中国领导人大都

---

① 迈迪森在加利福尼亚大学圣迭戈分校2009年10月1日庆祝中华人民共和国成立60周年的座谈会上做出上面的评论，参见http://www.youtube.com/watch?v=Bgck Hmsghmc.

② Short（1999），第101~105页。

没能跳出本本主义的影响；他们要么死在国民政府的监狱里，要么走上不同的路线。而毛泽东领导的社会主义是被他中国化了的。在毛泽东阅读的书单上，中国古籍远超过马克思主义原典。[①]即使在社会主义的高潮，中国依旧不乏中国特色。

譬如，尽管社会主义在理论上和苏联的实践中都是基于全民所有制和中央计划，而在中国社会主义的这两大支柱却受到了不一样的对待。全民所有制的神圣地位意味着毛泽东时代的中国私有产权会不断地受到攻击，而中央计划经济却仅仅在第一个五年计划中实施了几年。全民所有制和中央计划在中国社会主义中受到的区别对待有着深层次的历史原因。基于全民所有制的理想社会的梦想在中国有着悠久的历史，最早可以追溯到孔子生活的时代，而传统的中国法律与政治思维方式对私有制有着根深蒂固的偏见。公有制和私有制的对比在19世纪末20世纪初被康有为重新定义为乌托邦式的大同社会和与之形成鲜明对比的小康社会。在康有为的观点中，全民所有制是大同社会的基础，他的观点对毛泽东和中国其他的共产主义者有着深远的影响。[②]然而，历史上长久以来分权化的政治体制也是中国政治的一个显著特征。两千年来，一国之君，作为中国政治独裁者的象征，无法事无巨细地管理中国这片广阔土地的每一个角落。

由于共产主义源于西方世界，所以西方社会理所当然地透过共产主义这面透镜来观察毛泽东领导的中国。同时，在立国之初，毛泽东曾经按照共产主义思路重建中国，而对中国传统文化口诛笔伐，这些都鼓励了西方人士从共产主义的视角看中国。此外，由于苏联是第一个社会主义国家，西方社会发现以苏

---

① 正如Short（1999）所述，对毛泽东而言，“中国文化是构建一切的基础，而且在他余生中，这一点不会改变”（第103页）。

② 毛泽东之后曾经承认：“我熟读他们（康有为和梁启超）的书。我崇拜康有为和梁启超。”引自Spence（1999，第9页）。

联为例子理解中国更为便捷。这种思路完全可以理解，由于毛泽东时代的中国并不向外界开放，苏联的状况则更为外界所知。但即使在社会主义的高潮中，中国在意识形态与组织形式上都和苏联有着本质的不同。毛泽东领导下的中国显然不是第二个苏联。

不管给中国贴上什么样的标签，我们必须认识到中国历史遗产的重要性，才能更好地理解中国的快速经济转型和将来的发展前景。中国对市场经济并不陌生，并且从未缺少过商业和私人企业家。[①]学习中国历史的学生都了解中国历史上的远洋贸易、纸币的应用以及繁荣的市场活动，尤其是在晚唐、宋朝以及明清年间。当 13 世纪马可 · 波罗来到中国时，中国生机勃勃的商业与复杂的行业体系给他留下了深刻的印象。纸币的运用尤其吸引了他的好奇心，毕竟直到 400 年后的 17 世纪，西方才用上纸币。[②]然而，早期的商业繁荣并没有带来全面的现代工业革命，当西方社会崛起之时，中国这个当时世界上最先进的文明却开始驻足不前。但无论如何，中国历史上的资本主义萌芽与当今中国市场经济的复活有着直接明显的联系。

由于本书仅关注中国在过去的 30 多年里从计划经济向市场经济的转变，这不允许我们对中国悠久的历史妄加评判。但我们必须强调，中国的文明一直都是非常开放的。在公元前 221 年秦始皇统一中国之前，中华大地出现了众多不同的思想流派，互相争锋，一时间百家争鸣。从汉朝到唐朝，丝绸之路成为中国与世界其他地方的商业通路，使中国从印度、中亚以及更遥远的地方吸收了众多思想。中国文明的延续性让人们忘记了中国文明在佛教传入中国之后所

---

① Kang Chao（1986）曾指出，中国在“1950 年前的两千多年来就有一种独特的市场经济体制”，他称之为“原子市场经济”（第 5 页）。Hill Gates（1996）引述这个观点，称之为“历经千年的小资本主义”。关于中国自从明朝晚期开始的资本主义发展史，参见许涤新、吴承明（2007）主编的三卷《中国资本主义发展史》。

② 《马可 · 波罗游记》（Yule 1923 年译）。

进行的长期转型。经过了数个世纪，儒家思想才吸收了佛教，使新儒家在宋朝时崛起。[①]现在，中国与西方社会平等的交流才刚刚起步。中国承诺发展中国特色的市场经济，以中国丰富多样的文化传统为基础，同时向西方社会和世界其他国家开放。不管什么样的社会或者文明，都会在开放、宽容和政治稳定的环境下，通过与其他文化的融合而繁荣昌盛，也会在思想封闭和政治混乱中灭亡。当我们从地域中心的视角中脱离出来，以全球视角来观察人类历史时，过去的中国不曾统治过世界，现在的西方社会也不是世界的掌控者。只有宽容和开放的文明才能持续地发展，享有不可限量的未来，而任何附加的标签，包括其地域起源或种族特征，都只是机缘巧合。

在中国共产党看得见的手的指引下，中国出现的市场经济经常被看作独一无二的，不仅与西方的市场经济有所区别，甚至有害于自由市场秩序。中国市场经济确实与英国、美国或者其他现存的市场经济模式不同，但这很大程度上是基于历史原因以及中国具有的众多独一无二的特性，例如众多的人口、广袤的国土面积和中国共产党的角色。从另一方面来说，中国作为全球市场经济的新成员，可以借鉴不同的市场经济模式。中国与发达国家在科技和生产力上有着巨大的差异。一旦中国人民解放思想，他们就能迅速追赶上发达国家。与此同时，中国市场的巨大潜力使得中国成为来自世界各地的外商直接投资最钟爱的目的地，例如，上海自从90年代以来已经成为全球市场经济的橱窗。

但对中国经济危害全球市场秩序的指控，更大程度上是基于恐惧与不了解，而不是逻辑。中国在毛泽东之后的经济改革不仅对结束“冷战”功不可没，而且更是市场经济全球化的大力推手。中国的市场化改革，包括设立经济特区和允许外商直接投资，迅速让数百万民众远离了贫穷，提高了全世界四分之一人口的生活水平。这些卓越的成就使得其他国家，包括印度和越南，相信了市

① 关于儒家学说的简介和发展史，参见Yao(2000)。关于现代中国儒家学说命运的早期评估，参见Levenson（1968）。

场的优势与政府计划的荒唐。

此外，中国市场化转型为全球资本主义开拓了新的视野。中国作为崛起中的经济力量，已经为中亚、东南亚、拉丁美洲以及非洲等和中国经济有着密切联系的经济体的发展做出了巨大贡献。中国的伟大经济转型早已成为全球新兴市场经济的支柱。更为重要的是，中国活力四射而又独一无二的市场经济，充分证明市场经济可以在西方社会以外的地方扎根并繁荣发展。中式市场经济的崛起为其他文化与历史有别于西方社会的国家树立了一个鲜明的榜样。中国通过打破西方社会对市场经济的垄断，促进了市场经济的全球化，并通过拓宽市场经济的文化背景与多样性，加强了全球市场秩序。如果市场经济的发展不是仅仅局限于西方社会，而是在不同的文化与政治背景下繁荣发展，全球自由经济秩序将会从此变得更加坚韧与可持续。

八

2010 年 1 月的《外交政策》杂志刊登了罗伯特 · 福格尔教授发布的大胆预测，他认为中国经济到 2040 年将占据全球国内生产总值的 40%，而美国只能占据 14%。[①]福格尔的预测遭到了强烈的质疑，批评者们认为福格尔“完全高估了中国全能的政府力量”。[②]在此，我们必须重申我们一直强调的观点，中国取得的经济成就并不能简单归咎于“中国全能的政府力量”。如果中国经济的成就真的来自政府，那我们对于中国市场经济未来的信心将大为减弱。在本书中，我们多次提到邓小平和其他中国领导人在改革中的积极作用，但邓小平

① Fogel（2010）。关于更为详尽的论述，参见 Fogel（2006）。关于近期的详细预测，参见 Subramanian（2011）。

② Nicholas Consonery（2010 年 1 月 7 日），“一个 123 万亿的中国？不太可能”，参见《外交政策》在线版。

与毛泽东不同，从来就不是亚当·斯密所描述的“醉心于体系的人”(man of system)。[①]毛泽东建构宏图大略，然后高屋建瓴，将自己的宏伟蓝图展现在中国人民面前。但邓小平的脚踏实地使他无法接受任何与事实不符的理论。几乎没有人怀疑，如果没有邓小平坚持不懈的务实精神和老练的政治方法，中国经济改革的过程和结果将会完全不同。但造就中国经济崛起的奇迹的根源则是充满了乐观、活力、创造力和决心的中国人民。

我们对中国经济持有的乐观态度与福格尔教授相同，但我们在此呈现的分析框架并不能够定量地预测中国经济的发展。很多人批评福格尔高估了中国经济的未来发展，但即使我们将他的预测减半，也不能改变中国经济发展的大方向。

中国的关键优势来自她所拥有的13亿进取、努力、不屈不挠的人民。尽管70年代末中国实行了计划生育，中国依旧是全世界人口最多的国家。在几十年迅速的城市化进程之后，现在的中国依旧有一半的人口生活在农村。现在众多的农村人依旧渴望着进入城市，追寻更好的工作与生活，这给中国继续城市化与工业化创造了空间，也是未来中国经济持续发展的一个关键因素。但中国人口老龄化的趋势和速度令人忧心忡忡。很多发达国家一直对生育进行财政补贴，中国政府应该为大部分中国人对大家庭的渴望而感到幸运。如果人人都受到良好的教育并积极创新，而不是在计划经济下排队等着分配工作，中国政府的计划生育政策显然开错了药方，需要反思。在实施计划生育政策的当初，其本意仅仅是一个紧急措施，如果实行时间过长，则会给中国经济和社会造成深远与严重的影响。[②]

如果劳动者不能自由地在全国范围内寻找商机、自行创业、参与自由竞争，

---

① Adam Smith［1969（1959），第380~381页］。

② 最近去世的芝加哥经济学家D. Gale Johnson（1994，1999）一直在批评中国计划生育政策背后的经济原因。

即使他们受到了高等教育，也不能完全发挥出自己的潜力。从改革的开始阶段，中国已经为提高劳动力的流动性和鼓励创业做出了巨大的努力。上百万农村劳动力向城市的流动以及国企股份制改造带来的中国劳动力资本向私营部门的转移，是中国劳动力流动的两大主要渠道。全国劳动力市场的逐步发展不仅极大提高了劳动生产力，也给农民带来了真正的经济利益。但现在的劳动力市场上依旧存在诸多障碍，尤其是户籍制度和农民工面临的各种体制壁垒。只有深化改革才能逐步消除这些制度障碍，为劳动生产力的进一步增长提供源源不断的动力。

中国私营企业的发展显然也经历了巨大的飞跃。在改革之前，私营企业是非法的；而现在，私营企业已经被承认为经济的主要驱动力之一。但是，创业者们依旧要面对许多偏见和厄境。目前，他们面临的最大威胁依旧来自政府垄断。大部分国企自 90 年代中期开始已经被重组或是股份化，而剩余的国有企业则进入了一些垄断部门，包括银行、能源和通信行业。这些垄断性的国企在中国已经成为强大的利益集团。2008 年开始实行的通货膨胀性货币政策，更加提高了国有企业的实力。4 万亿元经济刺激计划的大部分银行信贷都流入了国企和地方政府。国有经济通过廉价的信贷和其他政府力量，挤压私营经济的成长空间。2009 年，《财富》500 强名单中史无前例地出现了 34 家中国企业的身影（不含 3 家香港企业）。然而，其中只有一家是私营企业。[①]到了 2010 年，42 家中国企业（不含 4 家香港企业）进入了《财富》500 强名单，只有两家是私营企业。[②]

真正令人担忧的并非国家所有制本身，而是那似是而非的假设，总认为与私营企业相比，国有企业能更好地为社会服务。这种论调曾经一度被用来替政府垄断和限制私营企业进入一些被认定是“具备战略重要性”行业的政策辩护。

---

① http://money.cnn.com/magazines/fortune/global500/2009/countries/China.html.

② http://finance.eastday.com/m/20100525/u1a5224725.html.

而现实中，政府垄断使众多国有企业成为肆无忌惮的征税者，获取了巨大的利润，使21世纪以来政府收入的增长速度几乎是国内生产总值增速的两倍。[①]这些简单快捷的利润让国企悠然地活在市场纪律的管制之外，从而隐藏了它们的弱点。由于可以获得垄断性的利润，国企不需要不断创新来满足消费者。没有了这样的压力，国企无意中被剥夺了在市场竞争中不可或缺的学习机制。除此之外，虚假的高额利润迅速扩大了垄断企业与私营企业之间日益增长的工资差距。例如，垄断性国企雇用了全国8%的非农业劳动力，但这些员工却享受着占全国55%的工资。[②]国企的垄断性利润甚至使它们在一些对私营企业开放的行业中也占据了优势。国企利用其政治关系和垄断利润迫使私营企业撤离或是将对手收购，弱化了市场竞争。国企的存在也削弱了中国资本市场的发展，例如，即使不考虑国有银行与国企在政治上的种种关联，国有银行也更喜欢贷款给国企，因为国企享受政府保护的高利润，从而有较高的偿款能力。私营企业，尤其是刚刚创立的，经常由于自身的高度不确定性和失败的可能性，无法获取银行信贷。因此，有着稳定和安全客户的国有银行可以不与私营企业进行业务往来，放弃了学习如何更好地筛选、监控贷款者的机会。这让国有银行更加不愿意向私营企业发放贷款。

全民所有制能更好地为公众服务并保证共同富裕的陈词滥调，已经被中国的市场经济实践证伪。在这个问题上，中国古代的政治家与哲学家的智慧依然熠熠生辉。中国古书《商君书》（商鞅曾帮助秦王两次变法，而使秦国后来居上，并最终于公元前221年统一中国）有言：[③]

> 法令者，民之命也，为治之本也，所以备民也。为治而去法令，犹欲

① 关于国有企业在中国经济中角色的辩证分析，参见天则经济研究所最近的一份工作底稿（2011）。

② 王小鲁（2007）；也可参见天则经济研究所的一项研究（2011），尤其是第四章。

③ 《商君书》（1928），第331~333页。

> 无饥而去食也，欲无寒而去衣也，欲东而西行也，其不几亦明矣。一兔走，百人逐之，非以兔为可分以为百，由名之未定也。夫卖兔者满市，而盗不敢取，由名分已定也。故名分未定，尧、舜、禹、汤且皆如鹜焉而逐之；名分已定，贪盗不取。今法令不明，其名不定，天下之人得议之。其议，人异而无定。人主为法于上，下民议之于下，是法令不定，以下为上也。此所谓名分之不定也。夫名分不定，尧舜犹将皆折而奸之，而况众人乎？此令奸恶大起，人主夺威势，亡国灭社稷也道也。

从早期中国哲学家慎子的作品《慎子》中，我们也可以看到对权利划分重要性的论述。[①]“一兔走街，百人追之；积兔满市，过而不顾，非不欲兔，分定不可争也。”

如果中国政府能够像商鞅所建议的一样，将自己纳入法律监管之中，国企巨大的垄断势力也就不会那样令人担忧。但是现实中的社会主义，在政府所有制的压力之下，大多远离法治。当拥有巨额资产的政府凌驾于法律之上时，不可避免地会诱发公权私用，公产私分。腐败的政治产生了掠夺与不公正，种下了社会不安定和政治混乱的种子。当国企凌驾于法律之上和市场纪律之上时，不仅私营企业的生存受到威胁，也如同慎子和商鞅所描述的那样，整个社会的经济与政治基础将危如累卵。

九

没有任何市场经济可以在制度真空中运作。但时下的经济学把价格体系从它赖以生存的经济制度中剥离出来，唤作价格理论；在研究市场运作的时候，

---

① 《慎子》。参见 Qiu Hanping (或 Henry H. P. Chiu)，“慎子的法律思想”，《法学季刊》第三卷（1927）。何勤华与李秀清再版（2003），第 343~344 页。

又把所有非市场的制度安排剔除出去，包括政府、法律、社会形态以及道德准则，似乎市场可以独立于这些非市场的制度安排。但失之毫厘，谬以千里。经济学家接受的越来越多的训练，就是要遗忘经济现象其实是社会学家所谓的“社会事实”，它一方面区别于自然事实或者物理事实，而另一方面区别于心理现象。① 契约、金钱和产权都是社会建构的事实。哈耶克曾在几十年前提醒过我们，与自然现象或者心理现象不同，社会事实的真实性取决于“（你四周的）人们认为它是真的”。② 一时一地的社会事实，譬如商业诚信、契约精神，在其他地方或不同时代就不一定还存在。离开了社会，社会事实无处藏身，遑论市场经济？

从这个角度来看，中国的另一个发展再次加强了我们长远看中国市场经济的信心，尽管这种发展与中国经济的增长和市场制度的形成相比毫不起眼，但其对中国市场经济前景的影响非同寻常。2004 年，一本新版的《国富论》中文译本出版了。斯密的这本宏著是由严复（1854~1921）第一个翻译给中国读者的，于 1902 年出版；第二本汉译本（也是第一本白话文译本）出版于 1930 年（1972 年修订），由王亚南主译。③ 在 2004 新版的前言中，译者解释了新译本的必要性。“如今的中国已经回归了市场经济，市场经济需要与市场经济相适应的经济理论，而市场经济的理论基础就是亚当·斯密的《国富论》。”④ 由于中国重新选择了市场经济，让更多的普通人接触《国富论》变得十分必要。然而，前两版的翻译中，语言过时且过于学术化，现在的读者望而生畏。

很有趣味的是，2004 版《国富论》的译者们非常惋惜当前经济学家低估了《道德情操论》的经济学意义，这是斯密早期的一本道德哲学专著。⑤ 的确，

---

① 例如，Durkheim（1982）第 50~59 页。也可参见 Peter Berger and Thomas Luckmann（1966）。John Searle 称之为“制度事实”，而非“天然事实”（第 50~52 页）。

② Hayek（1948），第 60 页。

③ 有着多达 8 种中译版。本文引用的是唐日松（2004）的译本。

④ 同上，“译者序”，第 8 页。

⑤ 同上，“译者序”，第 4~5 页。

随着现代经济学科的独立发展，当代经济学人大多不知，甚至也不屑于知道，亚当·斯密当年曾执教伦理哲学。在他的晚年，斯密尤其钟爱《道德情操论》，并在他离世之前完成了第七版的修订。现代经济学家对此一定会大失所望，甚至尴尬不堪，但是斯密却一直认为《道德情操论》远胜过《国富论》。把《道德情操论》从斯密的经济学中分割出去不仅导致了误读亚当·斯密，更是误导经济学陷入困境。值得庆幸的是，在中国，亚当·斯密的《国富论》与《道德情操论》受到了同样的重视。

在《金融时报》主编莱纳尔·巴伯2009年2月2日对温家宝总理的采访中，温家宝表示："我们渴望平等与公平的社会，这个社会里人们可以在自由和平等的环境中实现自己的发展。这也是我为什么非常欣赏亚当·斯密的《道德情操论》的原因。"①当被问到中国政治经济改革的未来时，温家宝是这样回答的：②

> 亚当·斯密1776年出版了《国富论》，他也写了《道德情操论》。在《道德情操论》里有一段非常精彩的论述，他说，如果一个社会的经济发展成果不能真正分流到大众手中，那么它在道义上将是不得人心的，而且是有风险的，因为它注定要威胁社会稳定。

在2008年接受《新闻周刊》的法里德·扎卡利亚的采访时，温家宝做出了类似的评论。③"我非常看重道德的价值，并且我相信企业家、经济学家和政治家都应该更多地关心一下道德与伦理。在我心目中，衡量伦理与道德的最高标准是正义。"2009年2月28日，当温家宝在网上与中国的读者们分享他对

① 《金融时报》对温家宝的采访（2009年2月2日），http://www.ft.com/cms/s/0/795d2bca-f0fe-11dd-8790-0000779fd2ac.html#axzz1CqDI0Ten。

② 唐日松（2004），"译者序"，第4~5页。

③ 《新闻周刊》记者法里德·扎卡利亚对温家宝的采访，http://www.newsweek.com/2008/09/28/we-should-join-hands.html。

亚当·斯密的理解时，他指出了亚当·斯密实际上着重强调了在商业社会中存在着两只“看不见的手”，其一是市场，其二则是道德。①

温家宝对于亚当·斯密关于正义与道德准则的重要性的认识是完全正确的。根据亚当·斯密，正义的解释如下：②

> 正义犹如支撑整个大厦的主要支柱。如果这根柱子松动的话，那么人类社会这座雄伟而巨大的建筑必然会在顷刻之间土崩瓦解。在这个世界上，也许可以这样说，建造和维护这一大厦似乎受到了造物主特别而宝贵的关注。所以，为了强迫人们尊奉正义，造物主在人们心中培植起那种恶有恶报的意识以及害怕违反正义就会受到惩罚的心理，它们就像人类的伟大卫士一样，保护弱者，抑制强暴和惩罚罪犯。
>
> 虽然人天生富有同情心，但同自己相比，他们对陌生人几乎漠不关心；他们对自己微小的便利也看得远比同胞的不幸更重；他们有很多机会，也受很多诱惑，去恃强伤人，因而，如果不是正义的原则屹立于胸，慑服人心，敬畏被害者的无辜，从而护卫被害者的话，他们时刻会虎视眈眈；一个人参加集会犹同步入狮穴。

在将正义和道德相比时，亚当·斯密坚信：“正义准则可以比作语法规则，有关其他美德的准则可以比作批评家们衡量文学作品是否达到杰出和优秀水平而订立的准则。前者是一丝不苟的、准确的、不可或缺的。后者是不严格的、含糊的、不明确的，而且告诉我们的与其说是如何臻于完美的确实无疑的指示，还不如说是有关我们应该指望臻于完美的一般设想。”③无论如何，正如

① 温家宝关于亚当·斯密的评论在网上被广泛讨论，例如http://book.163.com/special/009242BF/guanyuan.html。

② Adam Smith［1969（1759）］，《道德情操论》，第167~168页。

③ 同上，第517页。

亚当·斯密所指出的，如果没有松散而普遍存在的道德准则的支持，强硬的正义法则将无处实施。

最近经济不平等的加剧已经成为中国严重的社会问题，它显著地影响了温家宝对亚当·斯密关于不平等观点的理解。[①]在《道德情操论》中，“正义”这个词出现了93次，“非正义”这个词出现了52次。而“平等”出现了4次，“不平等”只出现了两次。谈到平等时，亚当·斯密更为关心国家是否平等对待所有人，任何不平等都公然地践踏了正义法则。谈到平等时，斯密的意图不是平等地分配劳动者的果实。其实，斯密认为这样的经济不平等是不可避免的。[②]

> 有大财产的所在，就是有大不平等的所在。有一个巨富的人，同时至少必有500个穷人。少数人的富裕，是以多数人的贫穷为前提的。富人的阔绰，会激怒贫者，贫人的匮乏和嫉妒，会驱使他们侵害富者的财产。那些拥有由多年劳动或累世劳动蓄积起来的财产的人，没有司法的保障庇护，哪能高枕而卧一夜？富者随时都有不可测知的敌人在包围他，他纵没有激怒敌人，他也无法满足敌人的欲望。他想避免敌人的侵害，只有依赖强有力的司法保护，法律是可以不断惩治一切非法行为的。因此，大宗价值财产的获得，必然要求民主政府的建立。

由于经济不平等不可避免，正义法则成为维护社会秩序的重中之重。亚当·斯密非常明白，“只要有大量的人挨饿受冻，那这个社会注定不会繁荣昌盛”。[③]如果没有其他原因，财富分配的两极分化将会激起严重的仇富心理，这种心理的影响如此深远，以至于最强力的政府也无法通过高压政策将其抑制住，使富人们惶惶不可终日。如果仅仅为了富人的利益，财富的获取必须符合

① 例如，梁治平（2010）。关于其他的评价，参见Martin Whyte（2010）。

② Adam Smith（1976，第五卷，第232页）。

③ Adam Smith（1976，第一卷，第88页）。

正义法则。当社会有了正义，机会面向所有人，即使社会中最不幸的阶层也尊重社会体制时，他们会努力工作来为下一代提供更好的生活条件，而不是通过革命来挑战或者推翻当前的社会体制。

如果在30年前，一个社会主义国家的领导人阅读亚当·斯密的著作是非常不可思议的，更不要说赞扬这个现代资本主义经济的理论奠基人。但令人惊讶的是，在毛泽东逝世30多年后，中国领导人将亚当·斯密看作引路人。更为奇异的是，中国总理居然将亚当·斯密作为《国富论》和《道德情操论》的作者大加赞扬。究竟有多少西方政治领导人读过《道德情操论》？在许多不同的场合下，温家宝将《道德情操论》推荐给中国的企业家、作家、大学生以及大众。在中国著名的在线书店当当网上，列示着十几种有着不同译者和出版社的《道德情操论》。在其中几个版本的封面上，都有着大大的红色字样“大师的经典著作，温家宝总理五次强烈推荐”。在30年的市场化转型后，中国不仅将市场经济作为财富创造的经济体制，同时也认可了市场经济赖以生存的道德与伦理基础。

其实，亚当·斯密在中国被推崇为道德哲学家和现代经济的奠基人不应该让我们感到惊奇。儒家学说强调个人伦理道德是和谐社会的基础，孔子强调法并不是社会秩序唯一的，或者主要的来源。[①]相反，在孔子的眼里，仁爱不仅是最高的美德，也是社会和谐的基础。显然，正如亚当·斯密所强调的，仅依靠道德本身并不足以治理好任何现代社会。同样，如果没有强有力的道德体系，谁也无法治理好社会；可惜这一点在现代经济中被严重忽视了。如果所有的商人都是机会主义者，抓住一切机会欺骗合作伙伴，一旦有利可图就无视商业契约，那么市场经济将变得残缺不全。

中国有句古训：“勿以善小而不为，勿以恶小而为之。”但这话显然与现代

---

① 例如，Ren（1997）、马小红（1997，2004）。

经济学的基本原理水火不容。经济利益最大化认为违章犯事应该受到鼓励，只要其收益超过成本。这种思路在经济犯罪学中表露无遗。相反，做一件好事可能会与个人利益相冲突，而被人所不齿。这句中国古谚告诫我们做人的一个基本道理，那就是我们的性格是由我们的所作所为在不知不觉的过程中逐渐塑造而成的；可惜，现代经济学基本上忽视了人类的这些基本特性。由于经济本质上是人们谋生的过程，任何一个国家的经济都不可避免地会打上国民性格的烙印。弗兰克·奈特提出了一个洞见，他认为我们应该根据“一个社会产生的需求，其塑造的国民性格，而不是满足当时人们需求的效率”来评价一个社会的好坏。[①]现代经济学假设人的需求是给定的，而资源分配的选择即是满足这些给定的需求，但是忽视了选择对于需求的长期累积性影响；这种思路只是关注长期历史过程中的一个截图，或者一个快照。但经济在满足需求的同时又撒下新需求的种子，从而驱动着下一轮的经济生产与消费。任何行为如果只是赢得短期利益，但却败坏人们的道德，都会损害市场经济的长期发展。

十

中国的市场经济之路是一个非凡动人的故事。30 年前就正确预测中国会走向市场经济的张五常，并没有预料到中国的市场化转型速度如此之快。[②]边缘革命将市场力量带回中国的速度震惊了中国领导人和海内外经济学家。在 70 年代末将中国引向市场的经济力量，如今已经在 30 年的改革中变得更加强大。尽管社会的贫富不均日益分化，经济增长的成果确实惠及全国。经济自由和私营企业尽管被残留的政府垄断所限制，但依旧在全国范围内繁荣发展。在可预见的未来，中国将继续她的市场经济试验。在中国悠久的商业与私营企业史的

① Frank Knight [1976 (1923)]，第 43 页。

② 张五常（1982，1986）。

基础上，中国特色的市场经济将继续开创自己的路。

但究竟什么是中式市场经济？换句话说，在卓有成效的市场化转型之后，中国目前的市场经济有什么特征？大部分评论家都将目光放在了中国政府的有形之手和中国共产党执政的强大实力上，认为这两点才是中式市场经济的根本特征。尽管这两点的重要性毋庸置疑，但它们都没有抓住问题的关键。

根据世界银行的统计，尽管遭受了严重的衰退，美国的国内生产总值依旧在 14 万亿美元的高位上（2009 年）。[①]然而中国的国内生产总值仅仅是 5 万亿美元。由于中国的人口数量是美国的 4 倍（中国人口 13 亿，美国人口仅为 3.07 亿），中国的人均国内生产总值水平（3 650 美元，而美国为 46 360 美元）与劳动生产力依旧远远落后美国。即使中国在 21 世纪中叶像众人所预测的一样成为全球最大的经济体，中国的生产力依旧只能排在中游水平，如果她无法显著提高其创新能力的话。这将成为现代人类史上一个前无古人的例子：世界上最大的经济体并非生产力最高的。

中国经济以另一种方式所表现出来的相同的结构性缺陷，旁观者看得更清楚。如今，我们既能在沃尔玛找到“中国制造”的身影，也能在高端百货商店里看到中国的产品。从鞋类、服饰，到家具和电子产品，中国的制造业如今已经可以生产几乎所有种类的消费品。中国出口商品数量的剧增，已经让全球消费者以“中国价格”享受到了琳琅满目的各种消费品。但是，大部分美国消费者记不起任何中国品牌，即使他们的家中已经遍布中国制造的产品。

如果我们从历史的角度看，中国经济的弱点昭然若揭。当 19 世纪的英国成为世界经济的领头羊，20 世纪的美国成为世界经济的超级大国时，他们不仅发明了大量的新产品，还创立了新的行业。他们的经济实力来自创新与生产力两方面遥遥领先，让他们的经济屹立世界之巅。当 1851 年伦敦水晶宫举办第

---

① http://siteresources.worldbank.org/DATASTATISTICS/Resources/GDP.pdf.

一次世界博览会时，英国展品“就其力量、耐用性、实用性和质量而言，在几乎所有领域都领先，无论是钢铁、机械还是纺织品”。[①]20 世纪则见证了美国巨人的崛起，洛克菲勒、卡内基、福特、通用汽车、通用电气、波音、IBM、可口可乐、宝洁，以及近年来的惠普、苹果、英特尔、摩托罗拉和微软，并且这个名单的长度一直在增加。当日本在 60 年代末期成为世界第二大经济体时，日本拥有索尼、富士、丰田、本田、日产、马自达、佳能、东芝、松下、胜利和夏普这样的知名企业。韩国的经济总量达到了中国的六分之一（却只有 4 800 万人口），也拥有着三星、LG、现代、起亚和大宇这样的全球知名企业。

与之形成鲜明对比的是，即使最具知名度的中国企业，例如联想、华为、青岛啤酒、海尔和吉利，在西方都不是家喻户晓的品牌。中国在《财富》500 强中排名前十的企业分别是：中国石化、中国石油、国家电网、工商银行、中国移动、中国人寿保险、中国银行、中国建设银行、中国南方电网和中国电信。这都是集中在能源与服务行业（银行、电信与保险）的国有企业；这些行业受政策保护，没有开放全球竞争。中国的生产型企业在全球具备竞争力，但大部分企业仅仅在依靠低廉的生产成本打价格战，在创新与提高质量方面，这些企业依然在苦苦挣扎。由于创新乏力和缺乏独一无二的产品，许多中国企业依赖订单化生产——从海外市场接受订单，贴上外国的商标之后销售。对于要重返世界第一的中国经济而言，这种窘况，我们姑且称之为“没有产品的生产”，实在不敢恭维。在 2009 年，美国的制造业生产的商品（1.7 万亿美元的生产附加值）依旧高于中国（1.3 万亿美元的生产附加值）。[②]在就业率衰退了数十年之后的今天（2010 年第二季度时美国只有不到 1 200 万的产业工人），美国的制造业依旧领先于有着 1 亿工人的中国。此外，考虑到中国制造业中有大量的

---

① Ffrench（1950），第 203 页。

② http://moneywatch.bnet.com/economic-news/blog/macro-view/manufacturing-surprise-the-us-still-leads-in-making-things/2134/.

外资企业和合资企业，中国本土制造业能否撑得起“世界工厂”的牌子还未知可否。

十一

改革解放了中国企业，它们获得了自由，坦然直面国际市场竞争；同样在改革年代，中国的大学与自由和竞争却渐行渐远。中国的大学和整个教育体系依旧在政府的严格控制之下。在这里，中国市场化改革最严重的缺陷暴露无遗。只有在这里，我们才能找到中国经济问题的症结。

具有讽刺意味的是，后毛泽东时代的教育改革始于1977年高考的恢复，在时间上甚至早于1978年的第十一届三中全会。当时邓小平号召党应当成为中国科学家和学者的“后勤部队”，让他们独立自由地进行科学研究。邓小平和其他中国领导人断定，只有中国成为一个勇于进行科学探索和科技创新的国家，“社会主义现代化”事业才有希望。①令人惋惜的是，邓小平的誓言并没有打破中国政府对大学和研究机构的控制。中国大学更像一个意识形态无孔不入的行政官僚机构，而不是一个学府。因此，当中国市场化转型催生了蓬勃发展的商品与服务市场，并让中国成为全球生产领域的领头羊时，却没有为思想创造一个活跃市场。确实，在思想的创造、传播与消费的整个过程中，从教育体系到媒体都在政府严格的意识形态监控之下。

中国大学在最近几十年的飞速市场化改革中所发生的最明显改变，其实是高等教育的商业化与扩张。在社会主义体制下，高等教育由政府全额资助，并且仅仅只有很少一部分人享受得到，当然前提是高等教育确实存在（在“文化大革命”期间，中国所有的大学都被关闭了）。在80年代末，中国政府开始

---

① 例如，邓小平，1978年3月18日，“在全国科学大会开幕式上的讲话”，《邓小平文选》第二卷。

招收那些因为高考中成绩不理想而不得不支付学费的学生。这样，政府不再是高等教育唯一的出资者。高等教育的商业化与扩张的速度在 90 年代迅速提高，中国进入了“高等教育大跃进”时代。1995 年，18~22 岁的年轻人中只有 5% 有机会接受高等教育；而到 2007 年，这个比例提高到了 23%。[①]现在，中国已经是全世界最大的博士出产国。然而，钱学森这位备受尊敬的中国科学家，在 2009 年临终前提出了一个清醒异常的问题：“为什么我们的学校总是培养不出杰出人才？”[②]

教育体系的例子证明了数量上的增长无法弥补质量上的不足。“钱学森之问”在国内吸引了众多媒体的关注。从组织结构而言，中国大学的致命伤是缺乏自主性。大部分中国大学依旧依靠政府资助，并在教育部的严格控制之下。教育部负责任命国内主要大学的党委书记和校长，在大学里，党委书记比校长有着更高的行政级别，也经常对学校的运作有着更大的话语权。中国大学设立的学位和专业都要经过教育部的审批。通过对财政、人员和专业设置的直接控制，目前中国教育部对高校的控制程度甚至超过了改革之前主管部门对国企的控制。随着经济改革，国企逐渐获得了自主权并可以在市场自由竞争，中国的大学却走向了完全相反的道路。中国大学面临的最直接的竞争来自海外。每年都有成千上万的优秀中国学生离开祖国，到日本、澳大利亚、加拿大、美国和欧洲的高校求学。他们的选择证明了他们对中国大学的失望。

在严格的政府控制下，中国大学越来越善于迎合教育部，而不是提供创新性的研究与教育项目，这种情况与改革前的国企没有什么本质区别。除此之外，由于财务上的困境，各大高校在入学指标和其他敛财渠道进行竞争。结果是，中国高等教育可能因此进入了商业化，完成了扩张，但教育改革并没有带来思想的自由市场。相反，随着政府将大量财力投入建设世界一流大学的梦想之中，

① “中国高等教育大跃进”，《亚洲时报》，2002 年 7 月 3 日。

② 在谷歌键入“钱学森之问”，有超过 54 万条搜索结果（2011 年 2 月 2 日）。

教育部对中国大学享有着越来越大的控制权。这意味着中国大学一定紧跟着教育部的行政信号转，而对高等教育中新出现的挑战置若罔闻。

1995年和1998年，中国分别启动了“211计划”和“985工程”，着力于建设世界一流大学和关键学科。[①]教育部将在生产企业中运作良好的按件计酬的工资体系引入了中国的大学。大学教授的评估与奖励都基于他们所发表的作品，一个教授每年的收入一般由职称所决定的基本工资和发表的作品决定的奖金两部分组成。不难想象，这种激励机制下，中国的教授们都变成了发文机器。积极地来看，中国成了世界范围内的科研论文发表大国。但正如“钱学森之问”一针见血所指出的，这种增长也有着巨大的代价。

几乎在人类的所有探险活动中，平庸者与杰出者在成就上的差异都是巨大的。就所有的科学而言，引领着学科向前发展的只是为数不多的学术巨人。给那些爱好科学，以潜心科学为人生一大乐事的学者创造衣食无虞、精神自由的环境，人类的创造力会得到最大的发挥，科学才会有更大的机会进步。以绩效为基础的奖励体系可以强制学者们发表文章，但它必将学术动机与物质利益合二为一，没有什么比这更能扼杀科学工作者的创造力与原创性了。

考虑到中国政府无处不在的行政干预，不难理解中国大学的平庸表现。正如米尔顿·弗里德曼的论述，毁掉一个行业的最佳方式是给它政府垄断。中国大学所面对的行政干预如此严重，以至于物理学和生物学这种受到意识形态影响极为有限的科学领域中，也几乎不存在自由的思想市场。因此，中国的传统智慧中百花齐放、百家争鸣的理想，将很难实现。

对于中国大学而言，政府本质上控制着其投入（资金与人员）与产出（专业设立），几乎没有留给大学任何自主权。最近，南方科技大学坎坷的筹办过程，包括不得已的推迟招生，向我们充分展示了这样一个充满挫折的例子。[②]

---

① 参见Ryan（2010）关于近期中国高等教育发展的讨论。

② “南科大筹办3年半仍未获教育部正式批复”，《人民日报》，2010年10月20日。

这所新成立的大学是地方创举，由深圳市政府鼎力支持。尽管这不是一所私立学校，但和其他大学相比，南方科技大学独立于教育部和地方政府，有一定的自主权。这所学校以香港科技大学为榜样，致力于建设成华南地区的一流研究机构，为区域经济的发展提供急需的科学研究与技术革新。这所新的大学原计划于2010年秋季成立，但在3年多的准备之后，教育部却拒绝承认这所学校的学历，使其非常难以吸引学生。

在教育之外，中国的法律和政治也深受缺乏自由的思想市场之害。许多在1978年《公报》中提到的问题现在依旧存在，当时的众多目标现在依旧等待实现。“无视严峻的民生问题的官僚态度”依旧广泛存在。在三十余年的改革之后，中国的法律体系依旧无法保证“法律面前人人平等，没有人能凌驾于法律之上”。

在毛泽东时代，政府对思想的垄断曾导致了一个可怕的后果，邓小平在改革之前痛惜地把这个教训总结为，“反对领导人的观点就是违法犯罪”。[①]由于无法表达他们的忧虑，阐述他们的观点，异议人士迫不得已地与政府产生直接冲突。在任何现代社会，最宝贵的财富都是那些拥有着批判性思维和独立思考的人。而这些人在中国却经常被贴上持不同政见者或者其他标签。

从经济到教育，从法律到政治，中国社会的每个角落都缺乏充满活力的思想市场。从表面上来看，在自由思想市场缺失的情况下，中国经济在改革的初期实现了卓越的增长。在自由的商品与服务市场的推动和鼓舞下，那些将持续经济增长作为自己执政合法性的领导人或许认为只有商品与服务的市场就已经足够。[②]

但这种想法错得太远。缺乏自由的思想市场直接导致了科技创新乏力，这早已成为中国制造行业致命的软肋。因为缺乏创新和残存的政府垄断，中国企

---

① 引自邓小平1979年12月13日对政府领导人的讲话。引自Shen（2000）第ix页。

② 邓小平的“发展才是硬道理”依旧是中国共产党执政合法性的根基。关于中国以成绩作为执政合法性基础的学术探讨，参见White（2005）和赵鼎新（2009）。

业家们几乎没有什么创业机会。因此，接单生产而不是发明属于自己的产品，成了大部分中国企业家的主要策略。没有自由和开放的思想市场，中国就很难继续保持高速的经济增长，也无法进入全球科学和技术的领先行列。在改革初期，意识形态的枷锁被去除后，中国曾迅速缩小了科技和管理上与西方世界的巨大鸿沟。但要在未来保持稳定的高速增长，中国必须具备更积极的创新精神，以更少更清洁的能源为全球消费者们提供创新的产品。虽然中国只花了三十余年就从一个贫穷的社会主义国家转化为一个充满活力的全球制造业中心，但要成为新思想的全球生产中心，中国还要有很长的路要走。

此外，自由思想市场的缺失也损害着中国对建立和谐社会与重建文化传统的努力。和谐，顾名思义，呼唤着不同声音的共存。只有不同的声音在思想的市场中相互交流，和谐才能从中产生。一个政府的命运取决于它能否完成两个任务，物质上的充裕为其一，培育并维持自己的思想世界为其二。所谓思想世界类似于卡尔·波普所描述的“第三世界”（World 3），它包括人类对其自身、对自然和社会本质的认识的结晶。[①]这两个挑战，在中国一般被称为发展“物质文明与精神文明”的任务，相互纠缠，很难分开。如果没有丰富的思想世界，富裕的物质生活也会变得索然无味。但如果没有丰富的物质作为支持，精神领域将成为空洞的幻觉。在我们当今世界里，经济生产越发变得知识密集型，商品市场长久健康的发展取决于一个开放的思想市场。与资本市场和劳动力市场一样，思想市场也是一个生产要素市场。在思想市场里，知识能得到开拓、分享、积累和应用。新企业成立的速度、新产品开发的速度和新行业创立的速度，都依赖于一个思想市场的运作。此外，思想市场也直接地影响商品与服务市场的发展。由于商品市场的运行基于消费者独立自主的假设，而正是思想市场塑造了消费者的需求，因此决定了经济领域中存在的是什么样的消费者（或者是企业家、政治

① Karl Popper，“Three Worlds”，1978 年 4 月 7 日在密歇根大学的演讲。

家和律师等)，决定了他们的性格和价值观，最终决定了商品市场的性质及其运作效率。

由于有着充满竞争的商品与服务市场，中国早已成为深受海外资本喜爱的投资目的地，吸引着众多来自《财富》500强企业的投资。然而，由于缺乏充满活力的思想市场，中国自己的人才正在逐渐流向海外。中国日益增加的金融资产盈余正好与巨大的人才赤字相匹配。这种尴尬而刺眼的不平衡，揭示了目前中式市场经济最严重的缺陷。

十二

政府干预并不是思想市场的唯一障碍。从历史的角度来看，国民党和共产党时期的现代中国政治，都不愿意接受思想市场的存在。20世纪初，当中国为生存而挣扎时，在外有西方强权、内有军阀混战之时，国家的存亡成为中国第一批出现的现代政党所面临的首要挑战。[①]国民党与共产党都生为秘密的革命组织，并且迅速成长为半军事化的团体。在十月革命的影响下，两党迅速诉诸武力，重视纪律与控制。共产国际曾经直接参与了中国共产党的成立与中国国民党在20年代的重组。这份遗产对于中国现代政党的发展有着深远的影响。两党都重视权力，而未对保护自由开放的思想市场引起重视。此外，两党之间的敌意经常引发武装冲突，加剧了双方维护权力的倾向。在这种情况下，毛泽东那句“枪杆子里面出政权”浓缩了中国政治的现实。只有在上海公共租界和香港这样未受两党纷争波及的地方，思想的市场才残留一席之地。

或许是受到了日语翻译的影响，国民党和共产党都自称为“党”。然而这个字眼在中国的传统政治思想中有着强烈的贬义色彩。党派政治一直被看作阴

① 关于19世纪末和20世纪初政治团体的崛起，参见张玉法（1982，2004）。

险的秘密力量，为了追求小集团的利益而损害社会秩序与公共利益。例如中国的成语“结党营私”，字面意义就是“结成党团，谋求私人利益”。这与中国传统政治思想的精神“天下为公”背道而驰。尽管20世纪里中国党派政治的历程并非如我们刚才所描述的那样不堪，但历史的影响并不看好多党竞争给中国带来自由的思想市场。

在中国，政府对于思想的形成和传播的垄断很大程度上来源于对骚乱的恐惧。秦始皇为了压制他认为危害自身统治的思想曾焚书坑儒，但正如一首唐诗所言，“坑灰未冷山东乱，刘项原来不读书”。毛泽东对这首诗了然于心，但诗句中所蕴藏的警示却未能阻止他在1957年发起的“反右运动”。[①]这场运动导致上百万人被捕，但最严重的后果是把脆弱的思想市场扼杀于摇篮之中，从而严重地损害了中国政府治理国家的能力。

官僚政府或任何大型组织的突出弱点，在于上层决策者往往要依赖下层提供的信息。[②]因此，包括官僚政府在内的阶层组织结构经常陷入权力与信息双重不对称的陷阱之中。顶端的决策者大权在握，但掌握的信息不仅有限，而且都是经过多次过滤、反复挑选而又带有偏见的；权力金字塔底层的看门人掌握着大量的信息，却无权采取行动。一个独立于政治力量的活跃的思想市场，则会为体制提供不可或缺的保障，使决策者可以获得有效的信息。汉朝的儒家学者王符曾经指出，“君之所以明者，兼听也；其所以暗者，偏信也”。在1957年的“反右运动”之后，一度守纪、高效、反应迅速的官僚政府瞬间沦为盲目的自我毁灭型政治机器，造成了人类历史上和平时代里最严重的饥荒。

一些右派的思想“反动”并不能成为关闭思想市场的理由。一个理想的社

---

① 1945年傅斯年曾请毛泽东为他题写此诗。傅斯年和毛泽东在北京大学时相识，当时傅斯年是一位杰出的学生运动领导者，毛泽东是一个图书馆助理员。但毛泽东“一直没有机会参与到傅斯年的讨论小组中”（王泛森，2000，第170页）。

② 关于官僚主义问题的论述，参见Simon［1997（949）］。

会并不是一个完全杜绝骚乱风险的社会。考虑到控制和降低骚乱的成本，任何社会都不得不对有些潜在的威胁睁一只眼，闭一只眼，因为进一步降低骚乱风险的成本要远高于因此获得的额外收益，而得不偿失。此外，正如“大跃进”惨痛历史所显示的，一台意图良好但被误导的政治机器会给民众带来毁灭性的灾难；而脆弱又不完美的思想市场却能很好地补救官僚政府所面临的双重不对称问题。

虽然政治审查可以轻易地压制思想市场，致命地摧毁思想市场，但一个压迫性的政府却并非思想市场唯一的敌人。开放思想市场的另一个敌人虽然不甚恐惧，却同等危险。在中国，从小学开始，马克思主义就作为科学理论和人类历史与社会进步的最终真理向学生传授。在过去的30多年改革过程中，中国人民摆脱了极“左”意识形态的束缚。正如邓小平所指出的，马克思主义的精髓是实事求是，世界上本没有放之四海而皆准的社会理论。但国人已经形成的思维定式却根深蒂固：认为真理是完整的、永远的、权威的、颠扑不破的。但是，所有的知识都恰恰相反，知识是不完整的、临时的、推测性的、时时可以修正补充的。除非思想市场的参与者认识到这个世界上没有绝对真理，否则一个开放的思想市场不可能正常运行，也不可能长存。思想市场之所以重要，是因为只有在与无知和偏执的无尽无限的斗争中，真理才会展现其面目；并且，没有真理可以一劳永逸地赢得胜利，也没有权威能够作为真理的决断者。由于人类自身易犯错误，而且求知过程中人类的无知不可避免，开放思想市场才成为最能帮助人类接近真理的工具。否则，思想市场将会变得多余和浪费，甚至如同它的批评者所说的，危及社会稳定。具备批判思想、愿意挑战权威，而又宽容、虚怀若谷的公众，是自由思想市场发展的沃土。[①]

① 关于思想市场和追求知识的深刻分析与有力辩护，参见Michael Polanyi（1951，1958）。

十三

当张五常在80年代初推测中国会转向市场经济时，他主要依靠下面的判断：中国开放（商品和服务）市场后产生的巨额经济收益能够降服改革可能遇到的所有阻力。今天，基于同样的推理，中国思想市场面临的前景更加明朗，更加广阔。

在中国历史上，思想市场的根似乎扎得比商品市场更深。现在中国将孔子尊为中国的启蒙教育者，正是两千多年前的孔子开设了中国第一所私塾，结束了教育被官府垄断的特权时代。从那时起，教育作为创造与传播知识的手段，即使在科举考试开始之后也很大程度上掌握在私人的手中。尽管遭受着众多的反对与逆境，活跃的思想市场长久地贯穿于中国的历史之中，产生了迷人的科技创新和我们现在仍在享受的辉煌灿烂的文化艺术。在古代，由于物资的匮乏，只有一小部分人有机会投身学习。而如今，随着高等教育和现代通信技术的发展，21世纪的中国也许会见证思想市场的繁荣发展。

中国传统社会中思想的创造者，文人（士）阶层，有着其他历史文明中所无法找到的独一无二的社会、政治和文化地位。从秦始皇公元前221年统一中国到1911年清王朝灭亡，很大程度上，是文人治国的历史。文人除了作为官僚政府中的官吏而存在，也作为儒家社会的道德指南针而存在。[①]对于士大夫而言，孟子曾说，“富贵不能淫，贫贱不能移，威武不能屈”。如今的中国不再是以士为中心的社会，在现行的政治体制下，知识分子作为士在现代的继承者，

---

① 钱穆，中国20世纪最著名的历史学家之一，认为传统的中国是一个“士人政府”（2011，第15页）或者“士是中国社会的中心”（2010，第80页）。Balazs（1964）认同钱穆对于中国历史中士的角色的描述，但有着更具批评性的解释。根据Balazs，士人执政的政府，“如此强大，以至于商人阶层从未有过公开挑战政府的想法，从未想过要从政府获得他们应有的自由、法治和自主权”（第23页）。

在政治活动和公民事务中已不如士那般活跃。但士的理想和道德标准依旧在众多受过教育的中国人中有着强烈的共鸣。在接受过人文科学、社会科学和现代科技的教育之后，中国当今的知识分子比他们的祖先对自然与人类社会的本质有着更为深刻的理解。在活跃的思想市场下，我们有充分的理由相信，21 世纪的中国可以见证另一次文化复兴，重现唐宋时期的辉煌。

因为中国没有自由的思想市场，中国的政治体制往往是悲观主义者悲观的原因。但悲观主义者习惯于忘记，同样的现实也是谨慎乐观主义者乐观的理由。在最近的 30 年中，尽管存在着众多严重的问题，中国经济实现了喜人的增长速度。一旦中国思想市场崛起，政治体制改革得以深化，将更好地激发蕴藏在中国人民中的创业精神，降低市场体制的运行成本，最终为经济增长提供强劲的动力。毋庸置疑，活跃的思想市场带来的潜在边际经济收益，甚至会远远高于 80 年代初张五常所预测的中国走向市场经济的巨额赢利。

此外，思想市场指向了一条平缓、可行而又直接的政治改革之路。中国同时缺乏民主政治和思想市场，但二者不是一回事。例如，亚当 · 斯密并没有投票权，这是民主社会每个公民都享有的基本政治权利，但斯密享受着自由演说和表达的权利，他的著作充实了人类的思想市场。一个繁荣的思想市场并非只能在多党制政府下产生，尽管我们不否认思想市场和民主之间的紧密关系，也尽管思想市场在大多数民主国家繁荣发展而在非民主国家里饱受压制。但是，在民主政治里，多数人的暴政危害思想市场。在多党制的环境中，政治领导人尽最大的努力去赢得选票，此乃民主政治合法性的最终裁判，少有竞选者能够组织或参加真正有意义、深度的政治辩论。在民主国家中，以投票来决定执政党的轮替，自由思想市场的作用也会处于次要的位置。①

民主化（抑或非民主化）吸引了当今政治辩论的大部分注意力，但开放的

① Hayek（1973，第 2 页）的观点走得更深。他警告我们："当前主流的自由民主制度模式，必然导致自发的自由社会逐渐转型为利益集团所控制的极权社会。"

思想市场才是政治体制运行的关键所在，无论该体制是否是民主的。当今世界有着众多的民主国家，不是每一个民主社会都有真正理性的思想交锋，与此同时，历史上也有数个成为新思想大熔炉的非民主社会。自由思想市场的一大显著优势，在于它与多元文化和政治体制的广泛兼容性。思想市场在中国战国时代一度非常繁荣，当时儒家、道家和法家等学说相继出现；唐朝时中国也有着繁荣的思想市场，当时的帝国首都长安吸引着来自亚洲多国的学者；思想市场也在城邦时代的古希腊存在过；公元9~13世纪的巴格达曾经是阿拔斯王朝的知识中心，是著名的童话故事《一千零一夜》发生的地方，这里也有着繁荣的思想市场。思想市场并不会给任何社会强加一个统一的政治体制，因此带来了宽容，培育了多样性，促进了试验与创新，增强了社会的韧性。思想市场未必是民主的同义词。

尽管中国的市场化转型取得了引入瞩目的成绩，但目前中国市场经济因思想市场的缺位而险象丛生。这个缺陷已经成为中国经济与社会发展中面临的最严重的瓶颈。自从经济改革的初始阶段，中国政府始终强调要“解放思想”，但没有什么比活跃的思想市场更能解放人们的思想。[①]实际上，如果没有自由思想市场，任何“解放思想”的行动都注定要失败。中国人民的创造力还远没有释放出来，他们活跃的思想如今还像冰山一样，不见天日。这是中国的不幸，也是世界的损失。中式市场经济原本可以更加创新，中国经济的增长应当更多来自质的提升而不是量的扩大。作为世界上最大的博士培养基地，中国应该为人类知识的进步贡献更多。当今的世界面临众多全球化的挑战——从贫困与疾病到战争，从能源与水资源短缺到环境保护；我们急切呼唤新产品和新行业、新思想与新实践以及灵活与创新的组织机构。这个世界一定会美丽很多，如果它五分之一的人口能够自由地发挥他们的聪明才智。

① 关于自由的逻辑，更深刻的见解参见Polanyi（1951）和Hayek（1960）。

十四

近几十年来，后毛泽东时代的经济改革已经深远地改变了中国经济与社会。1976年毛泽东逝世时，中国是世界上最贫困的国家之一，人均国内生产总值只有不到200美元。到2010年，中国已经成为全世界第二大经济体，人均国内生产总值已超过了4 000美元。在这几十年里，中国在全球经济中占据的份额从不到2%增加到了9%。私营企业在毛泽东时代曾经被严厉禁止；而现在私营企业已经在全国各地蓬勃发展，成为中国经济的支柱之一。中国有着全世界最多的网民、最多的手机用户和最大的汽车市场，如今的中国社会开放、信息通畅，充满着动力与渴望。就连中国的大学最近也崭露出了进步的端倪，逐渐认识到了学术自由是取得任何科学成就的前提条件。拥有全世界五分之一人口的中国经济，仍然有着巨大的增长空间。

中国走向市场经济的过程是一个非凡的故事。即使事先有人讲述出这个故事，也不会有人相信。当张五常坚定地预测中国走向市场经济之路时，他却低估了中国转型的速度。那些相信张五常的分析和预测的人们，或许认为这个过程需要百年之久，而不是二三十年。

这个故事非同寻常有另一层意义。后毛泽东时代的政府领导人实施改革的本意，在于进行一次“社会主义革命”，将中国从一个落后的国家转化为“一个伟大的社会主义现代化强国”。中国在改革之初并没有抛弃社会主义，在改革的过程中依旧忠于社会主义。在饥荒和失业的巨大压力下，政府开始让私营企业在中国的城乡地区有了生存的机会。但一旦私营企业的泄洪闸门被打开，一系列边缘革命迅速取代了政府引导的改革，将市场引入了中国经济。当莫斯科、华沙和布拉格抛弃社会主义而拥抱资本主义时，中国的市场经济却在四川、安徽、浙江和广东超越了传统社会主义而找到自己的发展道路。

中国的市场经济道路也是一个有着中国特色的故事。左右了中国改革的政治辩论，尤其是那些关于社会主义本质的讨论，并没有在其他国家发生。关于集权和分权的讨论源自中国政治历史。关于真理标准的哲学讨论也只有在中国传统文化的影响下才能引起如此强烈的关注和共鸣。正如在20世纪，中国的社会主义依然带着传统中国的烙印，虽然中国的传统文化一时遭受了沉痛的打击，在接下来的岁月里，中国的市场经济将不可避免地带着中国自己的烙印。

以当前的现状，对许多来自资本主义已经发展了数百年的西方国家的观察者来说，中国的新兴市场经济似乎略显粗糙。中式市场经济如同中国大城市中的交通状况一样，让西方游客感到混乱又恐惧。然而，中国的道路比世界上任何一个国家运送的乘客和货物都要多。中国的市场经济以其自己的方式走出了一条迷人的道路。由于中国独特的文化传统和政治体制，中国的市场经济一定会保留中国特色，并会探索更多自己的特色。去掉了中国特色的中式市场经济既是不可能的，也是我们所不愿意看到的。然而，这并不意味着我们对现行的中式市场经济无条件地捧场，它仍有太多的缺陷和不足。但与此同时，我们应当抵制我们自身排斥异己的人类本性。开放的社会因多元化和包容性而繁荣发展。自我强加的制度划一和组织僵化曾经将看似强大、不可阻挡的社会主义列车陷入泥潭。如果我们能从社会主义的历史中学到经验的话，那就是应该鼓励和颂扬多元化，而不是警惕和怀疑它。

从历史上看，中国一直都是一片商业和私营创业的沃土。当被问及如何治理国家时，孔子有如下的对话：

> 子适卫，冉有仆。子曰："庶矣哉！"冉有曰："既庶矣，又何加焉？"曰："富之。"曰："既富矣，又何加焉？"曰："教之。"

创立道家学说的老子，也提出了"我（指君王）无事为而民富"的观点。司马迁也说过："治国之道，富民为始。"邓小平那句朴实的"致富光荣"成为贯穿80年代改革的战斗口号，这揭示了当时中国与其悠久的商业文化传统之间的遥远距离。在遭遇了一个半世纪的自我怀疑与自我否认之后，中国在20世纪末建设中式市场经济的过程中，终于开始回归属于她自己的文化根基。

中国悠久的历史及其现代表现在塑造中式市场经济的过程中起了关键作用。中式市场经济将以一种当前我们无法想象的方式继续阔步向前，而数千年的中国历史沉淀将为其提供牢固的基石。

就这一点而言，毛泽东时代的教训值得深思。中华人民共和国成立伊始，毛泽东立刻召见了被称作“中国最后一位儒家”[①]的国学大师梁漱溟，向对方询问建设新中国的建议。[②]梁漱溟是一位中国哲学（尤其是儒学和佛学）的大师，是一位正直、实干、积极参与社会活动的学者。他和毛泽东都生于1893年，1920年前当梁漱溟在北京大学任教时，当时是助理图书管理员的毛泽东与他相识。梁漱溟坚信“建设新中国”和“了解旧中国”必须齐头并进。如果没有对旧中国的优势与劣势的彻底了解，新中国将迷失方向，跛足而行。然而，毛泽东的观点却与之不同。在毛泽东和当时大部分中国领导人看来，社会主义提供了一条可靠的通向繁荣富强的道路，任何过去的历史都是阻止中国向社会主义前进的绊脚石。而现在的中国终于可以理解梁漱溟的教诲，但这却是建立在30年艰苦的社会主义探索与30年市场化转型的代价之上的。随着中国在21世纪持续向前发展，建立有自己特色的市场经济，进一步融入全球劳动分工，中国也同时回归自己的传统。在与外部世界积极合作的同时继往开来，中国有希望迎来另一次文化复兴。一个开放、宽容、自信和创新的中国将会在不久的未来给世界带来更大的惊奇。

我们对中国走向市场经济之路的论断并非对中国市场化转型的最终评价。在这个非凡的故事里，仍然有许多事实不为我们所知，需要继续学习。我们主要是尝试着对这个转型背后的一系列事件进行历史性描述。但如果没有恰当的

① Guy Alitto（1979）。

② 梁漱溟（2004），第126~130页；Liang and Alitto（2009），第87~99页。

理论支撑，我们也无法连贯地描述中国的市场经济之路。事实需要筛选，其重要性需要评估。如果没有合适的理论指引，我们既无法挑选事实，更无法评估其重要性。在我们看来，“理解经济系统运作的过程，来自理论与经验研究相结合。理论建议经验研究的方向，而随后的经验研究则对理论的修订抑或重新思考提出建议，反过来推动了新的经验研究。在正确的方式下，科学研究永无止境，而每个阶段都提高我们对经济系统的理解”。[①]要完全解释中国为什么像我们描述的那样走向市场经济，解答其中各种令人不解的困惑，可能会花费几十年甚至几个世纪的时间。但在探求任何因果解释之前，我们必须首先确实地把握中国是如何走上市场经济之路的，弄清我们究竟应该解释什么。

本书到此已经临近尾声，但是，本书叙述的故事只是中国市场经济的开始。中式市场经济将继续走自己的路，保持自己的特色，将中国丰富的传统文化和现代世界的多样性融入其中。毕竟，市场经济并不是一个终止的状态，而是一个开放式的集体学习与自我转型的演变过程。

毛泽东逝世后中国发生的一切毫无疑问是令人惊心动魄的。如果毛泽东复活，他一定认不出如今的中国。他会惊讶地发现私营企业和自由市场实现了他破碎的梦想，那个所有中国人在长达一个世纪的期待中，共同希冀将中国重建成富强国家的梦想。随着开放思想市场的形成，中国经济的发展将会变得更为强健与可持续。罗伯特·福格尔教授曾经预测中国经济将在2040年占据全世界经济总量的五分之二。[②]福格尔对中国经济产出的预测可能过高，但也可能太低了。中国的人均产值（4 393美元，2010年）同美国（47 184美元）、英国（36 100美元）、法国（39 460美元）、德国（40 509美元），甚至亚洲的邻居诸如日本（43 137美元）、韩国（20 757美元）和中国香港（31 758美元）相比都太低了。中国的经济生产率还有巨大的快速增长空间。

① Coase（2006），第276页。

② Fogel（2010）。

中国企业发展的一个最大限制是缺乏高端人才。现在，北京和上海已经成为美国毕业生的新的追梦之地，更不要说那些接受过海外高等教育的归国学子了。中国企业的研发基地也从加利福尼亚开到了纽约，从伊利诺伊开到了亚利桑那。随着中国与国际人才库频繁的接触和交流，中国经济有着更大的机会攀上科技进步的阶梯，变得更为创新和高效。

人才的质量和构成是经济生产率的一个决定因素，而人才市场则直接影响一个社会培养和使用人才的效率，这两点在任何社会中都是决定经济生产率的根本性因素。没人可以否认商品交易所、股票市场、银行、法院和政府在现代经济运行中的重要性。但所有的组织都是由人来管理与运营的。没有一种制度可以像傻瓜相机一样，也没有一种制度一成不变；制度如何运作、如何适应不断变化的社会环境，不可避免地反映出它的监管者和运营者的品质。

在以知识为主要推动力的现代经济里，没有什么比思想市场更能影响人力资本市场的质量和表现。“钱学森之问”昭示出，一个生机勃勃的思想市场不仅是取得学术成就的必要条件，也是一个开放社会与自由经济不可或缺的道德与知识的基石；如果没有思想市场，人类智慧的伟大多样性也会枯萎。在改革开放之后的几十年中，商品市场不仅将繁荣带回了中国，也意外地让中国回归自己的文化根基。思想市场的发展将会让知识与创新引导中国的经济发展。更为重要的是，这会使中国在同多样的现代社会融合的过程中，实现传统文化复兴。那时，中国将不仅仅是全球的生产中心，也是创造力与创新的源泉。

后记

钱学森，这位前途无量的加州理工学院科学家，日后的中国航天之父，1955年因被指控是共产主义分子而被美国驱逐出境。在登上驶往香港的克利夫兰总统号邮轮之前，钱学森于洛杉矶港口对记者们说："我将会尽我所能，帮助中国人民建立一个幸福而有尊严的国度。"1991年，当钱学森在北京接待他的好朋友、加州理工学院的前同事弗兰克·马布尔时，他用低缓而令人困惑的语气向这位到访者说："你知道，弗兰克，我们为中国付出了很多心血。人们丰衣足食，辛勤劳动，国家一天比一天进步。但是，弗兰克，他们并不幸福。"[①]

温家宝总理在2010年2月12日春节团拜会上的讲话中申明，中国政府所做及将做的一切，都是"要让人民生活得更加幸福、更有尊严"。钱学森在半个世纪前提出的崇高理想，如今终于在神州大地回响。[②]此外，温家宝总理在2010年3月召开的全国人民代表大会上所作的2010年政府工作报告中重申了这一誓言，并强调要把其作为中国政府在今后数十年里的首要任务。一年之后，温家宝总理在最后一次主持的全国人大会议上，再次重申了政府一定要恪守建

① 要了解钱学森的事迹，可参考张纯如的《钱学森传》。

② 温家宝，"让人民生活得更有尊严"，参看http://news.163.com/10/0212/18/5VBEJ/NR000120Gu.html。

设“幸福中国”的诺言。2011年3月19日一期的《经济学人》将此作为封面专题，题为“中国追求幸福，而非增长”。①

自中国经济体制改革以来，建设社会主义现代化便一直是中国政府矢志追求的目标，而今，让中国人民过上幸福而有尊严的生活成为中国政府的新目标。这一转变，反映了在市场经济体制转型过程中，中国的价值观和态度发生了极大的改变。温家宝总理充分意识到，经济发展并不意味着幸福程度的提高，更不必说国内生产总值的提高。同时他还清楚地认识到，若经济的发展不能普遍提高人民大众的生活水平，不能增加他们的幸福感，那这样的发展便是不可持续的，也没有太大意义。

近代中国政府，不管是在国民党政权还是在共产党政权的领导下，一直自诩为推动中国现代化进程的先锋。它的使命总是以计划或项目为中心，例如“社会主义改造”、“四个现代化”，以及更近的“改革开放”。另一方面，对幸福的追求，则是以人道主义为导向的，而非自上而下的政治运动可以实现的。亚当·斯密在《道德情操论》（也是温家宝总理最喜爱的著作之一）中将追求幸福描述为在自由法治社会中的一种平和谦逊的心态：②

> 人类生活的不幸和混乱，其主要原因似乎在于高估了一种境况和另一种境况之间的差别。贪婪过高估计贫穷和富裕之间的差别，野心过高估计个人地位和公众地位之间的差别，虚荣过高估计湮没无闻和名闻遐迩之间的差别。受到那些奢靡思想影响的人，不仅在现实处境中是可怜的，而且往往为达到他愚蠢地羡慕的生活境况而扰乱社会和平。然而，他只要稍微观察一下就会确信，心态好的人在人类生活的各种平常环境中同样可以保持平静，同样可以高兴，同样可以满足。有些境况无疑比另一些境况优越，

---

① “Don’t be worry, be happy, China”，《经济学人》（2011年3月19日），第49页。

② Adam Smith［1969（1759），第250~252页］。

但是没有一种境况值得怀着那样一种激情去追求，这种激情会驱使我们违反谨慎或正义的法则，或者由于回想起自己的愚蠢行动而感到羞耻，或者由于厌恶自己的不公正行为而产生懊悔，从而破坏我们内心的平静。若改变境况的努力不以谨慎为指导，也无正义可言，那个确想这样做的人，就会玩各种最不合适的危险游戏，押上所有的赌注而毫无所得。……在我们痴心妄想的最光彩夺目和令人骄傲的境况中，有我们希望得到的真正幸福和快乐。现实中，虽然我们生活平凡，但以我们的能力，同样的幸福和快乐一直唾手可得。在最为低下的地位（那里只剩下个人的自由），我们可以找到最高贵的地位所能提供的、除了虚荣和优越等微不足道的快乐之外的其他一切快乐；而虚荣和优越几乎同完美的平静，与所有真心的和令人满足的享受格格不入。如下一点也不是必然的，即：在我们憧憬的辉煌生活中，我们可以带着与在自己如此急切地想离弃的卑微环境中具有的相同的安全感，来享受那些真正的和令人满足的快乐。查看一下历史文献，回顾一下在你自己周围发生过的事情，想一想你或许读过的、听过的或想起的个人或公众生活中几乎所有非常不成功的行动是些什么，你就会发现，其中的绝大部分都是因为当事人不知道自己的境况已经很好，应该安安静静地坐下来，感到心满意足。那个试图用药物来增强自己还算不错的体质的人，他墓碑上的铭文是："我过去身体不错，我想使身体更好；但现在我躺在了这里。"这一碑文通常可以非常恰当地用来体现贪心和野心未得到满足所产生的痛苦。

对于已经习惯了把消费者行为简化为效用最大化的现代经济学家们而言，他们一定感到困惑，这一段文字居然出于亚当·斯密的笔下。它对道德精神的描述与现代经济学理论中常说的"经济人"在特征上竟然有天壤之别。从斯密到今天，经济学的研究对象已经从一个有血有肉、有伦理道德的人创造财富的行为，变身为一个冷冰冰的资源分配的选择逻辑。在这个转变过程中，我们付出了许多代价，其中显而易见的一点，便是人性在深度和丰富性上的极大损失。现代经济学不再以实实在在的人为研究对象，它便失去了扎根现实生活的锚，逐渐偏离经济现实。因此，当危机临头，惶惶不安的大众急切需要经济学家出谋划策时，经济学家们却往往言不成理，缺乏洞见。

同时，亚当·斯密的语气及内容与中国古代智慧产生了强烈的共鸣，这也许不只是巧合。“学而时习之，不亦说乎？有朋自远方来，不亦乐乎？”这两句名言是《论语》的开篇语。孔子的“学”并不单指要学习书本知识，还包括塑造人品、培养社会关系、学习持家和治国，并且最终让世界和平，充满和谐。学习人道并在生活实践中日臻完美，宁静喜悦必然常驻人心。颜回是孔子最喜爱的弟子，他一生寓乐于学，可惜英年早逝。孔子在回忆这位得意门生时称赞其“一箪食，一瓢饮，在陋巷，人不堪其忧，回也不改其乐”。在一个大多数人还在为生存挣扎的时候，学习只能是极少数人能够享受的奢侈追求。孔子曾教导，先“富之”，再“教之”。

长期以来，劳动分工和商品市场被视为追求财富的基本制度。两者的有机结合，不仅提高了经济生产率，也促进了新产品的开发，使市场经济不断演进，不断创新。思想市场则让我们能够独立并批判地思考，让我们以自有的方式去探索这个世界，并推动我们始终与大自然和人类社会现实保持密切联系。我们每个人的生活经历也许只是沧海一粟，但借助开放的思想市场，我们独特的个性和丰富的多样性却使人类社会变得丰富多彩而活力无限。当商品市场和思想市场羽翼丰满之时，两者便能相互支撑、相辅相成，人类的幸福和创造力将达到前所未有的高度，物质文明和精神文明将会携手行进在坚实的大道上。在人类追求幸福和尊严的漫漫征途上，中国市场经济转型，尽管革旧维新、非同凡响，也仅是跃向前方的一小步。

致谢

首先，我们想感谢经济事务研究所（Institute of Economic Affairs，IEA）的斯蒂芬·利特柴尔德及菲利普·布思，他们两位从本书写作伊始便一直给予了莫大的鼓励和支持。

“2008 中国经济转型芝加哥研讨会”（7 月 14 日至 18 日）刚一结束，我们便开始着手本书的写作。第一份初稿完成之后，我们在芝加哥召集了一场关于产业生产结构的研讨会（2010 年 7 月 19 日至 23 日）。在这两场研讨会中，我们同许多与会者进行了讨论和交流。在这个过程中，我们学到了很多，尤其是当我们和他们的观点存在分歧时。在这里，我们同样想对玛乔丽·霍尔姆、蔡鸿达以及乔伊·纳奥姆表示感谢，没有他们出色的后勤支持，这两场研讨会将不可能举办得如此有声有色。

斯蒂芬·利特柴尔德、道格拉斯·诺斯、玛丽·雪莉以及许成钢在阅读完本书的初稿后，不吝给予了非常详细的书面评价，李·贝纳姆、菲利普·布思及张五常亦对个别章节提出了许多有建设性的看法。他们的批评和建议对我们的写作大有裨益，对此，我们表示由衷的感谢。

作为本书的作者，在过去几年里，我们每个月都会碰面，一同商讨斟酌写作内容及其他相关的项目。对此，我们要感谢我们所在的机构，分别是科斯所在的芝加哥大学法学院，以及王宁所在的亚利桑那州立大学政治与全球研究学院。芝加哥大学法学院前任院长索尔·莱弗莫尔及现任院长迈克尔·希尔亦对本书的写作工作提供了非常慷慨的支持。

还有许多个人与我们分享了大量的信息和观点，由于人数众多，在此恕我们不能一一道谢。以下几位值得特别提出，他们是：亚历山德拉·贝纳姆和李·贝纳姆、苏锦玲和张五常、金蕾、梁晓伟、戴维·皮卡斯、理查德·桑德尔、孙广振、肖耿、肖卫吾、熊家龙、许良英、王天夫、王艳桃、张维迎、赵鼎新、周其仁、周卫兵以及朱锡庆。

| 参考文献 |

安建设，“邓小平再度复出”，郭德宏、王海光、韩钢（编），《中华人民共和国专题史稿（第3卷）》（成都：四川人民出版社，2004年），第369~388页。

安徽省委党史研究室（编），《安徽农村改革之路》（北京：中共党史出版社，2006年）。

——《安徽农村改革口述史》（北京：中共党史出版社，2006年）。

薄一波，《若干重大决策与事件的回顾（修订版）》（北京：中共党史出版社，1997年）。

曹和平（编），《中国产权市场发展报告（2009~2010）》（北京：社会科学文献出版社，2010年）。

张玉法，《清季的革命团体》（台北：台湾“中央研究院”近代史研究所，1982年）。

——《民国初年的政党》（长沙：岳麓书社，2004年）。

陈东林，“粉碎‘四人帮’和‘文化大革命’的结束”，郭德宏、王海光、韩钢（编），《中华人民共和国专题史稿（第3卷）》（成都：四川人民出版社，2004年），第567~592页。

陈宏，《1979~2000深圳重大决策和事件民间观察》（武汉：长江文艺出版社，2006年）。

陈锦华，《国事忆述》（北京：中共党史出版社，2005年）。

陈雪薇，“70年代末80年代初国民经济的调整”，郭德宏、王海光、韩钢（编），《中华人民共和国专题史稿（第4卷）》（成都：四川人民出版社，2004年），第163~184页。

陈永发，《延安的阴影》（台北：台湾“中央研究院”近代史研究所，1990 年）。

——《中国共产革命七十年》（台北：联经出版社，2001 年）。

程中原、王玉祥、李正华，《转折年代——1976~1981 年的中国》（北京：中央文献出版社，2008 年）。

从进，《曲折发展的岁月》（郑州：河南人民出版社，1989 年）。

戴煌，《胡耀邦与平反冤假错案》（北京：新华出版社，1998 年）。

邓力群、马洪、孙尚清、吴家骏，《访日归来的思索》（北京：中国社会科学出版社，1979 年）。

邓小平，《邓小平文选》，1975~1992 年，可访问《人民日报》官网 http://web.peopledaily.com.cn/english/dengxp/。

邓子恢，《邓子恢自述》（北京：人民出版社，2007 年）。

定宜庄，《中国知青史——初澜（1953~1968 年）》（北京：当代中国出版社，2008 年）。

董志凯，《新中国工业的奠基石（156 项建设研究 1950~2000）》（广州：广东经济出版社，2004 年）。

杜明明，“参与改革开放的第一港商”，《炎黄春秋》，2008 年 9 月第 9 期。

杜润生（编），《中国农村改革决策纪事》（北京：中央文献出版社，1998 年）。

范晓春，《改革开放前的包产到户》（北京：中共党史出版社，2009 年）。

冯骥才，《一百个人的十年》（北京：外文出版社，1990 年）。

冯天瑜，《封建考论》（武汉：武汉大学出版社，2006 年）。

傅国涌，《1949 年：中国知识分子的私人记录》（台北：八旗文化出版社，2010 年）。

高华，《红太阳是怎样升起来的》（香港：香港中文大学出版社，2000 年）。

高建国，《顾准全传》（上海：上海文艺出版社，2000 年）。

郭德宏、王海光、韩钢（编），《中华人民共和国专题史稿（修订版）》。第 1 卷：开国创业（1949~1956）；第 2 卷：曲折探索（1956~1966）；第 3 卷：十年风雨（1966~1976）；第 4 卷：改革风云（1976~1990）；第 5 卷：世纪新篇（1990~2009）（成都：四川人民出版社，2009 年）。

韩钢，“‘两个凡是’的由来及其终结”，郭德宏、王海光、韩钢（编），《中华人民共和国专题史稿（第 4 卷）》（成都：四川人民出版社，2004 年），第 29~47 页。

——“关于华国锋的若干事实”，《炎黄春秋》，2011 年 2 月第 2 期。

韩亚光，“周恩来与四个现代化目标的提出”，《当代中国史研究》，2006 年第 1 期，第 65~70 页。

浩然，《金光大道（第 1 卷）》（北京：人民文学出版社，1972 年）。

何勤华、李秀清（编），《民国法学论文精萃：基础法律篇（第 1 卷）》（北京：法律出版社，2003 年），第 337~350 页。

胡风，“时间开始了”，《人民日报》，1949 年 11 月 20 日。

黄峥，“刘少奇案始末”，郭德宏、王海光、韩钢（编），《中华人民共和国专题史稿（第 3 卷）》（成都：四川人民出版社，2004 年），第 155~176 页。

纪希晨，“粉碎‘四人帮’全景写真”，《炎黄春秋》，2000 年 5 月~11 月，第 5~11 期。

金冲及（编），《毛泽东传（1893~1949）》（北京：中央文献出版社，1996 年）。

匡家在、盖军，“80 年代的城市经济体制改革”，郭德宏、王海光、韩钢（编），《中华人民共和国专题史稿（第 4 卷）》（成都：四川人民出版社，2004 年），第 304~322 页。

李辉，《胡风集团冤案始末》（武汉：湖北人民出版社，2003 年）。

李岚清，《突围：国门初开的岁月》（北京：中央文献出版社，2008 年）。

李锐，《毛泽东的晚年悲剧》（海口：南方出版社，1999 年）。

李妍，《对外开放的酝酿与起步（1976~1978）》（北京：社会科学文献出版社，2008 年）。

梁漱溟，《梁漱溟自传》（郑州：河南人民出版社，2004 年）。

梁治平，《转型期的社会公正：问题与前景》（北京：生活·读书·新知三联书店，2010 年）。

林蕴晖，《中华人民共和国史第 4 卷：乌托邦运动——从大跃进到大饥荒（1958~1961）》（香港：香港中文大学出版社，2008 年）。

——《中华人民共和国史第 2 卷：向社会主义过渡——中国经济与社会的转型（1953~1955）》（香港：香港中文大学出版社，2008 年）。

林蕴晖、范守信、张弓，《凯歌行进的时期：1949~1976 年的中国》（郑州：河南人民出版社，1989 年）。

刘杰、徐绿山，《邓小平和陈云在十一届三中全会前后》（北京：中央文献出版社，

2009年)。

刘克敌：《梁漱溟的最后39年》(北京：中国文史出版社，2005年)。

刘小萌，《中国知青史：大潮（1966~1980）》(北京：当代中国出版社，2008年)。

楼继伟，“中国三十年财税改革的回顾与展望”，《中国经济50人看三十年——回顾与分析》(北京：中国经济出版社，2008年)，第323~346页。

陆键东，《陈寅恪的最后二十年》(北京：生活·读书·新知三联书店，1995年)。

罗平汉，《大锅饭：公共食堂始末》(南宁：广西人民出版社，2001年)。

——《土地改革运动史》(福州：福建人民出版社，2005年)。

马建堂，“三十年巨变：国有企业改革进程简要回顾与评述”，《中国经济50人看三十年——回顾与分析》(北京：中国经济出版社，2008年)，第347~358页。

马立诚，《大突破：新中国私营经济风云录》(北京：中华工商联合出版社，2005年)。

——《交锋三十年》(南京：江苏人民出版社，2008年)。

马小红，《中国古代社会的法律观》(郑州：大象出版社，1997年)。

——《中国古代法律思想史》(北京：法律出版社，2004年)。

逄先知、金冲及（编），《毛泽东传》(北京：中央文献出版社，2003年)。

彭森、陈立，《中国经济体制改革重大事件》(北京：中国人民大学出版社，2008年)。

钱穆，《中国历代政治得失》(北京：生活·读书·新知三联书店，2001年)。

——《国史新论》(北京：生活·读书·新知三联书店，2005年)。

——《中国思想史六讲、中国学术思想十八讲》(北京：九州出版社，2010年)。

钱念孙，《龙抬头：大包干的前前后后》(南京：江苏文艺出版社，2008年)。

中共中央党史研究室（编），《中国共产党历史第一卷（1921~1949）》(北京：中共党史出版社，2001年)。

——《中国共产党历史第二卷（1949~1978）》(北京：中共党史出版社，2011年)。

中共中央党史研究室第一研究部（编译），《联共（布）、共产国际与中国国民革命运动（1920~1925）》(北京：北京图书馆出版社，1997年)。

安徽省委党史研究室（编），《安徽农村改革之路》(北京：中共党史出版社，2006年)。

——《安徽农村改革口述史》(北京：中共党史出版社，2006年)。

沈宝祥，《真理标准问题讨论始末》（北京：中国青年出版社，1997 年）。

——“真理标准问题大讨论”，郭德宏、王海光、韩钢（编）《中华人民共和国专题史稿（第 4 卷）》（成都：四川人民出版社，2004 年）。

沈志华，《中华人民共和国史第 3 卷：思考与选择——从知识分子会议到反右派运动（1956~1957）》（香港：香港中文大学出版社，2008 年）。

史云、李丹慧，《中华人民共和国史第 8 卷：难以继续的“继续革命”——从批林到批邓（1972~1976）》（香港：香港中文大学出版社，2008 年）。

四川省社会科学院、中共四川省委宣传部、四川日报报业集团（编），《敢为天下先》，（成都：四川人民出版社，2008 年）。

宋连生，《农业学大寨始末》（武汉：湖北人民出版社，2005 年）。

苏少之，赵德馨（编），《中国经济通史（第 10 卷上册）》，（长沙：湖南人民出版社，2002 年）。

孙大力，“‘文革’后国民经济的恢复和新冒进的形成”，郭德宏、王海光、韩钢（编），《中华人民共和国专题史稿（第 4 卷）》（成都：四川人民出版社，2004 年），第 16~28 页。

孙健，《中华人民共和国经济史《1949~90 年代初）》（北京：中国人民大学出版社，1992 年）。

田纪云，“怀念小平同志”，《炎黄春秋》，2004 年 8 月第 8 期。

——《改革开放的伟大实践》（北京：新华出版社，2009 年）。

涂俏，《袁庚传：改革现场（1978~1984）》（北京：作家出版社，2008 年）。

王年一，《大动乱的年代》（郑州：河南人民出版社，1989 年）。

汪荣祖，《史家陈寅恪传》（北京：北京大学出版社，2005 年）。

王晓鲁，“国民收入分配状况”，《财经》，2007 年 5 月 31 日。

韦君宜，《思痛录》（北京：北京十月文艺出版社，1998 年）。

韦政通，《无限风光在险峰——毛泽东的性格和命运》，（台北：新世纪出版社，1999 年）。

吴敬琏，《当代中国经济改革》（上海：上海远东出版社，2003 年）。

——《当代中国经济改革教程》（上海：上海远东出版社，2010 年）。

武力，《中华人民共和国经济史》（北京：中国经济出版社，1999 年）。

吴晓波，《吴敬琏传：一个中国经济学家的肖像》（北京：中信出版社，2010 年）。

吴志菲、余玮，《邓小平的最后二十年》（北京：新华出版社，2008 年）。

吴祖光，《一辈子——吴祖光回忆录》（北京：中国文联出版社，2004 年）。

肖冬连，“1978~1984 年中国经济体制改革思路的演进”，郭德宏、王海光、韩钢（编），《中华人民共和国专题史稿（第 4 卷）》（成都：四川人民出版社，2004 年）。

——《中华人民共和国史第 3 卷：历史的转轨——从拨乱反正到改革开放（1979~1981）》（香港：香港中文大学出版社，2008 年）。

肖冬连等，《求索中国：“文革”前十年史》（北京：红旗出版社，1999 年）。

肖耿，《产权与中国的经济改革》（北京：中国社会科学出版社，1997 年）。

谢春涛（编），《转折中国 1976~1982》（北京：人民出版社，2008 年）。

邢和明，《蒋介石与莫斯科的恩恩怨怨》（北京：人民出版社，2009 年）。

许成钢，“中国改革与发展的制度基础”，手稿，2009 年。

许涤新、吴承明，《中国资本主义发展史（全 3 卷）》（北京：社会科学文献出版社，2007 年）。

徐明天，《春天的故事：深圳创业史》（北京：中信出版社，2008 年）。

许善达，“我所经历的财税改革的回忆片段”，《中国经济 50 人看三十年：回顾与分析》（北京：中国经济出版社，2008 年）。

薛暮桥，《薛暮桥回忆录》（天津：天津人民出版社，1996 年）。

杨继绳，《邓小平年代：中国改革开放纪实》：（北京：中央编译出版社，1998 年）。

——《中国改革年代的政治斗争》（香港：Excellent Culture Press，2004 年）。

——《墓碑：中国六十年代饥荒纪实》（香港：天地图书出版社，2008 年）。

——《三十年河东：权力市场经济的困境》（武汉：武汉出版社，2009 年）。

杨奎松，《毛泽东与莫斯科的恩恩怨怨》（南昌：江西人民出版社，1999 年）。

杨胜群、陈晋（编），《亲历者的记忆：历史转折（1977~1978）》（北京：生活·读书·新知三联书店，2009 年）。

于光远，《1978：我亲历的那次历史大转折》（北京：中央编译出版社，2008 年）。

于南、王海光，“林彪集团和林彪事件”，郭德宏、王海光、韩钢（编），《中华人民共和国专题史稿（第 3 卷）》（成都：四川人民出版社，2004 年）。

于日，“旅英十年——重新认识资本主义”，《陈独秀研究动态》，2002 年第 3~4 期。

余英时，《中国知识人之史的考察》（桂林：广西师范大学出版社，2004 年）。

张五常，《中国的经济制度》（北京：中信出版社，2009 年）。

张根生，“华国锋谈粉碎‘四人帮’”，《炎黄春秋》，2004 年 7 月第 7 期。

张广友、丁龙嘉，《万里》（北京：中共党史出版社，2006 年）。

张化，“1975 年的全面整顿”，郭德宏、王海光、韩钢（编），《中华人民共和国专题史稿（第 3 卷）》（成都：四川人民出版社，2004 年），第 491~510 页。

张素华，《变局：七千人大会始末》（北京：中国青年出版社，2006 年）。

张军，《现代产权经济学》（上海：上海三联书店，1991 年）。

——《不为公众所知的改革》（北京：中信出版社，2010 年）。

张维迎，“双轨制和价格改革”，《中国经济 50 人看三十年：回顾与分析》（北京：中国经济出版社，2008 年），第 581~599 页。

——《市场的逻辑》（上海：上海人民出版社，2010 年）。

张文魁、袁东明，《中国经济改革 30 年——国有企业卷》（重庆：重庆大学出版社，2008 年）。

赵德馨（编），《中华人民共和国经济史：1988~1999 年》（郑州：河南人民出版社）。共 5 卷，第 1~4 卷出版于 1988 年，第 5 卷出版于 1999 年。

郑有贵，“农村改革的兴起和发展”，郭德宏、王海光、韩钢（编），《中华人民共和国专题史稿》第 4 卷（成都：四川人民出版社，2004 年），第 233~249 页。

周汉城，《朱镕基走向中南海之路》（香港：香港中华儿女出版社，2003 年）。

周一良，《毕竟是书生》（北京：北京十月文艺出版社，1998 年）。

朱景文，《中国法律发展报告（1979~2004 年）》（北京：中国人民大学出版社，2007 年）。

朱正，《1957 年的夏季：从百家争鸣到两家争鸣》（郑州：河南人民出版社，1998 年）。

宗寒，《国企改革三十年亲历记》（上海：上海人民出版社，2007 年）。

Alchian, Armen. 1965. "Some Economics of Property Rights," *Il Politico* 30: 916-29. Reprinted in *Economic Forces at Work* (1977), Liberty Press.

Alchian, Armen and Demsetz, Harold. 1973. "The Property Rights Paradigm," *Journal of Economic History*, 33: 16-27.

Alfred, William. 1999. "A Second Great Wall? China's Post Cultural Revolution Project of Legal Construction," *Cultural Dynamics* 11: 193-213.

Alitto, Guy. 1979. *The Last Confucian: Liang Shu-min and the* Chinese *Dilemma of Modernity*. The University of California Press

Allen, Franklin, Jun Qian and Meijun Qian. 2008. "China's Financial System: Past, Present, and Future," Chapter 14 in *China's Great Economic Transformation*, edited by Loren Brandt and Thomas Rawski, pp. 506-68. Cambridge University Press.

Arrow, Kenneth. 1974. *The Limits of Organization*. Norton.

Arthur, W. Brian. 1994. *Increasing Returns and Path Dependence in the Economy.* University of Michigan Press.

Balazs, Etienne. 1964. *Chinese Civilization and Bureaucracy*. Yale University Press.

Banfield, Edward. 1967. *The Moral Basis of a Backward Society*. Free Press.

Barzel, Yoram. 1997. *Economic Analysis of Property Rights*. 2nd edition. Cambridge University Press.

Baumol, William, Robert Litan, and Carl Shramm. 2007. *Good Capitalism, Bad Capitalism, and Economics of Growth and Prosperity*. Yale University Press.

Berger, Peter and Thomas Luckmann. 1966. *The Social Construction of Reality*: A *Treatise in the Sociology of Knowledge*. Doubleday.

Becker, Jasper. 1998, *Hungry Ghosts: Mao's Secret Famine.* Holt.

Bramall, Chris. 2009. *Chinese Economic Development.* Routledge.

Braun, Otto. 1982. *A Comintern Agent in China 1932-1939,* translated by Jeanne Moore, with an introduction by Dick Wilson (it was first published in German in 1975). Stanford University Press.

Bremmer, Ian. 2010. *The End of The Free Market: Who Wins the War between States and Corporations*. Portfolio Hardcover.

Brinton, Mary and Victor Nee (eds.), 1998. *The New Institutionalism in Sociology*. Russell Sage Foundation.

Bromley, Daniel W. 1989. *Economic Interests and Institutions*. Blackwell.

Brown, Archie. 2009. *The Rise and Fall of Communism*. HarperCollins.

Cai, Hongbin and Treisman, Daniel. 2005. "Does Competition for Capital Discipline Governments? Decentralization, Globalization, and Public Policy," *American Economic Review* 95: 817-30.

—— 2006. "Did Government Decentralization Cause China's Economic Miracle?" *World Politics* 58: 505-35.

Chan, Hon S. 2004. "Cadre Personnel Management in China: The *Nomenklatura* System, 1990-1998," *The China Quarterly* 179: 703-34.

Chang, Chung-Li. 1955. *The Chinese Gentry: Studies on Their Role in Nineteenth Century Chinese Society*. University of Washington Press.

Chang, Iris. 1995. *Thread of the Silkworm*. Perseus Books Group.

Chao, Kang. 1986. *Man and Land in Chinese History: An Economic Analysis*. Stanford University Press.

Chen, Ruoying. 2008. "The Information Challenge to China's Legal System under the Economic Transition," Paper presented at the 2008 Chicago Conference on China's Market Transformation.

Cheng, Tiejun and Mark Selden. 1994, "The Origins and Consequences of China's Hukou System," *The China Quarterly* 139:644-668.

Cheung, Steven N. S., 1982. *Will China Go "Capitalist"? An Economic Analysis of Property Rights and Institutional Change*. Institute of Economic Affairs (London).

——1986. *Will China Go "Capitalist"? An Economic Analysis of Property Rights and Institutional Change*. Revised edition. Institute of Economic Affairs (London).

——2008. "The Economic System of China," Paper presented at the 2008 Chicago Conference on China's Economic Transformation.

Chung, Jae Ho. 2000. *Central Control and Local Discretion in China: Leadership and Implementation during Post-Mao Decollectivization*. Oxford University Press.

Church, George. 1986. "Deng Xiaoping" , *Times* (January 6).

Clark, Donald, Peter Murrell, and Susan Whiting. 2008. "The Role of Law in China's Economic Development," in *China's Great Economic Transformation,* edited by Loren Brandt and Thomas Rawski, pp. 375-428. Cambridge University Press.

Coase, Ronald. 1937. "The Nature of the Firm," *Economica* 4: 386-405.

——1959. "The Federal Communication Commission," *Journal of Law and Economics 2:1-40.*

——1984. "The New Institutional Economics," *Journal of Institutional and Theoretical Economics* 140: 229-31.

——1988. *The Firm, the Market, and the Law*. University of Chicago Press.

——2006. "The Conduct of Economics: The Example of Fisher Body and General Motors," *Journal of Economics & Management Strategy* 15: 255-78.

——2008. Concluding Speech at the 2008 Chicago Conference on China's Market Transformation.

Coase, Ronald and Ning Wang. 2011. "The Industrial Structure of Production," *Entrepreneurship Research Journal* 1(2): Article 1.

Coleman, James. 1990. *Foundations of Social Theory*. Belknap Press of Harvard University Press.

David, Paul. 2001. "Path Dependence, its Critics and the Quest for 'Historical Economics'" in *Evolution and Path Dependence in Economic Ideas: Past and Present*, edited by Pierre Garrouste and Stavros Ioannides. Edward Elgar.

Deng, Gang. 1997. *Chinese Maritime Activities and Socioeconomic Development*. Greenwood Press.

Desjardins, Eric. 2011."Reflections on Path Dependence and Irreversibility", *Philosophy of Science* 78: 724-38.

Dikötter, Frank. 2010. *Mao's Great Famine*. New York: Walker & Co.

Dirlik, Arif. 1989. The Origins of Chinese Communism. New York: Oxford University Press.

Dong, Furen. 1986. "China's Price Reform," *Cambridge Journal of Economics* 10: 291-300.

Durkheim, Emile. 1982. *The Rules of Methodological Method*, edited by Steven Lukes and translated by W. D. Halls. New York: Free Press.

Eliot, T. S. 1932. *Selected Essays*. London: Farber and Farber Limited.

Elliott, Michael. 2008. "Thirty years after Deng: the Man Who Changed China" , *Time Magazine* (December 10th, 2008), accessed at http://www.time.com/time/world/article/0,8599,1865539,00.html.

Esherick, Joseph, Paul Kickowicz and Andrew Walder (eds). 2006. *The Chinese Cultural Revolution as History*. Stanford: Stanford University Press.

Fenby, Jonathan. 2003. *Generalissimo Chiang Kai-Shek and the China He Lost.* Free Press.

Ferguson, Adam. 1980 [1767]. An Essay on the History of Civil Society. Transaction Publishers.

Fewsmith, Joseph. 1994. *Dilemmas of Reform in China*. M. E. Sharpe.

——2008. *China since Tiananmen,* 2nd edition, Cambridge University Press.

Ffrench, Yvonne. 1950. *The Great Exhibition: 1851*. London: Harvill Press.

Fogel, Robert. 2006. "Why China is Likely to Achieve its Growth Objectives" , NBER Working Paper 12122.

——2010."123,000,000,000,000". *Foreign Policy* (Jan/Feb) 177: 70-75.

Friedman, Milton. 1984. "Market or Plan: An Exposition of the Case for the Market" , The Center for Research into Communist Economies, London (previously given as the 1981 Warren Nutter Memorial Lecture).

Gan, Jie, Yan Guo, and Chenggang Xu. 2010. "Privatization and the Chance of Control: The Case of China" , Working paper.

Garver, John. 1988. *Chinese-Soviet Relations, 1937-1945*. Oxford University Press.

Gates, Hill. 1996. *China's Motor: A Thousand Years of Petty Capitalism.* Cornell University Press.

Gilboy, George, and Read, Benjamin. 2008. "Political and Social Reform in China: Alive and Walking," *The Washington Quarterly* 31: 143-64.

Granick, David. 1990. *Chinese State Enterprises: A Regional Property Rights Analysis.* University of Chicago Press.

Gray, Jack. 1990. *Rebellions and Revolutions: China from the 1800s to the 1980s.* Oxford University Press.

——2006. "Mao in Perspective," *China Quarterly* 187: 659-79.

Greif, Avner. 2006. *Institutions and the Path to the Modern Economy: Lessons from Medieval Trade*. Cambridge University Press.

Halper, Stefan. 2010. *The Beijing Consensus: How China's Authoritarian Model Will Dominate the Twenty-First Century.* Basic Books.

Halpern, Nina. 1985. Economic specialists and the making of Chinese economic policy, 1955–1983. University of Michigan PhD dissertation.

Harding, Harry. 1987. *China's Second Revolution: Reform After Mao.* Brookings Institute Press.

Hayek, F. A. 1937. "Economics and Knowledge", first published in *Economica* 4: 33-54. Reprinted in *Individualism and Economic Order,* University of Chicago Press.

——1945. "The Use of Knowledge in Society", *American Economic Review* 35(4): 519-30.

——1960. *The Constitution of Liberty*. University of Chicago Press.

——1967. *Studies in Philosophy, Politics, and Economics.* University of Chicago Press.

——1973. *Law, Legislation and Liberty,* volume 1. University of Chicago Press.

——1974. "The Pretense of Knowledge" , Nobel Prize Lecture.

——1988. *The Fatal Conceit: The Errors of Socialism.* University of Chicago Press.

Heinzig, Dieter. 2004. *The Soviet Union and Communist China 1945-1950: The Arduous Road to the Alliance* (it was first published in German in 1998; the Chinese translation was published by Xinhua Publishing House in 2001). M.E. Sharpe.

Hinton, Harold (ed.). 1980. *The People's Republic of China, 1949-1979: A Documentary Survey.* Scholarly Resources Inc.

Hinton, William. 1990. *The Great Reversal: The Privatization of China, 1978-1989,* Monthly Review Press.

Hirschman, Albert O. 1977. *The Passions and the Interests.* Princeton University Press.

Huang, Yasheng. 1996. *Inflation and Investment Controls in China.* Cambridge University Press.

——2003. *Selling China: Foreign Direct Investment during the Reform Era.* Cambridge University Press.

——2008. *Capitalism with Chinese Characteristics.* Cambridge University Press.

Jin, Hehui, Yingyi Qian, and Barry Weingast. 2005. "Regional Decentralization and Fiscal Incentives: Federalism, Chinese Style, *Journal of Public Economics* 89: 1719-1742.

Johnson, D. Gale. 1994. "The Effects of Institutions and Policies on Rural Population Growth with Application to China," *Population and Development Review* 20: 503–31.

——1999. "Population and Economic Development,"*China Economic Review* 10: 1-16.

Kampfner, John. 2010. *Freedom For Sale: Why the World Is Trading Democracy for Security.* Basic Books.

Keynes, John M. 1936. *The General Theory of Employment, Interest and Money.* McMillan.

Knight, Frank. 1923. "The Ethics of Competition," *Quarterly Journal of Economics* 37: 579-624. Reprinted in *The Ethics of Competition* (1976), University of Chicago Press.

Kornai, Janos. 1979. "Resource-Constrained Versus Demand-Constrained Systems," *Econometrica* 47:4, pp. 801-19.

——1980. *Economics of Shortage.* North Holland Publisher

——1986. "The Soft Budget Constraint," *Kyklos* 39: 3-30.

Kraay, Aart. 2000. "Household Saving in China," *World Bank Economic Review* 14: 545-70.

Kueh, Y. Y. 2006. "Mao and Agriculture in China's Industrialization: Three Antitheses in a 50-Year Perspective," *China Quarterly* 187: 700-23.

Lau, Lawrence, Yingyi Qian, and Gérard Roland. 2000. "Reform without Losers: An Interpretation of China's Dual-Track Approach," *Journal of Political Economy* 108: 120-43.

Lardy, Nicholas and Kenneth Lieberthal (eds.), 1983. *Chen Yün's Strategy for China's Development: A Non-Maoist Alternative.* M.E. Sharpe.

Lee, Kuan Yew. 2000. *From Third World to First: The Singapore Story 1965-2000.* HarperCollins.

Lerner, Abba. 1944. *The Economics of Control,* Macmillan.

Levenson, Joseph. 1968. *Confucian China and its Modern Fate.* University of California Press.

Levinston, Steve. "China's Authoritarian Capitalism Undermines Western Values, argue three new books" (*Washington Post,* May 30th, 2010, accessed at http://www.washingtonpost.com/wp-dyn/content/article/2010/05/28/AR2010052801859.html.

Li, Hua-yu. 2006. *Mao and the Economic Stalinization of China, 1948-1953.* Rowman & Littlefield Publishers.

Li, Huaiyin. 2009. *Village China under Socialism and Reform: A Micro-History, 1948-2008.* Stanford University Press.

Li, Wei and Dennis Tao Yang. 2005. "The Great Leap Forward: Anatomy of a Central Planning Disaster," *Journal of Political Economy* 113:840-877.

Liang, Shuming and Guy Alitto. 2009. *Has Man a Future? Dialogue with the Last Confucian.* Foreign Language Teaching and Research Press.

Liebman, Benjamin. 2007. "China's Courts: Restricted Reform," *China Quarterly* 191: 620-638.

Lin, Justin and Yang Yao. 2001. "Chinese rural industrialization in the context of the East Asian miracle," in Joseph Stiglitz and Shahid Yusuf (eds), *Rethinking the East Asian Miracle,* The World Bank and Oxford University Press, Washington, DC.

Lin, Nan. 1995. "Local Market Socialism: Local Corporatism in Action in Rural

China," *Theory and Society* 24: 301-54.

Lin, Yu-sheng. 1979. The Crisis of Chinese Consciousness: Radical Antitraditionalism in the May Fourth Era. Madison: University of Wisconsin Press.

Liu, Xiaoming. 2008. "Learning through Local Experiments: The Path to Knowledge in Chinese Economic Reform," Paper presented at the 2008 Chicago Conference on China's Market Transformation.

Lou, Jiwei, 1998. *Macroeconomic Reform in China: Laying the Foundation for a Socialist Market Economy.* World Bank Publication.

Lu, Xiaobo and Elizabeth Perry (eds.), 1997. *Danwei: the Changing Chinese Workplace in Historical and Comparative Perspective.* M.E. Sharpe.

Lubman, Stanley. 2000. *Bird in a Cage: Legal Reform in China after Mao.* Stanford University Press.

Luthi, Lorenz. 2008. *The Sino-Soviet Split: Cold War in the Communist World.* Princeton University Press.

Ma, Jinglong. 2008. "Standing Tall at Thirty: The Dream and Glory of Privatization in Wenzhou." Paper presented at 2008 Chicago Conference on China's Market Transformation.

MacFarquhar, Roderick and Fairbank, John K. (eds.), 1987. *The Cambridge History of China,* Volume 14, *The Emergence of Revolutionary China, 1949-1965.* Cambridge University Press.

——1991. *The Cambridge History of China,* Volume 15, *Revolutions within the Chinese Revolution, 1965-1982.* Cambridge University Press.

MacFarquhar, Roderick and Michael Schoenhals. 2006. *Mao's Last Revolution,* Harvard University Press.

Mahoney, James. 2000. "Path Dependence in Historical Sociology" , *Theory and Society* 29: 507–548.

Mahoney, James and Kathleen Thelen (eds.). 2010. *Explaining Institutional Change: Ambiguity, Agency, and Power*. Cambridge University Press.

Manion, Melanie. 1985. "The Cadre Management System, Post-Mao: The

Appointment, Promotion, Transfer and Removal of Party and State Leaders," *The China Quarterly* 102: 203-33.

Maskin, Eric S. 1996. "Theories of the Soft Budget-Constraint," *Japan & the World Economy* 8: 125-33.

1999. "Recent Theoretical Work on the Soft Budget Constraint," *American Economic Review* 89: 421-25.

Maskin, Eric and Chenggang Xu. 2001. "Soft Budget Constraint Theories: From Centralization to the Market," *Economics of Transition* 9: 1-27.

Maskin, Eric, Qiang Yingyi and Xu Chenggang. 2000. "Incentives, Information, and Organizational Forms," Review of Economic Studies 67: 359-78.

Mao, Zedong,1967, *Selected Works of Mao Tsetung,* Volume1-5, Beijing, Foreigh Language Press.

McCraw, Thomas. 2007. Prophet of Innovation: Joseph Schumpeter and Creative Destruction. Harvard University Press.

Meisner, Maurice. 1999. *Mao's China and After,* 3rd edition. Free Press.

Menard, Claude and Mary Shirley (eds.), 2005. *Handbook of New Institutional Economics.* Springer.

Montinola, Gabriella, Yingyi Qian, and Barry Weingast. 1995. "Federalism, Chinese Style: The Political Basis for Economic Success in China," *World Politics* 48: 50-81.

Murphy, Kevin, Andrea Shleifer, and Robert Vishny. 1992. "The Transition to a Market Economy: Pitfalls of Partial Reform," *Quarterly Journal of Economics*107: 889-906.

Naughton, Barry. 1995. *Growing out of the Plan: Chinese Economic Reform 1978~1993.* Cambridge University Press.

——2002. "China's Economic Think Tanks: Their Changing Role in the 1990s," *China Quarterly* 171: 625-35.

——2007. *The Chinese Economy: Transitions and Growth.* MIT Press.

——2008. "A Political Economy of China's Economic Transition" , in China's Great Economic Transformation, edited by Loren Brandt and Thomas Rawski, pp. 91-135.

Cambridge University Press.

Nee, Victor. 1992. "Organizational Dynamics of Market Transition: Hybrid Property Forms and Mixed Economy in China," *Administrative Science Quarterly* 37: 1-27.

North, Douglass. 1981. *Structure and Change in Economic History.* Norton.

——1990. Institutions, *Institutional Change and Economic Performance.* Cambridge University Press.

——2005. *Understanding the Process of Economic Change.* Princeton University Press. North, Douglass, John Wallis, and Barry Weingast. 2009. *Violence and Social Order: A Conceptual Framework for Interpreting Recorded Human History.* Cambridge University Press.

Nozick, Robert. 1974. *Anarchy, State, and Utopia*. Basic Books.

Oi, Jean. 1992. "Fiscal Reform and the Economic Foundation of Local State Corporatism," *World Politics* 45: 99-126.

Ostrom, Elinor. 1990. *Governing the Commons: The Evolution of Institutions for Collective Actions.* Cambridge University Press.

Pakula, Hannah. 2009. *The Last Empress: Madame Chiang Kai-Shek and the Birth of Modern China.* Simon & Schuster.

Pantsov, Alexander. 2000. *The Bolsheviks and the Chinese Revolution 1919-1927.* University of Hawaii Press.

Pei, Minxin. 2006. *China's Trapped Transition: The Limits of Developmental Autocracy.* Harvard University Press.

Perkins, Dwight. 1991. "China's Economic Policy and Performance," in *Cambridge History of China,* edited by Roderick MacFarquhar and John Fairbank (1991), pp. 475-539.

Pierson, Paul. 2004. *Politics in Time: History, Institutions, and Social Analysis*. Princeton University Press.

Polanyi, Michael. 1951. *The Logic of Liberty*. University of Chicago Press.

——1958. *Personal Knowledge*. University of Chicago Press.

——1966. *The Tacit Dimension*. University of Chicago Press.

Popper, Karl. 1978. "Three Worlds" , Tanner Lecture.

Potter, Pitman. 2008. Paper Presented at the 2008 Chicago Conference on China's Market Transformation.

Powell, Walter and Paul DiMaggio (eds.), 1991. *The New Institutionalism in Organizational Analysis.* University of Chicago Press.

Qian Xingzhong. 2008. "Functional Orientation of Local Governments: The Practice of Reform in Wenzhou," Paper presented at the 2008 Chicago Conference on China's Market Transformation.

Qian, Yingyi and Xu, Chenggang. 1993. "Why China's Economic Reforms Differ: The M-Form Hierarchy and Entry/Expansion of the Non-State Sector," *Economics of Transition* 1 (2): 135-170.

Qian, Yingyi, Gerald Roland and Chenggang Xu. 2006. "Coordination and Experimentation in M-Form and U-Form Organizations," *Journal of Political Economy* 114: 366-402.

Radchenko, Sergey. 2009. *Two Suns in the Heaven: the Sino-Soviet Struggle for Supremacy,* 1962-1967. Stanford University Press.

Ren, Xin. 1997. *Tradition of the Law and Law of the Tradition: Law, State, and Social Control in China.* Greenwood Press.

Riedel, James, Jin, Jing, and Jiang Gao. 2007. *How China Grows: Investment, Finance, and Reform.* Princeton University Press.

Riskin, Karl. 1987. *China's Political Economy: The Quest for Development since 1949.* Oxford University Press.

Roland, Gérard. 2002. "The Political Economy of Transition," *Journal of Economic Perspective 16*(1): 29-50.

Ryan, Janette. 2010. *China's Higher Education Reform and Internationalisation.* Routledge.

Sachs, Jeffrey. 1992. "Privatization in Russia: Some Lessons from Eastern Europe," *American Economic Review* 82(2): 43-8.

——1994. "Shock Therapy in Poland: Perspectives of Five Years." The Tanner Lectures on Human Values, delivered at University of Utah, April 6 and 7, 1994.

Saich, Anthony. 1996. *The Rise to Power of the Chinese Communist Party: Documents and Analysis*. Armonk: M.E. Sharpe.

Schotter, Andrew. 1981. *The Economic Theory of Social Institutions*. Cambridge University Press.

Schrecker, John. 2004. *The Chinese Revolution in Historical Perspective.* Praeger.

Schumpeter, Joseph. 1942. Capitalism, Socialism, and Democracy. New York: Harper and Brothers.

Schurmann, Franz. 1968. *Ideology and Organization in Communist China.* University of California Press.

Schwarcz, Vera. 1992. *Time for Telling Truth is Running Out: Conversations with Zhang Shenfu*. Yale University Press.

Searle, John. 1969. *Speech Acts*. Cambridge University Press.

Selden, Mark. 1971. *The Yanan Way in Revolutionary China*. Harvard University Press.

——1995. *China in Revolution: The Yanan Way Revisited.* M. E. Sharpe.

Sen, Amartya. 2006. *Identity and Conflict: The Illusion of Destiny*. W.W. Norton.

Shambaugh, David. 2008. *China's Communist Party: Atrophy and Adaptation.* Woodrow Wilson Center Press.

Shang, Yang. 1928. *The Book of Lord Shang.* Translated by J. J. L. Duyvendak. Probsthain.

Shao, Yanxiang. 2007. Bie Le, Mao Zedong [Farewell to Mao Zedong] . Oxford University Press.

Shen, Raphael. 2000. *China's Economic Reform: An Experiment in Pragmatic Socialism.* Praeger Publishers.

Sheng, Yumin. 2010. *Economic Openness and Territorial Politics in China.* Cambridge University Press.

Shi, Zhengfu. 2008. "Rationality and Path Dependence in Agricultural Reform: The

Origin of China's Model of Reform Governance," Paper presented at the 2008 Chicago Conference on China's Market Transformation.

Shih, Victor. 2007. Factions and Finance in China: Elite Conflict and Inflation. Cambridge University Press.

Shirk, Susan. 1993. *The Political Logic of Economic Reform in China.* University of California Press.

Short, Philip. 1999. *Mao: A Life,* Henry Holt.

Simon, Herbert. 1997[1947]. Administrative Behavior, 4th edition. New York: Free Press.

Smith, Adam. 1969 [1759]. *The Theory of Moral Sentiments.* Liberty Classics.

——1976 [1776]. *The Wealth of Nations.* University of Chicago Press.

Smith, Steve. 2000. *A Road in Made: Communism in Shanghai, 1920-1927.* Honolulu: University of Hawaii Press.

Snow, Edgard. 1937. *Red Star over China.* London: Left Book Club (it was published in 1938 by Random House in New York, with slight changes; the most recent version was published in 1994 by Grove Press).

Spence, Jonathan. 1999. *Mao Zedong: A Penguin Life.* Viking.

Sun, Shuyun. 2006. *The Long March.* Harper Collins.

Subramanian, Arvind. 2011. Eclipse: Living in the Shadow of China's Economic Dominance. Peterson Institute for International Economics.

Tang, Rachel. 2009. "The Rise of China's Auto Industry and its Impact on the U.S. Motor Vehicle Industry," Congressional Research Service, November 16th, 2009.

Tao, Ran and Dali Yang. 2008. "The Revenue Imperative and Local Government in China's Transition and Growth." Paper Presented at 2008 Chicago Conference on China's Economic Transformation.

Thaxton, Ralph A., Jr. 2008. *Catastrophe and Contention in Rural China: Mao's Great Leap Forward Famine and the Origins of Righteous Resistance in Da Fo Village*. Cambridge University Press.

Thun, Eric. 2006. *Changing Lanes in China: Foreign Direct Investment, Local Governments, and Auto Sector Development.* Cambridge University Press.

Tsou, Tang. 1986. *The Cultural Revolution and Post-Mao Reform: A Historical* Perspective. University of Chicago Press.

Unirule Institute of Economics. 2010. "The Nature, Performance, and Reform of the State Owned Enterprises." Working Paper (July 12th).

Vergne, Jean-Philippe and Rodolphe Durand. 2010. "The Missing Link Between the Theory and Empirics of Path Dependence" , *Journal of Management Studies* 47:736-59.

Vogel, Ezra. 2010. *Deng Xiaoping and the Transformation of China*. Harvard University Press.

Walder, Andrew. 1986. *Communist Neo-Traditionalism: Work and Authority in Chinese Industry.* University of California Press.

——1995. "Local Governments as Industrial Firms," *American Journal of Sociology* 101: 263-301.

——2009. *Fractured Rebellion: The Beijing Red Guard Movement*. Harvard University Press.

Walker, Kenneth. 1984. *Food Grain Procurement and Consumption in China*. Cambridge University Press.

Wang, Fan-Sen. 2000. *Fu Ssu-nien: A life in Chinese History and Politics.* Cambridge University Press.

Wang, Fei-ling. 2005. *Organizing through Division and Exclusion: China's Hukou System*. Stanford University Press.

Wang, Ning. 2005. *Making a Market Economy: The Institutional Transformation of a Freshwater Fishery in a Chinese Community.* Routledge.

——2008. "The Chinese Economic System under Mao," Paper presented at the 2008 Chicago Conference on China's Economic Transformation.

Weber, Max. 1981. *General Economic History*, translated by Frank Knight. Transaction Books.

White, Gordon. 1993. Riding the Tiger: *The Politics of Economic Reform in Post-Mao China.* Stanford University Press.

White, Lynn (ed.), 2005. *Legitimacy: Ambiguities of Political Success or Failure in East and Southeast Asia.* World Scientific Publishing Company.

Whyte, Martin. 2010. *The Myth of Social Volcano: Perceptions in Inequality and Distributive Justice in Contemporary China.* Stanford University Press.

Williamson, Oliver. 1985. *The Economic Institutions of Capitalism.* Free Press

Wong, John and Yongnian Zheng (eds.), 2001. *The Nanxun Legacy and China's Development in the Post-Deng Era.* Singapore University Press.

Wong, Richard. 2008. "The Role of Hong Kong in China's Transformation," Paper presented at the 2008 Chicago Conference on China's Market Transformation.

Wu, Jinglian 2005. *Understanding and Interpreting Chinese Economic Reform,* Thomson Higher Education.

Wu Jinglian and Zhao Renwei. 1987. "The Dual Pricing System in China's Industry," *Journal of Comparative Economics* 11: 309-18.

Wu, Ningkun. 1994. *A Single Tear: A Family's Persecution, Love, and Endurance in Communist China.* Back Bay Books.

Xu, Chenggang and Zhang Xiaobo. 2008. "The Evolution of Chinese Entrepreneurial Firms: The Township and Village Enterprises Revisited," Paper presented at the 2008 Chicago Conference on China's Market Transformation.

Yang, Dali. 2004. *Remaking the Chinese Leviathan: Market Transition and the Politics of Governance in China.* Stanford University Press.

Yao, Xinzhong. 2000. *An Introduction to Confucianism.* Cambridge University Press.

Yao, Yang. 2008. "The Disinterested Government: An Interpretation of China's Economic Success in the Reform Era," Paper presented at the 2008 Chicago Conference on China's Market Transformation.

Zhao, Dingxin. 2009. "The mandate of Heaven and performance legitimation in historical and contemporary China," *American Behavioral Scientist* 53: 416-33.

Zhou, Qiren. 2008. "The Unfolding of Deng's Drama," Paper presented at the 2008 Chicago Conference on China's Market Transformation.

Zhou, Xiaochuan and Zhu, Li. 1987. "China's Banking System: Current Status, Prospect for Reform," *Journal of Comparative Economics* 11: 399-409.

Zhu, Xuefeng (2009). "The Influence of Chinese Think Tanks in the Chinese Policy Process," *Asian Survey* 49: 333-57.

Zweig, David. 1997. *Freeing China's Farmers: Rural Restructuring in the Reform Era*. M. E. Sharpe.